作者简介：

李洪涛，1963 年生于云南昆明。1984 年云南大学中文系毕业。

云南省文化厅原二级编剧、中国电视剧编剧工作委员会会员。

作品有长篇小说《精神的雕像》《黑虎天帅》，电视剧《白药传奇》《北回归线的骄阳》，电影剧本《警察厅长朱德》《绝路天网》《明星大走向穴》，大型话剧《金蛇狂舞的岁月》《我的西南联大》（合作）。

作品曾获中国电视艺术金鹰奖、“五个一”工程奖、中国广播奖等。

“西南联大文库”编委会

西南联大文库

大师的密码

李洪涛 / 著

云南出版集团　云南人民出版社

图书在版编目（CIP）数据

大师的密码 / 李洪涛著. -- 昆明 : 云南人民出版社, 2019.1（2020.8重印）

ISBN 978-7-222-17820-5

Ⅰ. ①大… Ⅱ. ①李… Ⅲ. ①纪实小说—中国—当代 Ⅳ. ①I247.5

中国版本图书馆CIP数据核字(2018)第274290号

责任编辑：刘　焰　苏映华
装帧设计：熊小熊　李乐乐
责任校对：姚实名
责任印制：窦雪松

DASHI DE MIMA
大师的密码
李洪涛　著

出　版　云南出版集团　云南人民出版社
发　行　云南人民出版社
社　址　昆明市环城西路609号
邮　编　650034
网　址　www.ynpph.com.cn
E-mail　ynrms@sina.com
开　本　889mm×1194mm　1/32
印　张　14.25
字　数　310千
版　次　2019年1月第1版第1次印刷　2020年8月第1版第2次印刷
印　刷　云南出版印刷集团有限责任公司　云南新华印刷一厂
书　号　ISBN 978-7-222-17820-5
定　价　52.00元

如需购买图书、反馈意见，请与我社联系
总编室：0871-64109126　发行部：0871-64108507　审校部：0871-64164626　印制部：0871-64191534

云南人民出版社公众微信号

大学者，大师之谓，非大楼之谓！

——梅贻琦

目　录

第一回

卢沟桥七月七日夜

话说你爷爷的爷爷那会儿，中国人都习惯把自己的事业叫作营生！

中国在哪儿？在太平洋东北边——地球上最大那块海洋的东北边！很早以前这里就有人类居住，然后有了村社、有了市场、有了城市、有了国家，再然后有了学校——据说是世界上最早的学校！

到了 1937 年，中国人的营生已经是这世界上最多的了！

那时北平永定门火车站附近非常热闹，从火车上下来，车站外面空地上就有卖糕饼的、卖豆汁的、卖大麻花的、卖冰糖葫芦串的，只要有钱就可以买。

骆驼祥子的营生是在永定门火车站外支辆洋车，等着客人来吆喝他，然后他把那些客人拉到城里，换点烙饼钱。

祥子是北平城郊昌平人，父亲死得早，为了能吃上烙饼面、糊糊汤，祥子很小就离开了家，到城里帮人抬棺材，然后又拉上了洋车。这小子儿时在麦地里睡午觉，后腮被驴啃了一嘴，留下一个月牙形的伤疤，这个故事奇特，被一个姓舒的旗人写进了小说，很多人以为舒作家写的是他，于是就管他叫骆驼祥子。

不知道的人都以为祥子是个很风流的种儿，其实祥子如今二十大几的人了，既没有遇到虎妞，也没有一个叫小福子的女人为他生孩子，那都是舒大作家瞎掰的，别听他的！如今的祥子一人吃饱全家不饿，地地道道的单身汉，拉洋车的钱刚够他每天两斤烙饼，如果还能剩下几个钱，他还要拿去养活家里的老母。

日上三竿，祥子还没有找到活计，懒洋洋地在洋车上晒太阳，直到广州车在站台上停下以后，才有一个西装革履少爷模样的男子，走到他的车前，吆喝他进城走一趟。

“少爷，您要去哪儿？这北平城里没有我不熟的地方。”祥子急忙跳了起来。

“去沙滩红楼，北京大学。”少爷模样的人操着南方口音说，此人看上去样子很英俊，方方的国字脸，下颌紧咬，看上去孔武有力。

“好嘞，少爷您坐好了。”祥子抬起车辕，很轻巧地转了个身，一溜烟就往永定门里头去了。

“少爷是读书人？大学生？”祥子脚底下跑得飞快，但这并不妨碍他嘴里可以唱歌或者说笑。

“哦，也是也不是，在法国已经把该读的书都读完了。”少爷抱着一个硕大的皮包，跷着二郎腿，有些踌躇满志地回答。

“洋学生？那更了不起，您现在做什么营生？”祥子问。

“杀人的营生。”少爷欠了欠身子，拍一拍腰间的勃朗宁手枪说。

“哦，那……您去红楼干啥呀？”祥子感到有些意外。

“去相亲！”少爷回答得很简单。

祥子不好得再问什么了，很乖巧地把那少爷拉到大栅栏附近，方便对方买些相亲的礼品和衣服之类，然后就径直往沙滩方向去了。如今兵荒马乱，祥子见这号人倒也见得多了，而他就是个拉洋车混烙饼钱的人，别人有别人的营生，他有他的营生。

车上这少爷模样的年轻人名叫龙绳武，法国圣希尔军校毕业，中央军校云南分校上校教官，他的父亲就是赫赫有名的云南王龙云。龙大少爷这次来北平，是来向北大女生郑琳求婚的。

这龙云虽然是滇东北山民出身，可当了军长以后，娶了个北师大毕业的女生做他的三夫人，那女生原本是回云南来闹革命的，一不小心就被龙军长俘虏了，可惜三夫人后来患产后热病逝，临终前她让龙云娶她的一个女同学为妻，于是龙云中年以后，一连娶了两个北平的女大学生。

龙云和三夫人结婚的时候，龙绳武还在云南陆军讲武堂读书，具体情况他也不大清楚，后来又去法国圣希尔军事学院深造。龙云一心希望儿子能像他一样，娶个知书达理的知识女性进门，将来在政治上也有个得力的帮手。

龙绳武听说丽江那边有个土司的女儿绝顶聪明、饱学诗书，竟带着一个营的士兵过金沙江去求婚，不料这位土司小姐也不好惹，竟然当着一个营的士兵，要龙绳武和她对对联。这位法国圣希尔军事学院的高才生吟诗作对确实不是那块料，土司小姐出了上联，龙绳武久久对不出下联，于是只好带着部队退回江南。

这年龙绳武已经30岁了，虽官拜上校，还没娶上媳妇，龙云没法不着急了，这回是龙云的大秘张增智阿姨（其实比龙绳武还小两岁，云南赫赫有名的大美女）把北大法律系高才生郑琳介绍给龙绳武，两人初次见面竟一见倾心，于是相约1937年7月7日晚在北京订婚，然后郑琳随龙绳武南下，去昆明拜见龙云夫妇。

农历七月初七是中国传说中牛郎和织女相会的日子，所以龙绳武特地选择了这一天，和自己所爱的人见面，虽然是农历的七月初七，但在龙绳武看来，这也是一个具有浪漫气氛的数字！因为学校已经放假了，郑琳不可能真等到七夕那天。

骆驼祥子把龙绳武拉到东沙滩附近的北大校门口，已经是正午了，剩下的浪漫与他无关，于是祥子又撤回老北京最热闹的大栅栏那方向，想看看有没有顺路的客人。不料半路上有人打架，把路给堵了，祥子只好绕了个弯儿，撤到八大胡同那个方向去了。那也是一个客人多的地方，趁着还没有人来搭车，祥子抓紧时间买了个烙饼，抓了根大葱，斜坐在车座上大嚼起来。

“小师傅，吃糖嘞。”有人抓了一把糖果，在祥子眼前晃悠着。倒把昏昏欲睡的祥子吓了一跳。

来人三十岁上下，西装革履，戴一副银边近视眼镜，笑容可掬地把手里的糖果递给祥子：“我结婚了，这是喜糖，然后你把我拉回清华园。”

“清华园？这么远？”祥子跳起来，瞪大眼睛看着对方，那时的清华园在北平城外，出了阜新门还要走好大一截。

“清华园，车钱不会少你的。”对方肯定地说。

“哎哟喂，今天可真是喜上加喜啊！才送走一个求婚的，又来一个结婚的。北大求婚，清华结婚……”谁也听不懂祥子在说些什么，于是祥子急忙把喜糖揣起来，掉转车头让对方上了车，一蹬脚往阜外门那个方向去了！

乘车人名叫任之恭，清华大学物理系教授，刚从美国回来，所以清华园里认识任之恭的人并不多。祥子看他年纪轻轻，起初还以为他是学生。其实人家在美国早就拿到了博士学位了。

好不容易教完一个学期的课，任之恭决定这学期一结束，就把他和陶葆柽的婚礼办掉。他的新娘陶葆柽那可是清华、南开的双料才女兼校花，在清华园里名气比任教授还大。

任教授一路上都在向祥子灌输结婚的好处，和男人为什么要结婚。严肃得就像他在物理系讲台上讲无线电和微波一样，滔滔者天下不绝，完全不容别人质疑他的观点。

到了清华园以后，伴郎周培源已经等在校园里了，两人回去商量婚礼筹备的事儿去了，这边的浪漫同样与骆驼祥子无关，但任之恭与祥子约定，7 月 28 日他举行婚礼，要祥子带着他的洋车到清华园帮忙。

骆驼祥子认定，1937 年的 7 月 7 日，一定是个大吉大利的日子！

7 月 7 日的夜晚，龙绳武教官正带着他的未婚妻郑琳，在北平六国饭店的舞厅里彻夜狂欢。

7 月 7 日的夜晚，任之恭教授正在和他的未婚妻陶葆柽、伴郎周培源在屋子里写婚礼请柬。争论拟请的客人名单。

7 月 7 日深夜，北平城东南角的宛平方向传来密集的枪声！宛平城守军吉星文团，与日本华北驻屯军开战了！

——这就是震惊中外的卢沟桥事变！

战争的最初起因，是日军借口寻找失踪的士兵，强闯宛平城，与当地驻军发生了冲突。这样的军事摩擦在华北地区已经不是第一次了，所以那时北平城里的老百姓，都不知道这场冲突会持续到什么时候，很多人以为像前几次那样，双方以谈判宣告结束。

即便是中、日两军驻华北的最高指挥官——中国的宋哲元和日本的田代皖一郎，也不明白这场军事冲突对于他们的国家究竟意味着什么。

战事发生的时候，中国驻华北的最高军政长官宋哲元正在山东乐陵老家养病，双方交战后，宋哲元急忙下令寻找日本华北驻屯军司令田代皖一郎中将谈判。而田代皖一郎本人也无意扩大战事，在日军高级将领中，田代皖一郎属于北进派，主张防苏防共，反对对中国长城以南的地区用兵。

其实日本军方早就知道田代皖一郎的政治立场，因此在发动卢沟桥事变之前，就刻意架空了这位华北驻屯军司令。东京方面通过秘密电台，已经与华北驻屯军参谋长桥本群建立了直接的联系，所以田代皖一郎一面与宋哲元谈判，桥本群一面接受东京的旨意，指挥驻华北各路将领，继续对中国军队用兵。

卢沟桥事变后，驻扎关外的关东军立刻组成了有五个混成旅团的东条兵团，准备越过长城对中国军队作战。日本本土也不断地向华北方面增兵。使战事一再升级！

就在这个时候，宋哲元却下令拆除北平城里的一切军事工事，宣布北平为不设防城市。

由于日本军方一再扩大事态，田代皖一郎深知华北局势已无法控制，忧愤交加，因感染炭疽病毒吐血而死。新任华北驻屯军司令官香月清司得到日本军方授意，继续扩大战争。

7 月 28 日，500 名日军借口保护侨民，强闯北平广安门，遭到守军阻击。中日两军在南苑发生大规模激战，日军出动大批飞机轰炸我军阵地，驻北平二十九军伤亡三千多人，副军长佟麟阁、师长赵登禹在战斗中壮烈牺牲！

宋哲元被迫率主力三十七师撤离北平，次日，北平沦陷！

宛平战事一开，京广铁路出城第一站丰台车站就被日军据为后方指挥部，京广铁路全面瘫痪，永定门火车站的生意立刻冷落下来，倒是出城的人越来越多，有钱人开始带着家里的细软往天津方向躲避。

祥子这些天生意冷落，也不去永定门等候客人吆喝了，每天早晨起床后，拉着车子在城里转悠。兜点零散的生意混烙饼钱。

28日这天，祥子按照事先和任之恭教授的约定，一大早就赶到西北郊的清华园，帮着张罗任大教授结婚的事儿。由于打仗的原因，清华园里变得格外冷清，学生们大多放假回家了，没有走的也出城军训去了。教授们能走的走了不少，任之恭的请柬发出去时，很多人已经启程动身了。

婚礼要下午才开始，可新娘陶葆柽的衣服还在西单那搭的裁缝店里，所以祥子上午提前拉着新娘进城去取衣服。取完衣服后，新娘到月坛附近的一家妇产医院休息，原本新婚燕尔进妇产医院是很忌讳的，可今晚的伴娘严仁英是那家妇产医院的医生，也是新娘在南开中学时的同学，她们肯定还有些事儿要商量。

送完新娘子，祥子顺路拉了个搭车的客人，下午又返回了清华园。这时清华园里已经有十几辆洋车在那里等候，新郎任之恭和新娘的父母已经坐别人的车走了。那些去参加婚礼的教授们，皮鞋擦得锃亮，穿着各种中式或西式礼服，鱼贯上车出了清华门，浩浩荡荡往北太平庄那个方向去了。

伴郎周培源见客人们都走了，最后才搭上祥子的车，出了清华门。和周培源一同搭车的，是物理系的赵忠尧教授，两人一路上似乎还在谈着物理学上关于湍流的事儿，祥子听不懂，所以也不和他们搭茬儿。这个赵教授年纪不大，看上去刚刚三十岁，身体比周培源胖一些，他那个长相按中国人传统的说法，可谓满脸福相，说话也比周培源平稳得多。

临下车的时候，赵忠尧吩咐祥子三天后到美国人的一家教会医院接他，他要离开北平。他说话的声音很低，语气有些神秘。

任之恭的婚礼很热闹，清华园里这些大教授们，平时西装革履、仪表堂堂，可是到了八大胡同这种地方，几口酒下肚，就顾不得那么多斯文了，猜拳的猜拳，唱曲的唱曲，最初是拍昆曲，这是八大胡同达官贵人常做的勾当，可是那些理工科的教授们，多有不会拍曲的，只好逮着什么唱什么，从山西梆子到大街上的淫词俗曲，大约把中国能唱的都唱得差不多了，又有人用西洋人的美声唱法，吼《马赛曲》。

祥子和洋车夫们躺在酒楼下乘凉，最后得出一个结论：嘿，你们看，这些教授跟咱一样，喝醉了酒啥都敢唱。

教授们忘乎所以的时候，竟把新娘陶葆柽和美丽的伴娘严仁英撂一边去了。于是女人们自然而然地另外坐了一桌，听严仁英讲新婚房事和有关怀孕的那些事儿。严仁英觉得中国人的妇产科学太落后，只要有和女人们说话的场合，总是不遗余力地灌输现代妇产科学。对于妇产科名医来说，这是可以当着男人们肆无忌惮地说的话题——因为你们男人根本不懂！

6 点左右，广安门方向响起了枪声，而且这些枪声越来越密集，坐在胡同口纳凉的祥子，已经把枪声听得清清楚楚了。可里面的人似乎无动于衷，依旧歌舞酒色，好像根本没听见。

两小时后，酒店老板神色非常紧张地走进餐厅，非常抱歉地告诉大家，店铺要提前打烊。然后是不断地打躬作揖，意思是让客人们赶快走。

“发生什么事儿了？”酒足饭饱的周培源欠起身来问了一句。

“你们还不知道呐？日本人今晚要进城了，广安门那边打得到处是死人。”酒店老板瞪大了眼睛说。

任之恭和陶葆柽的婚礼只好就此收场，他们出来的时候，街上已经空无一人了。车夫们多半拉着散客走远了，只有祥子还候在胡同口。

城里有住处的教授们自己先走了，周培源似乎有意安排赵忠尧坐祥子的车，自己在大街上另外找车。

在送赵忠尧和另一个教授回清华园的路上，祥子走得很快，那时街上一个人都没有，只有晚风煞煞，交通警察和那些巡夜的人不知都到哪儿去了，所有警察岗亭空无一人。只有广安门那个方向依稀响着枪声，再后来，枪声越来越零落，直到消失。

"说不定日军已经进城了。"坐在赵忠尧身边的教授听到枪声消失，突然打破了长久的沉寂说。

"宋哲元不是宣布，北平市区不设防吗？"赵忠尧冷冷一笑。

"曾经的五朝古都啊！今夜不再有人保护你了……"

教授说完，两人谁也不再多说一句。

祥子把赵忠尧和另一位教授送回清华园后，回来时城门已经关闭，祥子进不了城，在漆黑的荒郊野地里无处可去，这时天上下起了瓢泼大雨，把祥子浑身淋得浸湿，祥子使劲在自己湿淋淋的脸上抹了一把，他突然又想起了那天坐他车的龙大少爷龙绳武，于是仰天大骂：

"姥姥！那些做杀人营生的爷们都哪儿去了？……那个做杀人营生的少爷哪儿去了？"

没有人回答他，只有夜雨哗哗下个不停……

祥子并不知道，卢沟桥开战后，龙绳武很快接到父亲龙云的电报，要他速速返滇，于是龙绳武带着他的未婚妻已经早早离开了北平。

7 月 28 日，500 多个日本兵借口保护侨民，强行闯入北平广安门，遭到守军的强烈抵抗，日军伤亡惨重。

于是大批日军在新任华北驻屯军司令香月清司的指挥下，向驻守南苑的中国军队发起猛烈进攻，日军出动大批飞机，对二十九军阵地进行狂轰滥炸，二十九军副军长佟麟阁、师长赵登禹以及三千多将士壮烈殉国。

北平的守城主将宋哲元、秦德纯、冯治安悉数率部仓皇撤离北平。

7 月 29 日，日军全面占领北平市区，五朝古都的北平城头，升起了太阳旗!

一时间，故都北平成了日本人的天下，过去那些不受待见的日本人，又开始在北平的街头耀武扬威。

整个北平城，只有那个拉洋车的骆驼祥子火气最大，居然公开宣布不给日本人拉车，偏偏那天在六国饭店门口，就遇到这么一个日本人，喝得醉醺醺的，吆喝祥子的车送他去皇城根。

“姥姥，大爷我不侍候日本人。”祥子见是日本人，转身就走，结果被那日本醉汉举起手杖，当头就是一棒，打得头破血流。祥子四仰八叉躺在地上就是不起来，日本醉汉只好悻悻然自己走了。

三天后是祥子和赵忠尧教授约好的日子，一大早祥子就拉着洋车来到呼家楼子附近的那家教会医院。脑袋上还缠着绷带，

可是赵忠尧突然改变了主意，说是兵荒马乱走不了，还要再过几天。祥子有些失望，可如今兵荒马乱，确实跟以前不一样了。

赵教授上下打量了祥子很久，突然问：“你头上怎么了？”

“让日本人给打的，姥姥，这北平城待不下去了！”祥子没好气地回答。

“以后别那么冲动。”赵忠尧看看祥子，又在屋子里转了好

几个圈，突然问：“你愿不愿意跟我去南方？”

“南方？可是我去干什么呢？”祥子感觉有些意外。

“我去南方有个重要的事儿要处理，身边需要一个随从，学生们都放假了，而且……这一路上，我还需要借你这身衣服用一用。”赵忠尧指着祥子脏兮兮的上衣说道。

祥子更加摸不着头脑了：“我这身衣服？教授，您是在开玩笑吧？”

“不开玩笑，我们俩身高、身材都很相似，这一路上，你穿我的衣服扮作主人，我穿你的衣服扮作仆人，等离开了日本人的地盘再换回来。”赵忠尧的面部表情很严肃，完全看不出是在开玩笑。

“可是我走了，娘怎么办？”祥子有些犹豫。

赵忠尧掏出一摞银圆递给祥子：“这些钱先拿去安顿老母，等到达了目的地，你还可以设法回来。记住，你是中国人，你现在是为国家做事，不能对任何人讲，日本人知道了要杀头的。”

“我祥子也能为国家做事？如果是这样我就答应你。”祥子感觉这件事儿很神圣，二话没说就把赵忠尧手里的银圆收下了。

祥子拿了钱，安顿了家人，还特意去泡了一回澡堂子，把浑身洗得干干净净，第三天按事先约定，来到赵忠尧和他约定的教会医院。赵忠尧身边还有一个中学生模样的年轻人，长着一张稚嫩的娃娃脸，赵忠尧叫他邓小胖，邓小胖这次只负责将赵忠尧送到车站。他家里还有事儿，不能和赵忠尧一起走，到了车站以后，祥子的洋车也一并交给小胖，据说清华园里还有很多教授要转移，祥子的车这回正好能派上用场。

三人打点好行装之后，祥子与赵忠尧互换了衣服，登上洋车，由邓小胖拉车，三人往郊外的火车站赶去。准备在那里乘车前往天津。

这是赵忠尧事先安排好的行程，因为永定门车站已经布满了日本兵，从那里出北平有很多不方便，所以选择在郊外登车。

一路上，赵忠尧始终抱着一个硕大的咸菜坛子，看上去很沉重，祥子几次要上去帮忙，都被教授拒绝了。

“坛子里装着什么东西？”祥子好奇地问。

“老太爷的骨灰！记住，这个坛子除了我，任何人不能随便碰。”赵忠尧说话声音很低，但有一种无可置疑的力度。

按照事先安排，祥子这一路上，手里只负责帮赵忠尧拎大皮箱，赵忠尧始终抱着那个大大的咸菜坛子。祥子这才明白，赵忠尧为什么要和他换衣服，这一路上谁见过西装革履的大教授抱那玩意儿的？

不过到了天津祥子很快发现，赵教授手里那个咸菜坛子，比自己手里拎着的大皮箱要沉重得多，常常折腾得赵教授满头大汗，人的骨灰能有这么重吗？

祥子很是疑惑。

第二回

走中国短裤杨石先

话说7月28日京郊南苑之战，日军出动大批飞机，对我二十九军阵地狂轰滥炸，加上刚刚登陆的川岸文三郎师团从斜刺里杀出，打乱了佟麟阁、赵登禹在北平南郊的布防，至此，南苑的二十九军被撕裂成南北两段。

南路部队与从京城撤出的宋哲元、冯治安主力会合后，一路撤往保定。

北路由于不能进城，只得往通州方向撤退，再次遭到日军埋伏，部队伤亡惨重，佟麟阁、赵登禹两位将军都牺牲在这条路上，剩下的余部有的被日军缴械，有的被石友三地方部队收编。

7月29日，驻守宛平的一一〇旅，奉命放弃宛平城，向保定方向撤退。

根据张自忠留守政府与日军谈判的结果，日军给予一一〇旅撤出宛平城的时间只有30分钟，在这短短的半小时内，宛平城内一一〇旅守军近千人必须全部通过卢沟桥、蹚过永定河，撤往日军指定的区域，足见日军用心之险恶！

撤退时间已近，日军占领了宛平城外的所有制高点，集中了二十多挺马克沁重机枪，黑洞洞的枪口封锁了宛平城门和城外的卢沟桥。装备精良的牟田联队士兵，端着明晃晃的刺刀，准备夹道欢送这支即将撤离宛平城的中国军队，侵略者们的脸上露出狰狞的笑容，等待着享受那种只属于战争胜利者的快感。

可是出乎日军意料，上午 11 点正，关闭了整整 21 天的宛平城门突然被打开了，走在队伍最前头的何基沣旅长，他穿戴整齐，突然抽出军刀，一个非常漂亮的收刀势之后，昂首挺胸，直挺挺地端着军刀，两条腿笔直，丝毫不打弯，锃亮的军靴踏过宛平城门，迎着日军的刺刀和重机枪枪口，快步走来。

紧接着，城门口响起节奏沉着而又镇定的军鼓声，跟在何基沣旅长身后的士兵，庄重地抬着佟麟阁、赵登禹两位将军的遗像，跟着军鼓的节奏，迈着整齐的步伐踏上了卢沟桥。他们的脚步让卢沟桥也感觉到了震颤，桥上的石狮子似乎也肃然起敬地向这只远去的队伍行注目礼！

这时队伍里有人带头唱起了那首老歌：

> 看风潮滚滚，
> 感觉那黄狮一梦醒。
> 四万万同胞，互相奋起做长城，
> 神州大陆奇男子，携手去从军，
> 壮哉军国民。
> ……

吉星文团长的步兵大队之后，紧跟着的是浩浩荡荡的伤兵队伍，由女护士举着红十字旗开路，这些伤兵们早已衣衫褴褛、血渍斑斑、四肢不全，然而当队伍踏上卢沟桥那一瞬间，几乎所有的重伤员都在战友的帮助下，从担架上坐了起来，向军旗敬礼，然后怒目圆睁，和着嘹亮的歌声走过卢沟桥，有的伤兵脸部负伤，已经没办法唱歌，于是举起拐杖、支架，和着节拍助唱。他们无视日军明晃晃的刺刀和重机枪的枪口。

正在卢沟桥另一端等待接收宛平城的日军联队长牟田口廉也被这突如其来的阵势惊呆了！不断掏出手绢擦拭自己的眼镜片。

“大佐阁下，我们下一个战场见！”何基沣旅长走过卢沟桥头，收起军刀，冷冷一笑，向牟田口廉也行了个军礼。然后跨上坐骑扬长而去。

牟田口廉也显然没有听清楚何基沣说了些什么，木然地回了个军礼，依旧两眼发直地望着卢沟桥上的中国军队，望着这支被他们围攻了整整 21 天的中国军队，炮弹砸了那么多进去，这支军队的军容竟然还能如此整齐，确实不可思议，那些炮兵都是干什么吃的?

部队过桥后，还有大批北大、清华等高校的大学生队伍。他们举着用鲜血写成的标语“抗战到底”“再见宛平”“民不畏死”……紧跟在队伍后面。

一年前，为以防不测，经师长冯治安同意，一一〇旅开办了北平大学生暑期训练团，对暑假留在北平的各高校学生进行军事训练，这些北平的大学生，与一一〇旅官兵建立了深厚的友谊，特别是在卢沟桥事变后的这二十多天里，许多北平大学生自发加入了支前的行列，为他们送水、送食品、送弹药、修筑工事、撤退伤员、掩埋阵亡者遗体。

在这一年多的时间里，何基沣被学生们那种爱国热情深深地打动了，特别是那些从关外来的流浪大学生，有的人做梦都在喊着要打回老家去。而何基沣作为军人，却没法帮助他们。如今不但东北回不去，华北也危在旦夕了，何基沣心里一直有一种内疚。

如今，宋哲元走了，冯治安、秦德纯走了，没有人来送他们，只有一一〇旅走的时候，有这么多大学生列队相送，何基沣旅长对于如此殊荣更是觉得受之有愧。可作为军人，他却没办法保护这些莘莘学子，何基沣不敢抬头，刚才在牟田口廉也面前的那种自信也荡然无存。

队伍全部走过卢沟桥后，日军规定的撤退时间已过，牟田口廉也或许觉得这样把宛平城内的中国军队放走，实在是太失败，于是他没有下达进城的命令，而是命令炮兵对宛平城开炮，直到把城墙炸开了好几个口子，看着城内再无一兵一卒敢于反抗，这才拔出军刀指挥先头部队入城。

何基沣旅长在撤退的路上，还不断能听到身后宛平城内的炮声，显然是那些可笑的日军在进行兽性发泄。

宛平城墙被炸开之后，日军又调转炮口，朝一一〇旅撤退的道路两旁开炮，不时威胁着撤退的部队。也许这个时候牟田口廉也正端着望远镜，等待着看一一〇旅惊慌失措、狼狈逃窜的模样，然而他再次打错了如意算盘……

一直在马背上低头行进的何基沣旅长，抬起头来向身后看了一眼，不由得惊呆了：从宛平城里撤出来的数百名大学生，依旧举着鲜血写成的标语："抗战到底！"，跟在队伍的后头，面对敌人砸下来的炮弹，他们竟然没有丝毫的恐惧，相反，有些人把手里的标语举得更高了。

看到这样的场景，何基沣将军的内心有一种震颤，胸中仿佛涌过一股热流，自接到撤退命令开始，已经心如死灰的何基沣，心底的希望似又开始复燃，是学生们给了他这种希望，而不是他的上级：蒋介石、宋哲元、冯治安……他们已经没法给予他这种希望！

"同学们——！"何基沣旅长这时的声音已经沙哑，他调转马头，站到马镫上，对身后的学生大喊："谢谢大家，北平！我们一定要打回来的！"

何基沣旅长原本想劝同学们回去，可是他们身后是侵略者的大炮，数百名中国学子已经无路可退！有的学生甚至大喊："我们已经无家可归……一一〇旅就是我们的家——！"

何基沣旅长的双眼被泪水模糊了，他的声音已经变得哽哽咽咽，再也说不出话来。

"同学们！北平！我们一定要打回来的！"何基沣旅长不愿意让同学们看到他流泪，猛然调转马头，飞奔而去。

从这一天开始，数百名北平学子失去了他们的家园！他们当中的很多人两手空空，没有携带任何行李，跟着部队一直徒步走到保定。

部队到达保定后，随队南下的数百名大学生，有的由何基沣将军推荐保送中央军校深造，有的入伍留在了前线，也有的人去山西参加了共产党的部队。

日军占领北平的第二天，驻天津的日军开始对天津守军发动进攻，二十九军李文田旅措手不及，奉命南撤。

李文田部撤离天津后，失去作战对象的日军，开始对城西的南开大学进行疯狂炮击！南开大学的木斋图书馆、思源堂、秀山堂等主要建筑毁于炮火，教师宿舍区也遭到了炮击。

炮击现场的大量事实可以证明，日军炮击南开，事先是有预谋的，炮弹落得很准确，并非因作战被误击，更不是盲目的飞机空袭。

怎么回事儿？日军为什么要和一所大学过不去？

这还得从南开大学抗战前的一段历史说起，自九一八事变以来，南开大学的抗日情绪一直高涨，一度成为天津市抗日宣传的中心，校长张伯苓早年出身海军，甲午海战时也是从死人堆里爬出来的北洋军官，抗日主张非常坚决。

南开大学还有一位特殊的校友：中国陆海空军副总司令张学良，九一八事变后，南开大学收留了很多从关外流浪过来的年轻学生和士兵，公开捐款资助东北抗日义勇军，张学良本人也曾到校发表抗日演讲，视南开为唤起民众、宣传抗日的重要阵地。在南开校园内，师生可以打着抗日的旗号公开集会，甚至结社，张伯苓本人有时也参加他们的活动，由于是民办大学，又有张学良的支持，国民党政府也难以强行干涉。于是日军视南开为眼中钉、肉中刺，欲除之而后快。

日军占领天津的当天，南开大学的大部分师生都放假回家了，南开校长张伯苓正在庐山参加国民政府召开的时局座谈会，驻校负责人黄钰生外出未归。

炮击发生的时候，化学系主任杨石先正在睡午觉，听到炮声，情知不妙，一骨碌从床上跳起来，裤子都来不及穿，随手抓了件外衣，急忙跑到学校外侧的芦苇塘里躲避。

待日军停止炮击时，已经是夕阳西下时分，杨石先回到学校的时候，思源堂、秀山堂等主要建筑已经被炸毁了，自己住的宿舍也被夷为了平地。木斋图书馆的后楼被炸倒了，只剩下一面正墙依旧顽强地屹立在废墟之上。

杨石先没有从自家的废墟里刨出任何可以使用的物件，他走到木斋图书馆附近时，倒发现了一台照相机还完好无损，照相机里还有几张胶卷没有用完，于是杨石先按下快门，第一时间记录了日军的这场暴行。

随后，已经无家可归的杨石先，穿着短裤，背着照相机，一直往远郊走去……

这时夜幕已经降临了，没有人看见杨石先是怎么走的，也没有人知道他要去哪儿。南开的很多人都以为杨石先已经死了……

且说杨石先走了整整一夜，第二天中午的时候，来到天津郊外一个小火车站，听说站上有电报所，于是给南京的张伯苓发了一封电报，报告了昨天下午日军炮击南开大学的暴行。

拍完电报之后的杨石先已经囊中羞涩，剩下的钱只够路上吃饭。他向车站站长说明了自己的身份，被获准与逃难的难民一起，挤上一列运煤的货车，跟着这趟货车继续南下。

由于战乱的原因，列车时走时停，一直折腾到黄昏时分，总共走出去不到100公里，列车就再也没法往前走了——前面的桥被守军炸断了！

杨石先只好跟着难民们一起涉水过河，河对岸是国民党军修筑的工事，守桥士兵挨个检查过河的难民，发现杨石先手里什么行李都没有，只挎着一台照相机，身穿短裤，看上去十分古怪，就把他拦截下来了："干什么的？"

"教书的。"

"去哪儿？"

"南京！"

"就你这样也想去南京？带走！"守桥士兵不由分说就把杨石先从难民队伍里拎了出来，带到工事后面，关进一间黑屋子里，然后就再也没有人管他了。

"我是南开大学的教授！你们不能这样！"任凭杨石先如何喊叫，黑屋子周围都寂无人声，杨石先发现他的喊叫完全是徒劳，于是饥肠辘辘地靠墙坐到地上，不再吱声。

杨石先也不知自己睡了多长时间，士兵终于把小黑屋子的门打开了，外面又押进来几个大约也是可疑人物，其中有两个看上去像是贩鸦片的。

“你，出来！”有个士兵指着杨石先说。

于是杨石先跟着士兵走到工事附近不远处的一个帐篷里，里面有几个长官模样的人坐在那里，其中一个还斜靠在弹药箱上嗑瓜子。

“干什么的？”坐在弹药箱中央的军官见杨石先进来，欠起身子问。

“教书的，我是南开大学的教授杨石先。”教授回答。

“教授？”军官上下打量着杨石先好长时间才说：“教授不在学校里教书，跑到这儿来干什么？”

“南开大学被日军炮击，全部炸毁了，我要去南京，向国民政府控诉日军的暴行！”杨石先显然有些激动。

“你说你是教授，有证件吗？”军官问。

“证件……”杨石先下意识摸了摸上衣口袋：“长官，真对不起，证件都在家里，炮击的时候房子被炸塌了，都埋在了废墟下面。”

“你没有证件，让我们怎么相信你？”军官摊开双手。

“我们怀疑你是日本间谍。”一直斜坐在弹药箱边上嗑瓜子的军官不阴不阳地说。

“请问长官，世界上有像我这样赤身裸体当间谍的吗？”杨石先不卑不亢地反问。

“你照相机里是些什么东西？”中间那个军官问。

杨石先下意识地护住自己的照相机：“照相机里是日军轰炸南开的暴行，你们不能动！”

军官一挥手，帐篷里的士兵立刻一拥而上，把杨石先手里的照相机抢了下来，杨石先拼命挣扎：“你们不要动胶卷！”

军官举起照相机，得意洋洋地说：“照相机里有什么，洗出来不就知道了吗？”

“只要别破坏胶卷，你们干什么都行！”杨石先的目光充满恳求。

阵地上根本没有洗胶卷的地方，于是一直折腾到天黑，军官从杨石先嘴里问不出任何名堂，而杨石先饥肠辘辘已经瘫软在地上，军官打量杨石先半晌，大约怎么看都觉得此人实在跟间谍挨不上边，于是拿出公文纸，要杨石先写出 TNT 炸药的分子式和化学反应公式，这当然难不倒美国耶鲁大学毕业的化学教授，军官拿着这些分子式去找工兵部队的人来鉴定，看不出有任何问题，只好向杨石先表示歉意，同意放他走。

可杨石先心里觉得好笑，TNT 炸药的分子式每个受过专业训练的日本间谍不都会写吗？这是出的什么题啊？

杨石先从帐篷里出来的时候，到处都已经黑灯瞎火了，饥肠辘辘的杨石先哪儿也去不了，只好返回帐篷，说自己肚子饿，能不能给找点吃的。

其实那些军官放杨石先走，原本也只是想试探他，见他饿成这副模样，反倒觉得这人没什么可疑了，于是不冷不热地长叹一声：“嘿嘿，看来你还真是个教授啊……”

那些军官要下班了，让士兵把杨石先带到附近营地，顺便给他找俩窝头充饥。

杨石先露天和士兵们睡了一晚，士兵们听说杨石先是大学教授，对他都很尊敬，第二天一大早吃过早餐之后，连队长官特地给杨石先找了条旧军裤，又给他抓了一大捧窝头抱着，说是这些窝头够他吃到山东境内了。

杨石先知道这些士兵也很穷困，起初不愿意拿走那条旧军裤，可那位连长官突然咧开嘴笑了：“打仗留条旧军裤干啥？这一仗打完，还不知能不能活着呢，你们读书人该穿好一点，以后还得教书呢。”

杨石先告别了那些士兵，挎着照相机，捧着窝头，迎着早晨的太阳，继续他的南行之路。他答应那位连长官，今后如果还有机会重回讲台，一定穿着那条旧军裤讲一回课，因为那位连长官过去也是读书人，他很想自己上一回讲台，可担心已经没有机会了，他让杨石先穿着他的旧军裤去讲课，就算是替自己去讲一回课吧……

也许是腿上那条旧军裤起了作用，杨教授这一路上便很少再被人为难，行为举止也不再那么古怪了。进入山东地界以后，杨石先还凭借自己这条军裤，搭上了去后方运给养的军车，顺利到达了战区后方的济南。

这一路上，杨石先手里的窝头早就吃完了，口袋里的钱分文不剩，好在军车地板上还有些从麻包里漏出来的玉米籽，杨石先靠吃那些又生又硬的老玉米籽，一直挨到了济南。

这位美国耶鲁大学毕业的洋博士，这位中国著名的化学家、中国化肥之父，这位后来新中国的高教部长，就是这样走出了战争噩梦中的天津南开的。

而这个时候，日军已经在津浦路上形成了一个新的军团建制，由西尾寿造中将指挥，一路南下，直扑济南而来。战争依旧紧紧跟在杨石先的身后！

杨石先几天前宿过的河边阵地听说已经失守，冯玉祥将军又在津浦路上布置了第二、第三道防线。不知道那些和杨石先一起宿过河边阵地的士兵，如今是生是死？还有那条旧军裤的主人……

杨石先后来再也没有见过他们！

日军炮击南开的当天，校长张伯苓尚在庐山参加国民政府举办的时事座谈会，南开被炸的消息传到庐山，张伯苓悲愤异常，大呼："还我南开！"

当时国共两党的领导人也都在庐山，正在商谈国共合作抗日的事儿，张伯苓的呼喊一时间震撼了整个江西庐山。南开成为中国高校抗日精神的一面旗帜！中国的抗战不能抛弃南开！

为了撤离已被日军占领地区的大学师生，国民政府决议，在长沙和西安设立临时大学，收容日占区来的大学师生。

庐山会议结束后，北大校长蒋梦麟、清华校长梅贻琦和南开校长张伯苓三人在南京再次商议，达成了三校联合办学、组建长沙临时大学的共识，随后，三人把他们商议的结果报请国民政府批准。

1937 年 8 月 28 日，国民政府教育部密谕，宣布蒋梦麟、梅贻琦、张伯苓为长沙临时大学筹备委员会常务委员。9 月 10 日国民政府教育部第 16696 号令，正式宣布成立长沙临时大学筹委会。三天后，长沙临时大学筹备委员会召集第一次会议，对于临时大学的组织、人事进行了讨论。

长沙临时大学成立的消息，很快送达给北平和天津的各校负责人，并通过广播和报纸公告放假回家的各地师生到湖南长沙集中，11 月 1 日正式复课。

这个消息传出后，正在各地度假或进行社会考察的三校师生，通过各种不同的办法，使用各种不同的交通工具，陆续往长沙集中。

长沙临时大学开始筹备的时候，三位校长都在南方分头准备。至于北平和天津的工作，北大指定由郑天挺、樊际昌负责，南开指定由黄钰生负责，清华指定由潘光旦负责，他们开始通知滞留学校的师生南下，并开始秘密转移校产。

好在七七卢沟桥事变之前，梅贻琦已经预感到北平局势岌岌可危，正好那时湖南大学刚刚成立，湖南省教育厅厅长朱经农向清华求助，梅贻琦就把大批教学仪器设备借给湖南大学，并派出顾毓秀等一批知名清华教授到湖南支教，这次朱经农、顾毓秀正好都是长沙临时大学筹委会委员，梅贻琦此举为清华搬迁长沙提前做好了准备。此后三校使用的教学设备，一半以上来自清华。

南开大学当时已被炸毁，能抢救出来的校产不多，南开秘书长黄钰生通过天津租界的关系，逐步转移了剩下的校产和人员。

地处北平市中心的北京大学，当时已被日军占领，沙滩红楼成了日军的宪兵司令部，也是北平市区的最高军事机关。一时间，校园里到处充斥着马粪臭，红楼的地下室里，宪兵夜夜都在严刑拷打抗日人士和可疑人物，中国戊戌变法以来的第一座高等学府、曾经领导了中国五四新文化运动的北大红楼，至此变成了人间地狱。住校的师生也被驱散。因此联络师生南下和转移校产的工作就显得格外困难。很多教学设备和实验器材，因为被师生拿回了家，才得以保存。

日军占领北平后，不敢进驻故宫或中南海，因为日本是个天皇制国家，皇宫皇城是天皇专属，臣民不能任意入驻，否则有分庭抗礼之嫌，所以无论华北驻屯军司令香月清司，还是后来官更大的寺内寿一、衫山元都不敢进去，因此日军最初选择距离故宫很近的沙滩红楼，作为北平市区的最高军事机关，一年后北支那派遣军总司令部从天津移防北平，住的则是铁狮子胡同段祺瑞执政府大院。

日军进驻沙滩红楼很突然，校内的师生都不知道搬哪儿去了，平时教授们在城里也经常换房子，随心所欲，没有定数，所以现在要通知教授们转移，困难可想而知，只能是熟人托熟人，相互托，相互转告。

还有的人生怕日本人或汉奸找麻烦，临时搬家，或者自己明明在家，却谎称没住在那儿，因此有些时候熟人托熟人也未必能把事儿办成，转移北大比转移南开还要辛苦。

北大秘书长郑天挺家里儿女多，最小的当时刚刚学步，卢沟桥事变的前一个月，郑天挺妻子刚刚病故，为了转移北大，才料理完妻子后事的郑天挺，竟然没能顾得上自己的家，而且那么一大家子人拖家带口南下也很不方便，为了能用有限的船票多转移一名师生，身为秘书长的郑天挺，帮别人转移了许多的家眷，自己只能选择只身一人南下长沙。

临走那天，郑天挺 14 岁的女儿郑嫣把父亲送到车站，临别时，郑天挺掏出一叠大洋塞给女儿说："嫣儿，这是你们姐弟的生活费，你是他们的姐姐，我走了以后，这个家就拜托你了……"

这一年郑天挺 38 岁，女儿郑嫣 14 岁！

郑天挺这一走就是整整八年，他留给女儿的大洋早就用光了，那时从国统区寄钱到北平几乎不可能。蒋梦麟一度想用自己在北平的房产接济郑家姐弟，可是后来蒋梦麟在北平的房产也被日本人霸占，他给郑家姐弟的接济彻底断绝，大女儿被迫只身逃出北平，到了昆明，就读于西南联大，次女郑嫣继续为父亲撑持这个家庭，含辛茹苦把几个弟弟养大。

抗战胜利后，郑天挺返回北大，郑嫣已经是二十大几的成年人了，为了弟弟妹妹的学业，女儿不得不牺牲了自己的学业、自己的青春，一直没有出嫁。苦苦盼着战争的结束和父亲的归来。

“劳苦功高”——这是郑天挺日后见到女儿郑嫣的第一句话，短短四个字，包含着女儿的多少辛酸、多少委屈，还有女儿正在一天天消逝的青春，不知郑天挺是否想到？

然而在那样一个年代，为了国家抛家弃子、只身南渡，又岂止郑天挺一人呢？

第三回

痛南渡导师陈寅恪

五朝古都北平，是南方人陈寅恪最有感情的一座北方城市，也是最令他老父亲陈三立无奈的北方城市！

早年京城有人仰慕陈三立先生大名，想聘他到京城执教，陈老先生竟然以不谙京语为由，予以回绝，用今天的话说就是根本连普通话都不会说的那种。作为一个读书人，这理由实在好笑。陈家祖上是福建闽西客家，虽然后来祖父在湖南任职时间最长，陈寅恪也出生在湖南，但家里一直保留着部分客家口音，以至于陈寅恪这个名字究竟该怎么读，在学界竟然争论了大半个世纪，很多人故意把陈寅恪这个名字读得不伦不类，还自以为这是有文化。

其实陈寅恪这个名字内涵很简单，就是恪守的意思，哥哥陈衡恪、弟弟陈隆恪、陈寅恪……祖父陈宝箴给他们取这些名字，除了表示家族辈分之外，恐怕也是希望他们弟兄几个能够恪守自己的文化而已，大约不会有别的意思。

父亲一生不喜做官，这和陈寅恪祖父、当年的湖南巡抚陈宝箴完全不同。父亲此生的满腹经纶，几乎全部托付给了诗酒，也许是崇拜《儒林外史》里那些金陵名士吧，陈三立年轻时就与谭嗣同等并列湖湘四公子，陈宝箴被朝廷罢官后，陈三立大部分时间都住在南京，再不就去上海租界里蹲一段时间。

直到晚年多病，膝下乏人，陈三立老人这才搬到京城随儿子小住。为了避免清华园里那些是是非非，陈寅恪专门在北平西城区的姚家胡同给老人买了套房子，让夫人在这边照料着，自己更多的时候仍住在清华园里，忙着著书立说。

作为名士的父亲与作为封疆大吏的祖父不同，而作为学者的陈寅恪同样与作为名士的父亲、兄长不同，陈寅恪第一次从欧洲留学回来，就在京城的北洋政府经界局当差，给当时的经界局总办蔡锷将军做秘书，这是陈寅恪走向社会后的第一次任职，那时的陈寅恪连德国话都会说，京语自然难不住他。后来又做了京师图书馆的采买委员会主席，36 岁时就和王国维、梁启超这些大人物并列清华大学研究院的四大导师。可以说是这座北方大都市，见证了陈寅恪从一个学生走向大师的每一个脚步。

卢沟桥事变那天，陈寅恪还在清华园里与人喝酒，因为学校放假的缘故，校园里的人越来越少。历来不善饮酒的陈寅恪和吴宓等几个清华旧友，不知从哪儿搞到一瓶名叫栅栏的红葡萄酒，是居住在北平的一些西方传教士私人酿制的，市场上一般买不到，卤猪肉和烧鸡是大街上买的，他们喝酒的理由是有人要对魏晋南北朝的诗歌过不去（好像是金岳霖，记不清了），酒劲上来又可以争执一番。

清华园里的教授们就这德行，有时看见别人吵架，不但不劝解，反而凑酒给他们喝，希望他们吵得更起劲一些。也正因为这个原因，父亲到北京后，陈寅恪坚决不许他住在清华园里。

那瓶栅栏红葡萄酒被喝干时，已经是夕阳西下时分，陈寅恪多喝了几口，总觉得眼前迷迷糊糊，他给客人开门的时候，突然感到院子外面白花花的一片扑面而来，然后就什么也看不清了，就像照相机的底片被翻转了一般，只剩下大片大片的光斑。陈寅恪觉得有些不妙，匆匆送走客人后，陈寅恪想到校园里逛一逛，可还是到处白花花的一片，什么也看不清。于是陈寅恪早早就进屋歇着了，心想也许真是喝多了，睡一觉也许会好一些？

于是陈寅恪回屋后早早睡下了，也就在这一晚，宛平城里的守军就和日军打起来了。清华园里隐约也能听到宛平方向的枪声，可陈寅恪的卧室在整个屋子的北面，因此枪声丝毫没有干扰他的睡眠。

直到第二天早晨天亮后，才有人来敲他的门，说是宛平方向打仗了，国军封锁了石景山到门头沟一线，来人要他多加小心，不要一个人随意外出。

陈寅恪起初也没太把打仗当回事儿，因为北平附近中日两军冲突已经不是第一次了，可是到后来战争的形势越来越严峻，清华园里的教授们也组织起来了，冯友兰、吴有训这一文一理两大教授，每天晚上带着一帮子人，手持大棒在校园里执勤，他们还专门告诫陈寅恪，晚上不要随便出门。那说话的神色很严肃，不像是在开玩笑，而且这两位教授也从来没开过这样的玩笑。

也就在这个时候，住在城里的老太爷陈三立病倒了，而且听说是那种很可怕的尿毒症，陈寅恪为了照顾老人，搬离了清华园。此后校园里究竟还发生了些什么事儿，他也不清楚。

听说父亲病得很重，陈寅恪原不打算把这几天北平发生的事儿告诉老人，可是陈寅恪回到姚家胡同家中时，发现老人虽然卧病在床，但神志却格外清醒，这几天外面发生的事儿他全都知道了，所以每次有熟人进来探病，老人总是先问："时局怎么样了？"

"父亲，您……好好养病吧。"陈寅恪一进门，就被父亲逼问得有些无奈："宛平那边打仗，城里……倒还安静。"

“能安静到什么时候？宛平那地方，一散步就到了。”老父亲到北平后闲着没事儿，经常一个人出去游山玩水，也不跟家里人打招呼，我行我素惯了，没准他什么时候真的往宛平那边走动过！？

“军队把石景山到门头沟一线都封锁了，城里不是交战区。”陈寅恪只得如实相告。

“石景山到姚家胡同，难道比东京到北京更远吗？”老人突然问：“日本人现在打的什么主意？他们能告诉你吗？”

陈寅恪一时半会儿无言以对：“这个……政府正在和日方谈判，南京的谈判代表也到了北平。”

“有空替我去看看静安先生……”老人似乎不想再和儿子争论什么，长叹了一声，翻了个身便呼呼睡去。

“是的，父亲。”陈寅恪知道，父亲所说的这个静安先生，就是他在清华早期曾经共过事的王国维大师。十年前已经投水自尽。陈寅恪奇怪的是，作为文人，王国维生前和父亲交往并不多，仅谋过几面而已，不知为何父亲今日却突然想起了这位儿子旧日的同事？陈寅恪有些摸头不着脑。

守候在父亲病床前的这些日子，陈寅恪时不时仍会感觉到两眼模糊，什么都看不清，有时睡一觉醒来又好了。反复几次之后，陈寅恪情知不妙，他去了一趟东交民巷的德国医院，找那里最好的德国眼科医生诊疗。

三天后，陈寅恪又去德国医院进行了复查，德国医生冯维克等其他人都走了，这才关上房门，单独与陈寅恪谈话：

“陈，你的右眼视网膜已经脱落，必须尽快手术。”

陈寅恪听到这话脑子嗡的一声，冯维克的脸也开始在他眼里变得模模糊糊："可是……老父重病在床……这个时候做这么大的手术，真不是时候啊！"

"可是你不做手术，不仅右眼会失明，而且很可能影响左眼，你要是失去了双眼，你的父亲会有多难过？"冯维克说。

"请问还有其他的治疗方法吗？"陈寅恪喃喃地问。

"据我所知，手术是世界上目前唯一有效的治疗办法，很遗憾……"对方无奈地摊开两手。

"那……我得先回去准备准备。等家父病好一些……"陈寅恪犹豫地从座位上站了起来。

"陈，你的手术越早越好，下个月我为你准备床位，由我亲自主刀。这件事不能再拖。"冯维克很认真地对陈寅恪说。

离开医院之后，陈寅恪都不知道自己究竟是怎样回到家的，路上经过了哪些街道，洋车夫长什么样子，他一概没有任何记忆。

这一天正好是 7 月 28 日，北平沦陷的日子。陈寅恪前脚回到家，后面陈老先生的管家就来通报，城内的国军已经撤退了，日军有可能今晚就要进入北平，晚上睡觉一定记得要把房门关好。陈寅恪不相信，自己到街上去看，大街上已经没人了，所有的交通警察也都不见了……

再然后，陈寅恪的眼睛又开始模模糊糊，大街上只剩下一大块一大块或明或暗的光斑……

由于日军进城，陈寅恪与冯维克约定的手术日期不得不推迟，因为日军进城后，留守政府的张自忠将军自知没法承担这样的责任，于是称病不见任何人，起初张自忠是只身入住东交民巷的德国医院，后来他的留守政府也搬到了医院办公。医院反倒被搞瘫痪了。

日军入城的消息，是无论如何瞒不过老父亲的，这时老父亲的脉搏已经越来越微弱了，可是有时到了半夜三更，又在床上高呼“杀日本人……”家里人都说老爷子恐怕是过不了今年了……

到了8月8日，日军要搞一个正式的入城仪式，要求临街的大院门口，都悬挂日本的太阳旗，姚家胡同不是入城仪式的必经之地，但陈家也被通知悬挂太阳旗，原先病情已经略有好转的陈老太爷，又气得，昏厥过去，幸而发现得早。被抢救了过来。

日军入城仪式之后，日本驻北平的总领事馆，开始大宴北平各界名流，并欢迎寺内寿一为华北日军最高指挥官。虽然这时的陈寅恪已经不在清华园了，可是陈寅恪父子的请柬，还是被日本宪兵如期送到了姚家胡同，至于是什么人告知陈氏父子住在这里，如今已不得而知了。

伪满皇帝溥仪的帝师罗振玉也以老朋友的身份，致信陈三立先生，宣扬所谓中日亲善。希望陈三立劝导陈寅恪出来，为中日亲善做点事儿，并力邀陈氏父子长春一游。

从这一天开始，陈老太爷不再吃药进食，无论家人怎么劝，陈老太爷最多就喝一点白开水。

“父亲，您吃点东西。”由于全家人劝说都没有用，最后，陈寅恪只好自己亲自捧着宫廷秘方配制的龟苓膏，破例跪到父亲的床前。

“我老了……走不动路了。”陈老先生慢慢睁开眼睛看着儿子：“金陵……我这辈子是回不去了……”

“父亲，您先吃点东西……”陈寅恪依旧固执地跪在床前。

“吃完了……这辈子该吃的都吃完了……”陈三立仰头望着天花板：“有缘生就有缘灭……三立食缘已尽，你不要管我……你快走，去南京……”

“父亲，儿子不孝……可是……”看着父亲这般模样，陈寅恪的眼眶不由得湿润了。

“快走！你不用等我咽气，更不用为我去出殡，如果那样，一切都来不及了……你快走！日本人已经盯上我们家了，你不能留在北平！更不能受父丧之累！”陈三立使尽最后一点力气，挥手打翻了陈寅恪举在头顶的龟苓膏，然后自翻白眼不再言语。

陈寅恪没想到父亲态度如此坚决，此后也不再劝父亲进食服药了，剩下的日子，陈寅恪放下自己的工作，在家里只做一件事：帮父亲整理全部的诗稿，趁着父亲神志清醒，把家里所存诗稿拿出来，一页一页地整理、装订。父子俩在一起的最后日子，谁也不说病情、不说死亡、不说家事、不言时局，唯有那些诗稿陪伴着他们父子俩。一天又一天……

在陈寅恪眼里，父亲是一个不问政事的人，一生不喜做官，清朝的官他不爱做，北洋的官他不爱做，到国民党时代他已经老了，更不可能了。祖父陈宝箴一度对这个不孝之子很失望，于是更多寄希望于陈寅恪这一代人。当年陈寅恪从欧洲学成归来，经熊希龄总理推荐，到经界局给蔡锷将军当秘书，陈三立很不以为然，推说自己不会说北京话，拒绝来京任教职。总之陈三立老先生和他当大官的父亲、和他当教授的儿子总有那么多的不一样。唯独这一次，面对外敌侵略，历来不问政事的陈三立老先生，态度竟如此坚决！很多外人也许觉得不可思议。

陈寅恪再次走进清华园的时候，已经是入秋之后了，清华园里的树叶有些已经开始泛黄。

日军已经通知要接收清华园，陈寅恪回清华园来收拾自己的行李和书稿，在佣工的帮助下，家什很快就装了车，可是陈寅恪还舍不得走，他要用更多的时间，和自己工作和生活了 12 年的清华园告别。

陈寅恪又一次来到王国维的墓碑前头，在墓园前头不远处的石椅子上坐了下来，回味着自己为王国维先生题写的纪念碑文。

王国维于 1927 年投颐和园身故，他的死因有很多不同版本和说法。当时北伐军已经打到长江边上，于是有人说王国维惧怕北伐战争投水而死，这种说法甚至一度被写入正史。最主要的依据是他临终写给三儿子的便条上有“遭此事变，义无再辱”一句。

其实北伐战争和王国维一点关系都没有，北伐军和北洋政府打仗，而王国维非北洋官吏，不仅不是，而且王国维受聘清华导师之前，一直在宫廷里给溥仪当导师，论战争实在边都挨不上。更何况王国维投水那几天北伐军歇马长江，蒋总司令忙着反共，事实上战争处于停滞状态。

至于“遭此事变”一句，被理解为王国维的家庭变故也未尝不可，当时王国维长子早逝，为了儿媳妇的去留问题，王国维与老亲家罗振玉反目，两位大师多有互谤，搞得他很是烦恼，心灰意冷。

当然，王国维那么一个大师，也不可能因为罗振玉去跳湖，那么究竟是什么原因导致王国维走上绝路呢？大半个世纪以来人们一直众说纷纭。

其实王国维的死因，早就被陈寅恪的纪念碑文写得明明白白，只不过后人没有看懂而已！对！就这一句：“独立之精神，自由之思想！”

王国维最崇拜西方叔本华哲学，他的整个悲剧艺术理论，根子不就是叔本华吗？而西方的叔本华最崇拜东方的佛教。王国维那个所谓自由之思想，是被叔本华涂抹了底色的，所以他什么时候要从他的人生悲剧中解脱，那完全是他自己的事儿，跟政治恐怕八竿子挨不着，还得再加八竿子。跟家务事有点关系，但也绝非直接关系。

王国维投水当天，早餐吃得很从容，到了办公室以后，和一位行政人员讨论下一学年招生的事儿，谈得很投机。谈完之后发现离下班时间还早，便向朋友借了五毛钱车费，驱车来到颐和园，吸了一支烟，而后投湖。之前没有任何人发现王国维有异常表现，事后有人发现他写给三儿子的一张便条，多年来一直被当作遗嘱，而且据说是唯一的遗嘱，其实那也很牵强，因为那张便条是提前一个月写好的，此后王国维还有过游山玩水的举动，那段时间他内心究竟在想什么？离开了王国维本人的著述和思想去胡乱猜想，只怕很容易把王国维想象成大街上卖烧饼的老大爷，但王国维不是卖烧饼的老大爷！

人们不理解王国维之死，自然也不理解独立之精神和自由之思想；人们不理解独立之精神和自由之思想，自然也就理解不了王国维之死。

整整十年了，人们还在为王国维的死因喋喋不休，所以陈寅恪也真正到了倍感孤独的时候。

十年前是前辈王国维，十年后是父亲陈三立！

陈寅恪像是突然明白了，为什么父亲前几天要他回清华园看看王国维。

很多人说起“独立之精神，自由之思想”像小学生背书一样脱口而出，但他们真的懂了吗？他们知道这句话的沉重代价吗？有些人以为独立和自由像窗外的葡萄，一伸手就能摘下来，但对于另一些人来说，这是血淋淋的记忆！

孤独的陈寅恪从椅子上站起来，此时此刻的他决定为“独立之精神，自由之思想”付出他们这代人应付的代价！

“静安师，我要走了。为了您崇尚的精神！”陈寅恪向王国维的墓碑深深地鞠了一个躬。

天黑了，冯友兰、吴有训带着他们的哨棒队又开始在清华园里巡逻。陈寅恪则一脸的无奈。

这个冯友兰在清华园里算是一条壮汉，可他手里那条哨棒听不听使唤倒很难说，因为这个河南壮汉是学哲学的，万一真出现紧急情况，他脑子里还在严肃思考“该不该打？”或者“打和不打的本质区别是什么？”那可不是坏事儿了吗？果然后来在去昆明的路上，冯友兰还真出了类似的事儿，这是后话。

至于吴有训，瘦瘦小小，那就更不抵事儿了。此人在国外和一个名叫康普顿的老外搞什么光谱散射实验，后来康普顿因为这个实验获得诺贝尔物理学奖，吴有训作为他的副手，全程参与和领导了那个诺贝尔奖级别的实验，被称作与诺贝尔物理学奖只差半步的人。可如今，这位距离诺贝尔物理学奖只有半步之遥的吴有训，打起仗来没有飞机、没有坦克、没有大炮、没有炸弹，连汉阳造步枪都没有，只有一根四尺哨棒！为什么思想越先进的人，手里的武器越落后？

望着这两个巡逻的大教授，还有他们身后年轻的清华男女，陈寅恪有些郁闷。

1937 年 9 月 14 日，没有人知道这是个什么日子，但陈寅恪牢记了一辈子！这一天是陈三立老人义不事敌、绝食而死的日子！

陈三立老人一生崇尚自由，落拓不羁，自号金陵名士、散原老人，无论学术上、政治上，抑或经济上，亦无太多树敌，潇洒一世，然而作为一个中国人，在民族大义面前，他从未考虑过其他选择。

在陈三立老人最后的日子里，陈寅恪没有再劝父亲饮食、服药，除了帮助老人整理一生的诗稿，也不再做其他多余之事，在国家的危难面前，自由和独立都是有代价的，每一代人都会不同程度地承受这种代价，但这种代价也无比崇高。18年后，新中国领导人为那些在民族解放战争中付出代价的老军人，颁发独立自由勋章！每一代人付出的代价虽不一样，但独立自由的精神一脉相承！

根据父亲生前的安排，陈寅恪不能再参加父亲的守七和出殡，因为日本人早就盯上他了，他必须利用父亲停灵的机会，悄然离开北平，老人的遗体，交由孀居北京的大嫂和侄儿们去处理！

“出殡即为不孝！”这是父亲留给他的最后遗言！

整理完父亲的遗稿，陈寅恪开始做南下的准备。那时陈寅恪的三个女儿都还小，最小的女儿还在吃奶，没法携带更多的行李，陈寅恪把自己的存书和手稿先寄长沙，然后化装成商人，携妻女搭上了去天津的火车，准备从那里乘船南下，和他们一家同行的还有清华历史系教授毛子水。

陈寅恪离开京城这天，正好是原先和德国医生冯维克约好做手术的日子，听说陈寅恪要放弃手术，冯维克很激动：“陈，你不能走，这样做很危险，你有可能会永远失去光明！”

“我爱自己的眼睛，但我更爱自由！”这是陈寅恪对德国医生的最后回答。他很歉疚地向医生鞠了一个躬！

而此番南下，陈寅恪果然为他所说的自由付出了最沉重的代价，1944 年底，正在成都燕京大学任教的陈寅恪双目失明！

“去年病目实已死，虽号为人与鬼同。”——这是陈寅恪 56 岁生日那天给自己题的诗。

由于战争的缘故，从北平出来后这一路上都很乱，小女儿抱在手里倒还安全些，陈寅恪夫妇生怕两个大女儿走丢了，于是买了一张列车时刻表，一路上都在教两个女儿背诵站名儿：“天津的下面是沧州，沧州的下面是德州，德州的下面是济南……”

可陈寅恪嫌妻子这种教法太慢，又把站名颠倒过来，让她们从终点站长沙开始往回数。大女儿倒还能记得住，二女儿被陈寅恪这么一颠倒，立刻脑子就懵了。夫人差点和他吵起来，幸好同路的毛子水带着地图，一站一站给姐妹俩讲解，然后又让她们记住父母的名字和所在大学的名称。

当时清华接到长沙临时大学的通知，南下的人很多。车到天津，陈寅恪一家住进了租界的旅馆，自以为很安全，可就在这时，清华的同事过来告知，清华化学系的高崇熙教授，因为携带化学实验器材，已被日本当局扣留，要他们过码头的时候特别小心。

由于战争不断向前推进，津浦路已经全线瘫痪，西尾寿造指挥日军三个师团，已经进入山东境内，直逼济南。

当时上海正在打仗，去南方的轮船大多已经停开，陈寅恪和毛子水商量后，临时决定先乘英国轮船到青岛，然后再从那里转道济南。可惜的是这样一来，两个女儿沿途刚刚背下的那些站名就全部作废了，又要重新记忆！

第二天，陈寅恪一家乘英国商船济南号离开了天津港，驶往青岛。

船到青岛这一路总算顺利，到达青岛后，陈寅恪立刻买了由青岛到长沙的联票。车出青岛，陈寅恪长长地舒了口气，自以为已经摆脱了日军的控制，可是列车刚到济南就停下不走了，车厢被军队征用了，铁路当局要乘客自己找机会换乘。

这时的济南刚刚遭遇空袭，城内一片混乱，陈寅恪不敢在城内停留，就住在火车站等车。

这时的济南火车站挤满了逃难的难民，只要有车过来，也不问去哪儿，有票的没票的一窝蜂都往车上挤，铁路当局也顾不上那么多了，反正只要挤满了人就开走。有的人误登了去青岛的车，又落到日本人手里；还有一对母女，女儿上了车，母亲没能上去，正坐在站台上号啕大哭。

陈寅恪在车站附近找到一间小旅馆，全家六个人只有两张单人床，挤了一宿，忍受着蚊虫的叮咬。第二天一大早起床，陈寅恪沿街买了几个烧饼给家人充饥，然后匆匆赶到火车站，因为今天是联票有效期的最后一天！

一直等到下午，终于等到一趟去徐州的列车，难民们不顾一切地往车上涌，很快就把车门堵住了。陈寅恪一家孩子小，行李又很沉重，保姆王妈还是个小脚，很快就落在了别人的后面。尽管陈寅恪高举着车票大喊："我是联票！"但根本没有人理睬他。

就在陈寅恪一筹莫展之际，突然听到有人喊他，听声音很清脆，是个女的。陈寅恪回头看去，你们道这人是谁？

第四回

暂住足衡山湘水间

且说陈寅恪因行李沉重，没挤上去徐州的火车，正一筹莫展，突然听到身后有人喊他，回头一看，但见一个仪态端庄、眉清目秀的中年女子从车窗里探出头来，不断向陈寅恪挥手。

“张太太？”陈寅恪一怔，下意识地问道：“你怎么会在这儿？”

“快上来！”中年女子急切地向陈寅恪夫妇打手势，然后又把车窗开大了一些，伸手去拉陈寅恪。

拉陈寅恪上车的女子名叫刘清扬，她丈夫张申府曾在清华大学哲学系任教，刘清扬也随丈夫住过清华园，因此成了清华家属，被人们习惯地称作张太太。陈寅恪第二次去德国留学的时候，和张申府、刘清扬也有过交往，那时候他们俩信仰共产主义，而陈寅恪因为帮共产党人说话，在酒吧里挨过打。

陈寅恪知道一旦误了这班车，他的联票很可能就作废了，于是不由分说抱过夫人手里的小女儿，塞进车窗递给刘清扬，然后把大女儿、二女儿还有所有行李依次塞进车窗。站台上只剩下陈寅恪夫妇两人。夫人说自己是学体育的，爬车窗总比陈寅恪轻巧一些，执意要陈寅恪先上。

于是陈夫人拦腰抱住陈寅恪往上举，刘清扬在车上使劲拉，可陈寅恪却不配合她们，两只脚在空中乱蹬，大部分都蹬空了。

两个女人费了九牛二虎之力，终于把陈寅恪身子的二分之一塞进车窗里。受力重心逐渐稳定在车厢内，再由大女儿抱着他的大腿，把另半边身子也送进车里。

不料陈夫人上车的时候发生意外，其他人看到车上的车窗开了，也不顾一切地往上爬，反而把陈夫人给挤开了。为了孩子，陈夫人几乎是不顾一切地抓住前面那人的小腿往上攀，她的身子刚刚探进车窗列车就启动了，车站上的站警怕出事儿，不由分说飞舞着警棍驱打爬车窗的人。陈夫人小腿上重重挨了一警棍，幸亏两只胳膊已经被陈寅恪与刘清扬死死拽住，这才没有掉下去。

“太谢谢你了，张太太。”陈夫人惊魂未定地喘着粗气，因为小腿被警棍打得疼痛，眼眶里噙着泪水。

“张太太，你怎么会在车上？松年呢？”陈寅恪不信宗教，但他总觉得刘清扬的出现仿佛是上天的安排一般。

“卢沟桥事变后，申府就去了南京，参加国共合作，共同抗日。我也要去南京，但不是去找申府，而是参加抗战。”刘清扬很坚定地说。

“既然是这样，我以后就不叫你张太太了，应该叫你……刘先生。”陈寅恪一直很敬重他这两位共产党朋友，虽然他们夫妇如今已先后脱离中共，但他们的人格一直让陈寅恪钦佩。一年多以前，张申府、刘清扬夫妇重新与中共取得联系，成为一二·九学生运动的公开领导者，事后国民党当局向清华大学施加压力，强迫清华驱逐张申府。陈寅恪当时主持清华教授会，迫于当局的压力，不得不违心同意停聘张申府，可他坚持向学校提出可以停聘、不能开除的原则。因此，张申府夫妇从狱中获释后，继续留在清华任教，直至学期结束才离开清华园。从那以后，陈寅恪一直搞不清楚，张申府夫妇是感激他，还是恨他。

“陈先生，老太爷的事儿我们都听说了，老人家虽然终身不仕，但他是一个有民族气节的人，是中国知识分子的榜样。刚才在站台上见到您，我一点都不惊讶……”刘清扬微微一笑，说话很得体。

“和家父相比，我们这些活着的人，多有惭愧啊……”陈寅恪长叹。

“哎呀！毛子水哪儿去了？”车行十里，陈夫人突然惊叫。

这时陈寅恪才发现，同行的毛子水没有上车，还有负责照顾孩子的保姆王妈，下去找他们已经不可能了。毛子水有手有脚，倒还不是很担心的，王妈从来就没有出过远门，而且身上也没有更多的钱，这可如何是好？陈寅恪后悔从北京出来，一路上让两个女儿背诵沿途站名，却忘记让王妈也记一记。

幸好快到枣庄的时候，王妈从另外一截车厢钻过来了，手里还提着她的行李。原来上车的时候，王妈和毛子水一个劲拼命往车上挤，结果开车那一刹那，毛子水把王妈推上了车，自己却留在了济南火车站的站台上。陈寅恪夫妇不得不惋叹。

陈寅恪夫妇上车的时候，车上已经没有座位了，刘清扬原先那个座位，只好六个人轮着坐，大部分时间都是站着。

列车走一阵、停一阵，直到第二天中午才到达徐州。刘清扬要从这里去南京，就此与陈寅恪夫妇别过。

由于陈夫人一直在车上站着，腿已经站肿了，陈寅恪只得先找了个旅馆歇下来，青岛买的联票早已作废，又重新买了去郑州的火车票，准备从那里沿京广路南下长沙。

一路上兵荒马乱，这回陈寅恪算是吃到了教训，所以他再也不敢买什么联票了，走一程，歇一站，走走停停，一路走了18天，等他们走到长沙的时候，长沙临时大学已经开学了……

1937 年 11 月 1 日，长沙临时大学在湖南长沙原圣经书院正式开学，历经三个月的战乱，北大、清华、南开三校一千一百多名师生及三百多新生聚集长沙，参加了开学典礼。

然而，有的人还没有到达；有的人不会来了，还有的人永远不会来了！

老朋友相聚，握手、拥抱时的问候语已经变了：

“哟，您老还活着呀？”

“没死啊？命大！”

“囫囵个回来啦？”

……

也就是这一天，日军的飞机第一次光顾长沙上空，正在举行开学典礼的师生猝不及防，根本来不及躲避，幸好也不用躲避，因为那只是一架侦察机，惹众人虚惊一场！

然而，从长沙临时大学第一天开学起，战争的阴影便始终笼罩着这里的师生。那时，保定已经失守，大上海打成了一片焦土，津浦路上的争夺正在白热化。

那天日军飞机飞临长沙上空时，临时大学一千多名师生皆束手无策，唯有一人拼命往校门口的一颗大槐树上爬，大家喊他下来，此人仿佛根本听不见。爬上树梢之后，此人掏出一把硕大的弹弓，准备向飞机射击，事后还直拍大腿，怪日本人的飞机没有靠近他。

这个人不是临时大学的师生，注册组人手不够，潘光旦临时请他帮忙接待学生，故而入校，谁也不知道他的大名叫什么，只知道外人都叫他骆驼祥子，是一个从北平来的人力车夫。

从那天以后，祥子成了临时大学男女生的笑料，有些女生说，这哪里是什么骆驼祥子，明摆着是美国电影里的人猿泰山。只有闻一多教授坚决反对别人讥笑他，闻一多先生说，他这是一种大羿射日的精神，中国人如果人人都有这种精神，不愁打不败小日本。于是又有人悄悄送他一个绰号叫作大羿，祥子搞不懂这个绰号是什么意思，别人这么叫他他不搭理，别人叫他祥子他就吱声。

若干年后祥子才知道，大羿是射太阳的英雄，比拉洋车的骆驼祥子强大多了。不过那时候祥子知道也晚了。

几个月前，祥子护送清华园里的赵忠尧南下，还有赵忠尧手里那个破瓦罐——据教授说比生命更重要！

一路颠簸，祥子随教授辗转上海、南京、武汉……最后才到了长沙，祥子原本准备把教授护送到长沙，然后就回去侍奉老母，可这个时候正在打仗，铁路不通，再后来上海也开始打仗，把海路也断绝了，祥子一个人流落长沙街头，无家可归，又无以谋生。

赵忠尧看到祥子这种状态也很内疚，便推荐他到临时大学筹备处做工，给潘光旦他们当个帮手。

可是三校搬迁经费非常紧张，校工的编制能压缩必须坚决压缩！不可能再像在清华园里那么奢侈了，大量的工勤岗位都交给了学生，办公室由教授们自己打扫，还有些岗位必须照顾同来的家属们，所以开学典礼一结束，祥子又变得无所事事。

最初学校通知祥子，可以去参加修建荒废已久的四十九标军营，那是省政府临时安排给临时大学的男生宿舍，可是后来人来得多了，没有地方住，还没来得及修理，很多人已经住进去了，学校当局决定停修。这让祥子很是失望。

祥子一心想回北平，可铁路上在打仗，上海那边也在打仗，根本回不去。祥子在长沙的日子非常困顿。

长沙临时大学的落脚地是韭菜园的圣经书院，这里原先是一所教会学校，校舍非常有限，总共只有四幢楼房，一大三小。全校一千四百多号人根本无法安置，开学以后，还有不少人陆陆续续到达，学校压力就更大了。

与湖南省政府协商，政府把距离圣经书院不远的四十九标军营安排做男生宿舍，函德女校做女生宿舍，尽管如此，校舍依旧紧张。于是学校决定把文科院整体搬迁到百里之外的南岳衡山。于是才有了长沙临时大学南岳校区。那里虽然是山区，但有铁路直通长沙，教授们往返也还方便。

祥子因为用弹弓打飞机一事在学校里名气大了，设置南岳校区时，有人居然又想到了他。于是祥子这回升官了，当起了包工头，学校让他负责在长沙附近招募民工，协助搬迁。

好在文科院本来教具就不多，带出来的书籍也很少，祥子从长沙火车站那边叫了十几个人，一火车皮就全部运完了。难的是到了南岳衡山以后，那里没有公路，只能肩背马驮，很是艰难。

搬迁工程结束后，民工们拿了工钱打道回府，可祥子无处可去，于是就留在了南岳衡山。在南岳衡山，祥子没有校工编制，但学校同意他在学校留宿。按潘光旦的说法，祥子对长沙临时大学南迁有特殊贡献，所以允许他留宿学校。至于他的特殊贡献究竟是什么，文科出身的潘光旦自己也说不清。

祥子自己在长沙城里租房子很贵，赵忠尧给他的工钱已经折腾得差不多，南岳校区安排他在小楼背后的锅炉房边搭铺，不用出房费，祥子也就乐得留下了，好在南岳校区的报纸只比长沙晚到一天，打仗的事儿这里知道得并不算太晚。为了等待战争结束回家的日子，每次送报纸的进校，祥子总是先抢着看标题，然后再分发到老师们的办公室。

可是祥子在南岳衡山没有等到战争结束的消息，只从报纸的头版上，等到了一大堆坏消息：

——石家庄失守了！

——太原失守了！

——济南失守了！

——长江一线上海、南京、安庆都失守了！

……

于是祥子回家的希望也越来越渺茫，但他从来没有看到故乡昌平失守的消息，有人告诉他，卢沟桥事变的时候，昌平那地方根本就没人守，所以也就不存在失守的问题了。

“那俺娘咋办？”祥子茫然。

南京失守的时候，听说日军杀了 30 万同胞，那天学校集会，许多女同学都哭了，祥子这才知道，学校里有那么多人都是战乱离家，并非他一个人。那段日子，祥子时常从噩梦中惊醒，梦见母亲在流血的场面。

祥子很想写封信给家里，可不知道他娘还能不能收到，祥子去请教教授们，可教授们说，他们写给家里的信至今都没有任何音讯，要么是战争不通邮了，再不就是因为战乱邮件在路上弄丢了。不过教授们还是很耐心地帮祥子把错别字改了，鼓励他把信寄出去试试，回信寄到长沙韭菜园的临时大学。

祥子在南岳校区没有被纳入校工编制，但好在南岳校区也没有更多的校工，大部分工勤岗位都交给了当地老乡，学校最初只安排祥子去烧锅炉、煮开水。因为锅炉很大，烧开水是个力气活，没有工资，但由于有了这份工作，每天可以在食堂免费吃饭，所以祥子很乐意地接受了。

可是到了锅炉房才发现，学校的锅炉长年没有人使用，已经生锈了，头天晚上煮好的开水，第二天早晨漏得只剩下一半，不知道的还以为半夜有人偷喝开水。祥子直到夜半熄火之后，打着手电，架着梯子，才终于找到了锅炉的漏点，而白天锅炉温度很高，漏点根本就看不出来。可是南岳衡山找不到大锡，锅炉根本补不起来，祥子无奈，去医务室取了胶布把漏点贴上。可第二天大火一烧，胶布就黑了，祥子只好等到晚上熄火以后，锅炉渐渐凉下来，再重新找胶布贴上。终于保证了第二天早晨师生们用水。

烧锅炉之余，祥子最喜欢去的地方，是山脚下那幢小楼二楼的小教室，因为那是钱穆教授上课的地方。

祥子小时候没读过书，到城里当车夫为了认路牌勉强识了几个字，理工学院的课他听不懂，赵忠尧的课特别听不懂，南岳衡山这边什么外语、哲学他一概不知，只有钱穆教授的课他听懂了，因为钱穆先生讲的是中国古代历史，用老乡们的话说，那不就是摆古吗？祥子小时候就喜欢听这个，于是听钱穆讲课就成了祥子每天必不可少的生活。钱穆先生也不管他，最初似乎就当他不存在，后来钱穆先生换了教室，祥子找不到听课的地方，钱穆先生在食堂见了他，还反问他为什么不来听课，是不是讲得不好？

后来祥子还发现，只要他坐在后排，钱穆先生讲课就兴致高涨。如果他不在，钱先生便有些沮丧，因为其他同学都把钱穆的课当作必修课，讲得好不好都得来听，为了学分。只有祥子不拿学分，完全凭兴趣听课，所以钱穆很看重祥子的课堂反应。

那时的钱穆刚刚当上教授，讲课还没有什么经验，和清华园里那些大师们不同，钱穆没有留过洋，也没有大学文凭。所以钱穆不仅不拒绝祥子听课，而且允许他和其他同学一样，参加课堂讨论。

祥子内心很感激钱穆老师，那段日子，他也不再恨赵忠尧把他拉到这儿来了，长沙临时大学生活条件虽然艰苦，可这样的生活是他在北京拉洋车没法想象的。

老师们的办公室里有个大大的地球仪，祥子很想从地球仪上找到他们曾经走过的这一路，后来祥子发现，地球很大，而他们走过的路并不太遥远。

抗战初期的南岳衡山还不通公路，因为这里山高坡陡，修公路很不方便，学校的一切给养都要到山下的衡山火车站去领取，粮食、蔬菜、煤炭、灯油……

学校初建的时候，政府给学校的马匹也很少，校领导中也只有潘光旦配了坐骑，另一个校领导郑天挺就没有。教授们去长沙开会、度假多半还得徒步下山。

为了节省交通费，学校食堂已经全部改用木柴，学校附近山高林密，随便让老乡砍些树枝就足够应付一天的烧柴。可是学校的锅炉很大，每天要供几百人用水，完全烧木柴水根本烧不开，所以祥子每周必须到山下的火车站驮煤炭。这是一件很累很辛苦的差事，但全校除了祥子，似乎没有其他必须用煤的部门，文科学校就是比理工科省事儿。

祥子今天下山的另一个任务，是接潘光旦回校，他刚从长沙开完会，今天一大早就乘车赶往衡山。

火车到站的时候，只见潘光旦一个人一条腿，借着拐杖的支撑力，很敏捷地跳下了火车。

潘光旦骑马的姿势更奇特，祥子把他的坐骑牵到他的跟前，只见潘大教授单腿往马背上一个纵跳，拐杖很准确地插进另一边的马镫，整个人身体横卧在马背上，然后拍拍马的屁股，就算是正式上路了。

火车站附近停着很多轿乘，是专门为上山的人准备的，而且这里的轿夫很便宜。望着潘光旦骑马的那种姿势，祥子心里也跟着难受："潘先生，要不雇一乘轿子算了，您这姿势也太难受了。"

潘光旦只摇摇手，马匹就走远了，根本不等祥子和他的马队。

去南岳分校的山路，有几处很陡峭，祥子带着驮煤炭的马帮，紧紧跟随在潘光旦的坐骑后边，生怕教授有个闪失。但无论山路有多么陡峭、多么险峻，潘光旦的身体都像是长了吸盘似的，紧紧地扣在马背上。

马到松毛坪，这是去南岳校区的必经之地，这里地势相对平坦，视野开阔，赶路的人多半会在这里歇一会儿脚，祥子叫停了马队，想让教授下马来歇一会儿。潘光旦滚身下马，稳稳地站住，看了看周围的风光，略略喘息："这地方好。"

"教授，山下有那么多的滑竿，要不了几个钱，我要是有钱，今天的滑竿我帮您雇。"祥子明显地对教授不满，"您这样是何苦？"

"滑竿没办法带着我去走中国啊，哈哈！"潘光旦突然笑了。从口袋里掏出那个用玉米秆做成的独特的烟斗，这是潘光旦的标志物。

"没让你走中国，就火车站到学校这一截路。"祥子显然没有听清楚对方的意思。

"可谁让我是学人类学的呢？"潘光旦点上烟斗长叹了一声，"小伙子，你觉得我今天的骑术有没有长进？"

“长进？糟透了。”祥子没好气地回答。

“没关系，现在正是学习阶段，骑得不好尽管批评。”潘光旦满不在乎地一笑，“打仗了，一切都得去自己适应，等把骑术练习好了，我不但用他去适应战争，而且以后还要靠它帮助我走中国，去西南的大山里做人类学考察，小伙子，没见过世界上有这样的骑术吧？哈哈！”

“你这也叫……骑术？”祥子差一点大声嚷嚷，可是看到潘教授单腿站立的模样，又忍不住把最后两个字的声音压低了，“没想到……教授这营生，做起来也有这么不容易。”

“对！哈哈！那是我的营生啊！”潘光旦大笑。

祥子后来才知道，潘光旦的腿是在中学上体育课时受的伤，因为延误治疗，不得不截肢。潘光旦虽然只有一条腿，但据说在清华园里，学校组织的集体郊游和爬山，潘光旦竟然一次都没落下过。

从这天开始，祥子每天一大早醒来，总是看到潘光旦一个人横卧在马背上，从学校的后门走向陡峭的山坡，去练习他那种独特的骑术，风雨无阻。每次从山上回来，不是满头大汗，就是满身雨露。祥子在南岳衡山看到过别的教授乘轿子，但从来没见过潘光旦乘轿子。

后来，人类学家潘光旦凭着这种独特的骑术，走遍了云贵川康的崇山峻岭，写下数百万字的人类学调查笔记。

后来，在躲警报的日子里，潘光旦和其他教授们一样，住在远离市区的农舍里，靠着他的一条腿和双拐，每天步行十几里到学校上课，风雨无阻，而且绝少有迟到的记录。

再后来，有人往西南联大的大门扔手榴弹，炸伤了他的学生，潘光旦把自己的双拐送给断腿的学生。他说，虽说他只剩下一条腿，但他一定会和大家一样，勇敢地站起来！

潘光旦的腿虽然残疾，但关键时刻也能派上特殊用途。在昆明的时候，潘光旦有一次和国民党的老兵油子吵架，吵到不耐烦的时候，潘光旦突然举起双拐咆哮对方：“你知道老子这条腿怎么断的吗？老子打仗的时候你在哪儿？”那时昆明城里有很多蛮横不讲理的伤兵，老兵油子被他这么一咆哮，以为遇上了难缠的主，只好灰溜溜地离去。

清华园里的人也许都记得，新中国成立那天，潘光旦一条腿站在游行队伍里，一步不少地全程走完开国大典的整个游行路线。

而对于祥子来说，他终于知道当教授这营生，也有那么多的不容易！

第五回

离长沙拍案王部长

话说长沙临时大学在湖南开课一个学期，可是也仅仅就这一个学期，原本地处大后方的湖南长沙，眼瞅着就要变成前线了。

华北日军香月清司集团自占领太原之后，集中优势兵力沿京广铁路南下，已经打到了黄河边上。

华北日军西尾寿造集团沿津浦铁路南下，攻占济南，正在与华东日军谋划会师陇海路，徐州告急！

华东日军占领中华民国首都南京后，制造了惨无人道的南京大屠杀，随后又攻取了长江上的重镇安庆。

两路日军的下一个会师点，无疑是京广铁路和长江交汇点上的中原重镇、国民政府临时所在地——武汉！

国民政府在筹划应对徐州会战的同时，已经在考虑武汉国民政府的搬迁问题和即将到来的武汉大会战！

长沙距离武汉很近，而且中间基本是一马平川，武汉一旦成为战区，长沙也就不再是大后方了。因此，长沙临时大学列入了当时的搬迁计划。

而另一方面，蒋介石当时还没有正式解决四川问题，以刘湘为首的四川当局，见内地撤往四川的机关、学校和部队有那么多，立刻傻眼了，借口四川经济落后，地方贫瘠，无力安置那么多人，竭力阻止。

因此长沙临时大学无法随国民政府一起入川。

四川去不了，贵州更穷困，长沙临时大学能够选择的落脚点只有云南、广西和西康。

这时广西的李宗仁、白崇禧首先对长沙临时大学入桂表示欢迎，但蒋介石很忌讳，因为这两个人过去和老蒋打过仗，颇多芥蒂。而长沙临时大学也不是老蒋身边的中央大学，这里是五四运动的发源地，两年前的一二·九爱国学生运动，已经让老蒋吃到了苦头。一旦把那些天天高喊民主自由的教授和学生们，与广西桂系搞在一起，后果自然对老蒋非常不利。

因此留给长沙临时大学选择的搬迁地只剩下云南和西康，当时云南省会昆明有滇越铁路通往国外，昆明到贵阳、重庆的公路也已全线通车，交通运输条件比西康先进得多，计划中的贵昆铁路和滇缅公路，还能进一步增加昆明在交通运输上的便利性。因此，梅贻琦、蒋梦麟、张伯苓三位常委，都把目光集中到了云南省会昆明！

"我们选择昆明，是因为它的交通便利，可以让我们保持与国际上的联系不致因战争而中断！"梅贻琦如是说。

蒋梦麟则自告奋勇，愿为整个学校赴滇打前站。

然而临时大学西迁，并不是每个人都能接受的事实，当时日军虽然已经占领了杭州、安庆这些省会城市，但距离长沙毕竟还有千里之遥，沿途国军层层设防，没有一年的时间日军也很难打到长沙。日军占领南京后，大屠杀的消息令人义愤填膺，长沙临时大学陆续有三百多学生投笔从戎，去了部队，有男同学，还有女同学；有参加国军的，也有北上找共产党的，他们当中有后来的中共中央领导人宋平，还有著名红色科学家武衡等等。学期结束后，南岳衡山校区变成了国共两党合作的游击干部训练班，其中也有临时大学的学生。

在激烈反对搬迁的人当中，最激动的还是编制外的临时校工祥子，一听说学校又要搬迁，祥子一脸义愤：“仗还没打呢，咱就先逃走了，这算啥呀？”

虽然祥子屡次被人嘲笑之后，已经不相信弹弓叉能够打飞机了，但他充分相信他的弹弓叉打地上的活人还是可以的，更何况那么多国军士兵武器都比他好。咋就这么早早地逃走呢？

祥子最初也想去当兵，这样就可以拿到更好的武器，可那时招兵按保甲制片区分配，当地人听他的口音，都不知道他的来历，所以不敢录用他。有的地方招不满兵员已经开始抓壮丁了，可祥子口音里习惯带一点东北味，那时湖南一带防奸防谍查得很严，谁都负不起这个责任，所以让他回临时大学找保人证明他的身份。可这里的人只知道他的现在，谁也证明不了他的过去，唯一可以证明他身份的赵忠尧偏又不在衡山校区，这事儿只好作罢。

于是祥子又做了一把更大的弹弓，性能比原来更好。为了防止坏人捣乱破坏，学校又交给祥子第二份工作，每天半夜在校园里值夜巡逻，这份工作可以领取夜班费。有了这份工作，有了这份保卫校园的责任，祥子也就不再提当兵的事儿了。祥子的顶头上司，依旧是清华园里的哨棒队长冯友兰，此后每天夜里，冯友兰都拎着哨棒，祥子则拎着他的大弹弓叉，仔细搜寻校园的每一个角落。

这时的南岳衡山已经到了冬季，夜半风冷，巡夜之后，冯友兰带着一帮人到祥子的锅炉房避风取暖，等待着下半夜值夜的人过来接班。于是祥子又重新把锅炉点燃，为大家烧开水。

冯友兰知道祥子天亮以后还要烧锅炉，很辛苦，想让他多睡一会儿，自己坐在司炉的椅子上，不断地往锅炉里添柴。可这时的祥子还没有睡意，一直陪大家坐着，直到开水烧开，他又给大家泡了热茶。

“冯老师，哲学系究竟是干什么的？”祥子突然问。

陪同冯友兰巡夜的学生听了祥子的问话，一个个都面面相觑，不知道怎么回答他才听得懂。

“怎么说呢？这个问题还真不好回答，数学系算数字，生物系研究生命，外文系学人家的语言文字……哲学系，就算是研究宇宙人生吧，总之什么都研究，又什么都不研究。”冯友兰思忖了一会说。

“这我就更闹不明白了，为什么钱穆老师的课我能听得懂，你们的课我总是听不懂？”祥子一边往火里添柴，一边犯嘀咕。

“这不奇怪，哲学系有些人写的文章，我也看不懂。”冯友兰抬头看看周围的学生，不知道是对谁说，“可他们又说我的文章更难懂，哈哈哈。”

“都搞不懂……那学哲学究竟有什么用处啊？”祥子更加摸头不着脑。

“哲学能帮你总结宇宙人生。”坐在冯友兰对面的山东学生似乎想替老师回答，他叫任继愈，长得眉清目秀，“比如你们老家过年，一定会有很多风俗，祭鬼神，吃年饭，这些你都经历过，但他们是怎么来的，为什么？其中都有哲学，中国人把他叫作道理，道和理都是中国古代的哲学概念。吴宓先生研究道，冯先生研究理……”

“鬼神的道理你们也懂吗？那可真是太了不起了，大学问啊！”祥子惊叹地望着冯友兰，“冯老师，您还能和鬼神说话？那您说鬼神为什么不帮着我们把日本人赶跑，还让他们的飞机在我们头上乱飞？”

“哈哈哈，鬼神赶不走日本帝国主义，但国民精神是我们抗日的利器！比鬼神更厉害！”冯友兰很肯定地回答。

“国民精神？什么是国民精神？”

“比如你，开学的第一天，日本的飞机来了，大家都想着怎么逃命，只有你拿着一把弹弓叉就爬上树了。尽管这根本不可能，但是你体现了一种精神，不畏强暴的精神，只要人人都有这种精神，我们一定能战胜日本帝国主义。”冯友兰的激情被调动起来了，于是开始侃侃而谈，“你们不要讥笑他拿弹弓叉打飞机，从科学、从理学的角度他有弥天大错，可是你们想过吗？兔子死了还要蹬几下腿呢，更何况我们是人，高贵的人！”

冯友兰的话让祥子很震撼，长这么大，从来没有人认为他是高贵的人，只知道他是个臭拉车的，拉洋车的时候，稍微跑慢一点，还有人用手里的文明杖敲他的脊梁骨，就像马车夫敲牲口一样。而长沙临时大学，虽然祥子在这里什么都不是，连正式的校工都算不上，但是看得出来，冯友兰教授是真正把他当人的，那些学生虽然经常讥笑他，但那就像讥笑他们身边的其他人一样，而不是把他单独当作另类。

祥子虽然不再提当兵的事儿了，可他之前的情绪，却严重影响了那些学历比他高得多的大学生们，很多人似乎觉得这样走了对不起湖南的父老乡亲。湖南人民给了长沙临时大学很多支持，学校很多教学器材是从湖南大学和湘雅医学院借来的，很多图书是从国货陈列馆那边借用的。很多人离开北平的时候还穿着夏天的衣服，入冬以后，湖南人民又发动了捐助冬衣的活动，为许多穷学生解决了过冬的衣服。现在就这样走了算啥呢？

其实不愿意临时大学西迁的，不仅仅是那些血气方刚的学生，也有广大的湖南军民。他们的张治中主席也舍不得临时大学就这么走了，他明白，长沙临时大学留在湖南，这对于湖南今后的发展是多么重要。他更知道，大战将即，临时大学一旦提前撤走，对于这里的民心、军心又有多少负面的影响。

这时的张治中，已经在湘西的辰溪，为临时大学找到了一个落脚之地。辰溪县城地处云贵两省交界处，山高林密，地势险峻，而且当时辰溪已经有了自己的发电厂，供给教学用电也很方便。这时的张治中已经秘密派人前往辰溪勘察校址。

然而，国民政府关于长沙临时大学迁址昆明的决定很快就通知下来了，搬迁之后，学校正式定名为“国立西南联合大学”。教育部部长王世杰专程赶到长沙，向临时大学校务委员会传达了国民政府的决定。随后，王世杰找到省政府主席张治中，希望得到他的协助。

张治中一见到王世杰，已经明白对方的来意，一脸的不高兴。

“文白兄，你好难找啊。”王世杰笑脸迎了上去，想打破这场僵局。

“哦？海牙大法官来了，有失远迎，有失远迎。”张治中冷笑起来也那么不失风度。他知道王世杰曾经做过海牙国际法庭的法官，口才自然在他张文白将军之上。但尽管如此，张治中也不可能轻易让步。

“我想正式通知您，张主席……”

“不必了。”张治中一摆手，“长沙临时大学搬迁昆明，学校的名字被人改成了西南联合大学，刚才行政院在电话里已经通知我了，你来晚了雪艇兄。”

“搬迁之前，还有诸多事宜，需要文白兄出面。”王世杰说。

张治中苦笑道：“雪艇兄言重了，中央的决定我张文白哪有不鞍前马后的道理。”

“听说文白兄曾坚决反对临时大学搬迁？”王世杰直言不讳。

“大敌当前，仗还没有打起来，老师、学生就一溜烟地跑了，湖南人民知道会寒心的。”张治中终于忍不住了，“什么人草草率率做出这种决定？”

“首先我想更正一点，他们是搬迁，不是逃跑。”王世杰常常会把法官的腔调带到辩论中。

“不管怎么说，敌人还没有到，他们就忙着走，这样做有什么影响，你们考虑过没有？”张治中质问。

“他们不是军人，他们只是一群文人。”王世杰争辩。

“全体湖南人民正在被积极动员起来，誓死保卫长沙、保卫三湘，人不分男女老幼，士农工学商，只要是中国人，现在断然没有退缩的道理。”张治中越说越激动。

“教育是立国之根本，保护学校，保护教育，保护知识，为国家输送人才，同样是抗战的需要。”

“那他们就更应该留在湖南，湖南省的全体军民会用实际行动来保护他们，湖南的建设，同样急需大批的优秀人才。”

“文白，你怎么总是这么固执？”王世杰也激动了。

张治中断然地挥手，在空中果断地一劈：“不要再争论了，学校的仪器、贵重器材可以提前转移，可是老师和学生不能走，特别是文科不能走，他们应该留下。”

王世杰说：“文白，这样做没有意义，没有器材和设施，正常的教学就要被中断，你在军队也是搞教育的，这个道理你应该明白。”

“可我现在是军人，我需要的是士气、是民心，这些，教育部部长大人，你能给我吗？你当过兵吗？你懂得一个士兵在冲锋之前最需要的是什么吗？”张治中反问。

“可现在我需要告诉你的是，教授和学生，同样是国家最宝贵的财富，他们不是你张将军棋盘上的一个子儿！”

——那天，教育部部长王世杰对省主席张治中将军拍了桌子！

云南在哪儿？

会看地图的人似乎都知道。

云南是个什么地方？

大多数人都不知道！

北大师生只依稀记得，前几个月，云南省主席龙云的公子，把他们法律系的系花娶走了，原本是来订婚的，因为打仗，这订婚和结婚居然就一起办了。但人家是去给省主席当儿媳妇，处境自然不一样。对于这些举目无亲的穷学生来说，云南究竟是什么地方，谁也说不清。

清华的人似乎比北大稍稍熟悉云南一些，因为眼下云南大学的熊庆来校长也是清华人，熊庆来当校长之后，又从清华动员了很多年轻教师和毕业生过去任教。因此清华和云南大学的关系，似乎仅次于清华和湖南大学的关系。不知道熊庆来会不会成为第二个朱经农或者顾毓秀？

而南开和云南似乎就没有什么渊源可言。

很多人因为不熟悉云南，发生了许多啼笑皆非的事儿。有的人听说云南大象很多，就跑到长沙国货陈列馆的图书室，想寻找驯大象的书来看；有的人听说云南到处是山，地无三尺平，便每天围绕着南岳衡山练习登山；还有的人听说云南是疫瘴之地，就每天琢磨着怎么医治疟疾。那劲头不亚于开学头一天骆驼祥子拿弹弓叉打飞机。只不过他们自己没感觉而已。

好在经过与云南方面初步交涉，校方得知，那时云南省教育厅厅长龚自知是北大毕业的，这个关系比清华与熊庆来的关系更直接，省主席龙云的夫人、秘书与儿媳都是北大女生，巧了！于是北大校长蒋梦麟就带着两名云南籍的教授打前站，先去了昆明。

蒋梦麟走后不久即回电，云南省政府欢迎西南联大到云南办学。有了这个准信，建设长杨石先带着他的勘察小组紧急飞赴云南，为西南联大勘察校址。长沙临时大学的其他人也开始打点行装，准备上路。

这次临时大学西迁昆明，学校设计的路线有三条：

第一条线路是从长沙乘火车到香港，从那里坐船到越南海防，再经滇越铁路北上昆明。这一路人最多，学校的机关、辎重和大部分教师都走这一路，梅贻琦本人亲自负责。

第二条线路是湘黔滇步行团的师生近三百人，从湖南益阳开始步行，经贵阳到昆明。步行团全部是男生和中青年教师，这一路由黄钰生负责，国民政府另派军事总教官黄师岳随行。

第三条线路是从长沙乘汽车经广西到越南河内，然后经滇越铁路北上昆明。由于车辆十分有限，这一路仅有部分教授参加。

除了这三条线路，还有一条最艰险的入滇路线，那就是从江西九江出发，护送学校的大型教学器材沿长江到重庆登岸。然后由汽车运往云南，途经长江三峡和云贵川的崇山峻岭，这一路由郑天挺负责，航空系部分师生参加。

1938 年的 2 月 18 日，是长沙临时大学的最后一天，图书馆关闭了，实验室封存了，钱伟长、郭永怀那批老学生毕业离校，各奔东西去了。为了消除师生对云南疫瘴的恐惧，学校把所有的学生集中到操场上接种疫苗。

闻一多打完预防针，环顾着即将告别的临时大学校园，突然，他不顾一切地冲上楼梯，冲进自己曾经讲课的教室，抚摸着那一排排被水洗得近乎发白的课桌，然后轻轻关上教室的窗户。

许多已经打完预防针的同学，看到闻先生的举动，也跟着他踏上了楼梯，走进教室。于是，屋子里的人竟然越来越多。

闻一多猛然转身跳上讲台，拿起桌子上的粉笔，凝视了黑板良久，下意识地在黑板上写下了“天行健”三个字，然后又慢慢地把粉笔放下，环顾着教室里的同学们，慢慢走到讲台的最前沿。原本就很挺拔的身材此时显得更为高大了，闻一多嘴唇微微抖动着：“同学们，还记得你们中学时候读过的一篇小说吗？那是法国人都德的作品，名叫最后一课……”

听到闻先生的话，教室里立刻变得鸦雀无声，同学们或坐着，或站着，或拧着头，目光一律集中到闻先生那张刚毅而结实的脸庞上。

“先生……那篇小说写的是普法战争，他的最后一句是：法兰西万岁……”有人告诉闻一多。

“可这篇小说，是不是每一个人都读懂了？一个民族，当它不能用自己的语言去表达其愿望的时候，抑或它的子孙在肉体上依然生存着，可是，那又能有什么意义呢？失去自由的苟活，在任何情况下都只能是痛苦的代名词！”闻一多的声音失去了往日的高亢与激昂。

“用不着我说，大家都知道了，明天，我们又要去漂泊，去到一个遥远而又陌生的地方。”闻一多捋了捋自己已经凌乱的头发，转身望着黑板上他自己写的那三个字：“……我希望你们每一个人，带好自己的国文课本，无论你学的是现代物理、航空工程或者是微积分，这都不重要，因为你首先是一个中国人，珍惜你们手中的那本教科书吧。到了昆明，我要给你们讲《诗经》、讲《楚辞》、讲屈原，讲五千年以来中华古国最灿烂、最辉煌的篇章！……同学们！中国，不是法兰西，因为，中国永远没有最后一课！”

闻一多先生说到这里已经泣不成声，他尽可能地把脸转过去面朝黑板，避免别人看到他流泪的模样。

……

2 月的长沙冷雨绵绵，初春的冷雨浇湿了三湘大地上的红土，于是三湘大地上的万物又开始悄悄地返绿、复苏。

西南联大湘黔滇步行团在长沙韭菜园的临时大学驻地誓师，39 岁的闻一多和他的学生们，将从这里开始，用自己的脚板去走中国。

路漫漫其修远兮，吾将上下而求索……

第六回

走红尘步行湘黔滇

走！走？走！

话说张治中将军派船把湘黔滇步行团近三百名师生送到益阳，前面就没有路了，得靠他们徒步行进。

在原来的西迁计划中，常德到桃源这一段是乘坐小火轮，可是哪儿有？洞庭湖一带凡是带发动机的船只，全部被军队征用了，只有木船！乘船比步行还慢，而且是逆水行舟，水急的时候船夫一个人撑不住，学生们还得亲自掌篙。船上备着拉纤用的绳子，万一连竹篙都撑不住，说不定还得跳下去拉一截也难说！

若不是沿途一直有人在写日记，后人无法想象步行团这一路的经历，和长沙临时大学当初的计划有多么大的差别。步行团从长沙到昆明 1600 公里，实际步行距离至少 1300 公里，比计划中多出将近一倍。

在临时大学最初的行进计划中，湖南晃县到贵州贵阳这一大段路是乘坐汽车，可是汽车在哪儿？即便有了汽车，公路又在哪儿？

人们在地图上看到的所谓晃县到贵阳的公路，很多路段还在施工，汽车不能通行，还有些路段原本只是给马车走的，汽车碾上去颤颤巍巍，坐在车上精神格外紧张。

湖南省政府最初给步行团配了两辆汽车，后来并成一辆，专门拉行李用，可是那汽车走得比人还慢，很多地方需要车上的人下来，用工兵铲逢山开路。最严重的时候则是人抬着汽车走，后来所有人都庆幸，张治中主席只给步行团留了一辆汽车，如果多留几辆汽车，那还不知道要派出多少人去扛车呢。

步行团从常德出发后，一路行进在初春的绵绵冷雨中。这时候，打伞与不打伞已经没有太大的区别，于是人们身上的棉袄很快就被打湿了，沉重无比。有些人冷得浑身直哆嗦，于是不要命地一个劲往前冲，想把自己走热；而另一些人因为自己身上的湿棉衣增加了重量，步履蹒跚，走得很沉重。于是每天早晨出发不到两个小时，这支不到三百人的队伍，前后距离就拉开了十几里之遥，首尾不能相见。

军事总教官黄师岳将军，带了几十年的兵，从来没见过这阵势，如果是真的行军打仗，这可就是兵家大忌了。黄总教官一路上都在不停地吆喝，但最后他自己都不知道，是应该吆喝前面的人慢走，还是应该吆喝后面的人走快点。

关于黄师岳，西南联大很多人都不知道他过去的经历，猜测颇多。关于他的记载谬误百出，有的人说他是东北军将领，还有的人说他是省主席张治中派来的，众说纷纭，莫衷一是。

其实，黄师岳将军生于天津，陆军大学毕业，和南开的张伯苓是老相识。卢沟桥事变以后，蒋介石派黄师岳和孙良诚两位将军到北平与日本人斡旋，黄师岳为保护北平的大学免遭战火涂炭有功，也和北大、清华建立了友谊。因此，湘黔滇步行团出发之前，负责军事训练的张伯苓请黄师岳担任步行团团长，他是西南联大临时聘来的。黄师岳当时是国民革命军事委员会中将高参，不在湖南省任职，所以和张治中关系不大。黄师岳在东北军任职的时间也不长，说他是东北军将领未免牵强。黄师岳的个人经历和另一个天津籍将领黄百韬相似，他的最后一个职务也恰好是徐州剿总刘峙手下负责与黄百韬联系的中将高参。

不同的是，黄百韬投蒋后一路高升，而黄师岳自从投蒋之后，就失去了带兵的机会，所以这次张伯苓请他担任步行团团长，黄师岳欣然领命。但这支队伍只有区区三百人，对于一个中将来说人数确实太少。

从长沙出发的时候，黄师岳起初也相信临时大学制订的行进计划，那计划是黄师岳手下一个云南籍军事教官起草的，黄师岳以为此人很熟悉云南，后来发现完全不是那么一回事儿。

队伍到达芷江后，拉行李的汽车跟上来了，此后的一段路程，每天中午可以在路边的茶馆停下来打尖休息，一坐就是两三个小时，怎么回事儿？不知道的人还以为这些读书人娇气，要休息那么长时间，其实这种情况肯定是后面的汽车又出问题了——在等车呢。如果汽车不能超到队伍的前头，晚上宿营、吃饭就成了大问题。

再不就是大家在等曾昭抡教授！

这次随步行团行动的教师共 11 人，除步行团负责人黄钰生外，还有闻一多、曾昭抡、李继侗、袁复礼几位教授和吴征镒等青年教师。在他们当中，生物系的李继侗和地质系的袁复礼，都是野外作业的专家，而文学家闻一多和化学家曾昭抡则没有经历过这方面的训练，比较让人担心。

从常德出发以后走的是山路，走在队伍最后的常常是闻一多，因为整个队伍里只有他不穿军装、穿长袍，有人讥笑他迎风面积大，走不快，他就发脾气。后来索性我行我素，什么时候看到路上风景好，竟然停下脚步就开始写生。根本不管队伍走到了什么地方，很多人都担心他这样会发生什么危险，也难怪临走之前，他的老朋友杨振声先生说，闻一多参加步行团，当备一口棺材同行。

可是过了芷江以后，情况就发生了变化，闻一多走到队伍前头去了，曾昭抡成了末尾。

怎么回事儿？

原来这个曾昭抡见不得公路，每次一见到公路，他就会一直沿着公路走下去，一直走到没有公路的地方才罢休。后来过贵州二十四道拐，公路在大山里绕了二十四个之字形，别人都是小路穿插走直线，只有曾昭抡，二十四道拐真是一道没少地全程绕完才罢休。

对于曾昭抡这种走法，黄师岳显然已经非常不满了："曾先生，当年曾文正公打仗也像你这样走，那非打败仗不可啊。"

"着什么急？汽车还在我后边呢。"每当这种时候，曾昭抡反倒有机会理直气壮了。

物理系有个学生充当好事者，把曾昭抡走过的弯路进行了曲率计算，结论是曾昭抡这次长征走过的路，是其他人的 1.62 倍！被誉为步行团的走路冠军。

其实曾昭抡平时走路是很快的，而且喜欢打网球，所以一旦到了没有公路的地方，每每又是闻一多殿后。

而给所有人殿后的常常是张治中主席派来的那辆旧汽车。

由于汽车常常走得比曾昭抡还慢，最后大家实在忍无可忍，只好提前把汽车还给了张治中主席，换了 11 匹骡马给步行团驮行李，一直驮到贵阳。

曾昭抡虽然常常是最后一个到达宿营地，但精力总是异常充沛，队伍只要停下来，曾昭抡总是跑到街上最热闹的地方，聚众演讲，向当地老乡做抗日宣传，哪怕有些偏僻的村庄，听众只有几个七八岁的小孩，曾昭抡也能够滔滔不绝地讲一个多小时。

原本抗日宣传也是步行团此次的任务之一，可是这项任务几乎被曾昭抡一个人承包了，其他人每到一地，已经累得像一摊泥，东倒西歪也顾不得斯文了，所以也乐得让曾昭抡一个人去吼。

有人说曾昭抡演说有瘾，错了，曾昭抡过去很少显山露水，是这次参加了步行团，为了宣传抗日救国，演说才上了瘾。这样的上瘾和抗日有关，和个人表现欲无关！

曾昭抡到了云南以后，也很喜欢演说，再不就是参加人家的合唱队，在西南联大绝对是个活跃分子。和过去相比，曾昭抡像是变了一个人，因此很长一段时间，学校里的中统人员，误把曾昭抡当成了西南联大的中共头号领导人，对他重点监视。中统局每年关于西南联大共党活动的报告，曾昭抡个人的活动是要单列的，这也不得不说是曾昭抡的殊荣。而联大校园里那些真正的共产党人，则无一人享此殊荣。

长沙临时大学西迁时组织步行团，当然不仅仅是为了让他们步行到云南，更重要的目的是利用这次西迁，帮助学生开展社会实践，让师生通过走西南，了解今后的学习与生活环境。因此随行指导教师的配置，充分考虑了各个专业的需要：李继侗负责生物学指导，袁复礼负责地质学指导，闻一多负责人文和民俗学方面的指导。

学生则不分院系和专业，编成三个中队，中队下辖小队，按军事编制参加这次综合社会实践。

闻一多本人这次沿途写生两百多幅，指导学生搜集民俗和民歌，指导完成了《西南采风录》等书籍的编纂。

这次参加步行团原本是轮不到闻一多的，长沙临时大学文科教授多得是，社会学系的教授们，多半都搞过野外作业，这方面的能力比闻一多强得多。论年纪也有比闻一多更年轻的。所以当闻一多主动提出参加步行团的时候，几乎所有人都对这位新月派诗人投了反对票，因为闻一多那时最著名的名言是："饮酒赋骚，方为名士也。"这么一个人怎么能够参加步行团呢？老朋友杨振声直截了当地说，闻一多要参加步行团，当备一口棺材同行。

可是体检结果出来的时候出人意料，闻一多的体质在教授们当中几乎是无可挑剔的一个，这回反对他的人几乎无话可说了，只好派他的助教李嘉言随行，并照顾他的生活。临走的时候，校领导千叮咛、万嘱咐，让他跟上队伍，走路行军时千万别走神，路上老虎、豹子多，搞不好还有土匪，一定要当心。

然而走完头三天路程，步行团成员没有看见老虎、豹子，连头大狼都没见过。于是很多人的胆子就大了，稀稀拉拉把队伍首尾拉了十几里长。而闻一多经常走在最后的一个。

这次参加步行团的师生，每人都发了军装，可闻一多从头到尾穿的都是他那件灰布长衫，一直走到昆明才换下来。有人说闻一多讨厌军装，这可没有说对，步行团这 11 名教师当中，还就闻一多是正儿八经穿过军装的人。大革命时候，他在邓演达的北伐军总政治部当过一段时间的宣传股长，有过从军经历，那职务据说是少将编阶。

其实闻一多不穿军装的原因简单极了，因为步行团出发之前，他嫌行李太多，于是稀里糊涂就把自己的军装打进包裹寄到了昆明，第二天出发时到处找军装找不到，才发现坏事儿了。那军装后来成了他儿子的装备。因为这个原因，闻一多一辈子都羞于和别人说这件事儿。闻一多这一路上不仅没有穿军装，也没有见他穿过其他衣服，或许他这一路根本就没有带换洗衣服，如果有也最多是内衣。

后来的事实证明闻一多很有远见，因为到了贵州以后，天气开始转暖，闻一多开始把多余的内衣一件件扒下来，同样也捆了一大堆。之后身上的内衣穿脏了，他又把原先扒下来的那些内衣换上去——原来他把所有衣服都穿在身上了，而那件硕大的长衫又正好给他所有内衣打了个大包。各种值钱或者不值钱的东西，全部塞在这个长衫打成的大包里头，至少省却了一个大件行李！一路上人们经常看到闻一多像魔术师似的，从长衫里摸出各种稀奇古怪的东西：烟斗、烟丝、怀表、手帕、糖果、指南针、刀具、画笔、跌打损伤药……

——难怪闻一多旅途中的照片，比平时胖了一大圈！

其实这一路上不穿军装的并不是闻一多一人，教授们大多不穿军装，因为张治中发给步行团的军装都是士兵服，没有军官服，所以教授们的着装事先就没有规定。

在步行团的诸教授中，闻一多这身装束太平常了，不算是最惹人注目的，最惹人注目的应该是曾昭抡。因为曾昭抡舍不得穿他那套军装，和闻一多一样把军装藏匿起来，套上一件化学实验室里的蓝布大褂就开始行军了。那件蓝布大褂已经被化学药水侵蚀得到处是烧洞，后来下摆全是泥浆，这么一个怪人竟然和一群穿军装的人走在同一支队伍里，没法不让人好奇。

闻一多这次上路，连自己的剃须刀也扔了，胡子长长以后，便说自己要蓄须明志，抗战不胜利绝不剃胡子。李继侗也没有带剃须刀，最初说要和闻一多一起蓄须明志，可是奈何此兄面相凶酷，留起胡子以后街上小孩见了他害怕，所以没能把蓄须明志坚持到底。

但闻一多的胡须一留就是整整八年，号称西南联大的美髯翁，抗战胜利的那一天，闻一多毫不吝惜地剃掉了自己的全部美髯！闻一多蓄须之前，还是一个翩翩风度的新月诗人，等他剃须的那一天已然满脸沧桑！

闻一多那段时间一直在潜心研究《楚辞》和屈原，研究中国南方的上古历史和神话传说。而这段历史和即将要去的云南之间，最直接的联系便是庄蹻开滇，闻一多很重视这段历史对于中华民族发展的影响，这是闻一多坚决要求参加步行团的一个重要理由。尽管当年庄蹻入滇的线路，今天已经很难考证，可是那一代人开疆拓土的经历，对于今天的西南联大入滇，有什么样的精神启示和作用，闻一多渴望有更进一步的了解。作为学者，闻一多当然知道，今天的入滇和当年的入滇有多么的不一样；但作为诗人，闻一多更希望从诗的角度，破解入滇者们的精神密码，从而为整个中华民族寻找苦难中的希望。

当时的长沙临时大学，确实没有人能够理解闻一多的这种愿望，因为那是一个学究们云集的地方，而不是诗人。后来的人也有很多不理解，比如闻一多为什么没有写一部关于庄蹻的诗作？但谁也没有权力说，闻一多没有寻找过这种精神！闻一多到昆明以后，有很长一段时间独自居住在晋宁盘龙寺里，而盘龙寺的坡正好就是庄蹻的政治军事中心。不得不承认，选择隐居盘龙寺，闻一多内心深处的庄蹻情结起了作用。

闻一多后来牺牲了，是人们公认的革命烈士，他不可能再去解读自己的内心了，而闻一多内心的精神密码，谁又曾认真地探寻过呢？伟大的闻一多，喜欢热闹的闻一多，人气旺盛的闻一多，带着各种光环的闻一多，又何尝不曾是孤独的闻一多呢？

“国难当头，我们这些掉书袋的人，应该重新认识中国了。”在闻一多的内心世界里，步行团就是一部大作品，湘黔滇就是一种精神世界，39 岁的闻一多在用自己的脚板，寻找民族的希望！

过黔东苗族地区的时候，闻一多和助教李嘉言，成功策划了一台汉苗联欢晚会。当苗族同胞吹起芦笙，跳起苗家舞蹈的那一刻，闻一多是否看到了一个东方民族的希望？

闻一多一路上都在鼓励他的学生搜集沿途各民族的民歌，他常常对学生说，真正的诗歌在民间。作为一个新月诗人，这也许是唯一性言论，徐志摩不曾有过这样的言论，林徽因不曾有过，戴望舒不曾有过，胡适也没有……

闻一多渴望从这些民歌民谣中看到什么？是庄蹻开滇时的上古雄风？还是隧古之初，谁传道之的混沌天问？闻一多的内心世界，一定有很多很多的精神密码还来不及破译，就被那一声枪响带走了……

队伍进入湘西以后，民风变得彪悍、古朴，与湖南其他地方的差距开始越来越大。这里的妇女很多还穿着明朝时期的服装，如《桃花源记》所谓不知有汉魏。老百姓家里牌位上依旧书写着“天地君亲师”，老百姓见步行团穿着军装，吓得到处躲藏，不敢出来见人。还有的人见了大学生就问：“当今的皇帝是谁？”

吴征镒在过黔东山区时，发现当地年轻漂亮的女孩很多，却嫁不出去。后来经过调查才发现，当地男子多吸食鸦片，有些山民一天就能消费 2 钱烟土，导致很多漂亮女孩无人可嫁。在中国的西部农村，古朴竟然与愚昧、落后如此紧密地伴生，没法不让这些城里来的读书人目瞪口呆。

步行团过了洮江，湘西的吊脚楼依山而建，随处可见，风景秀丽，别有情趣，一直疲于奔命的师生们心情豁然开朗。

吊脚楼下，有个美丽的女孩一边洗衣服，一边唱着一首优美动听的当地民歌，由于是湘西方言，最初谁也没有听懂女孩唱了些什么，也没有人在意。闻一多派了中文系的两名同学，让他们务必搞清楚歌词的内容，队伍走后，谁也不知道那两名男生是怎样和小女孩软磨硬缠，把歌词内容搞到手的。晚上宿营，那两名奉命搜集民歌的学生终于赶上了大部队，拿出他们抄写的歌词给闻一多看。他们以为闻一多看了会大笑，不料其他人笑了，闻一多却良久没有吭气。

那首民歌的大意是：

吃菜要吃白菜心，跟哥要跟大贼头，
睡到半夜钢刀响，妹穿绫罗哥穿绸！

“这都什么歌呀？这么漂亮的妹子就唱这个？”有人好奇，也有人怀疑。

“这是人民的生活，诗歌都是从生活中来的，没什么奇怪。”闻一多低头看了歌词良久，掐灭了手里的烟蒂，“你们应该先问问，这是什么生活呀？他们为什么会过这样的生活？”

“湘西这地方太落后，什么想法的人都有。”有人说。

“湘西是个好地方，人杰地灵，别具风情，出过沈从文，还出过熊希龄，可是老百姓太穷苦，已经到了民不聊生的地步，比起用鸦片来麻木自己，这首歌倒充满了生命活力。”闻一多说完，把手里的歌词递给身边的其他人。

“这首诗表达了人民的反抗意识，一定要把他收进集子。”助教李嘉言接过歌词对学生说。

闻一多很少听到自己的助教发表激进言论，他那时更不知道，自己的助教大革命时期已经是资深的中共党员了。这一路上，闻一多言传身教，影响着自己的助教和学生，而李嘉言也很想用自己的思想，去影响正在用自己两条腿重新认识中国的闻一多。

队伍来到湘黔两省交界处一个名叫黄公坪的小村，正要准备夜宿，乡绅很紧张地跑来告诉大家，贵州方向来了一大帮土匪，有上万人，准备去包围辰溪县城。而当时湘西的驻军也只有上万人，而且军队还在赶往辰溪的途中。这个消息弄得大家几乎一夜都没有睡好，只有闻一多满不在乎，呼呼大睡："反正我身上没钱，怕土匪干什么？"

第二天早晨醒来，土匪已经占领了附近的小镇，走在步行团前头的中央军校一个学生大队遭遇土匪，还有人受了伤。大家庆幸黄公坪只是个小村，不在土匪视线之内，昨晚恰好又是因为回避中央军校，才住在了这个小村子里。但也正因为这个原因，步行团不得不改变行进路线，先绕道晃县方向再进贵州。

根据闻一多的建议，这一天步行团临时脱去军装，换上学生的衣服，打着湘黔滇旅行团的旗号，大摇大摆地离开了黄公坪。

出发后一个多小时，果然在一个小山下面与土匪遭遇，土匪开枪阻止步行团行进。这时，队伍里有人带头唱起昨天才学会的湘西民歌："吃菜要吃白菜心，跟哥要跟大贼头……"

走在队伍前头的吴征镒果然音乐天赋超群，他听着那人唱的声音不准，又重新帮他正了音，像拍昆曲似的打着节拍，于是更多的人跟着唱了起来。

于是土匪愣住了！

经过李继侗驱车前往交涉，土匪们得知是步行团学生要往云南转移，二话没说就放他们走了。

其实据李继侗后来说，这哪里是什么土匪？其实就是一大群闹春荒的饥民，几百号人衣衫褴褛，枪不过二十几支。

“哈哈，难怪跟哥要跟大贼头呢？”闻一多叼着他的烟斗，不冷不热地吐着烟圈。

其实即便真遇到土匪问题也不大，步行团出发的时候，湘西作家沈从文先生已经通过各种社会关系，把湖南省政府关于步行团的文告，分送给了沿途各路山头，希望他们行个方便。湘西土匪背景来历不一，但听说是日占区来的大学生要去云南复校，皆能深明大义。所以步行团一路上虽多次遇匪，皆有惊无险，没有发生任何意外。

西南联大在云南昆明开学不久，沈从文也成为这所大学的新成员。

步行团这一路上最麻烦的事情不是遇上土匪，而是遇上过境，从湖南进入贵州，或者从贵州进入云南，过省的时候如果没有军队护送，根本过不去。因为那时省与省之间隔阂甚深，特别是看到他们这种穿黄军装的队伍开进来，没有开枪阻击那就很幸运了。

“唉，以后丘九不要乱穿丘八的衣服。”队伍里不知道谁这样说。

第七回

大国梦神秘黑铅筒

正当湘黔滇步行团行进在湘西的崇山峻岭间时，梅贻琦已经率他的大部队南下，过了香港又乘坐海船到越南海防，然后从那里沿滇越铁路北上云南省会昆明。

这一路虽然用不着步行，但也不比步行团轻松，因为学校的辎重大多集中在这里，除了教学设备和实验器材，光图书就有五万多册，还有步行团师生托运的行李数百件。

这一路除了学校的教职员工和一些体弱生病的男生，女同学几乎全部集中在这里。教授们多半还要照顾自己的家眷，而男同学除了体弱生病，再就是那些喜欢袖手旁观的少爷生，所以转车、宿营这些事儿，女同学就成了第一主力。

中国高校从男女合校到此时，只有刚刚 20 年的历史，清华招收女生只有 10 年历史，北大和清华的女生，多半是来自富裕人家的大家闺秀。过去一直过着衣来伸手、饭来张口的小姐生活，而此时不会再有人照顾她们的饮食起居了。转车、宿营的时候，她们的行李都得自己扛，有的人还要帮忙照顾这一路上的老老小小。而且女同学总是和男同学有那么多不一样，行军的时候，零零碎碎的东西装了几大包，有时 100 斤都打不住，到了转车的时候，还得背着沉重的大包跟在大队人马后面奔跑，以免掉队。而且不管转车的时候有多紧张，这些女同学都舍不得扔掉行李包中的任何物件，有的人连吃剩的橘子皮都要装进包里。

转车那会儿大家都忙，没有人专门盯着这些初出远门的小女生，行李少的只管放开速度往前冲。为了防止小女生们转车时走丢，学校总务长告诉她们，香港那地方人贩子多，于是吓得小女生们好不狼狈，提着大包小包也是一副不要命的样子。

好在香港并没有见到什么人贩子，可是到了越南那就不开玩笑了，街上的人都听不懂她们讲话，她们也听不懂当地人讲话，一旦走丢那肯定是非常悲惨的。

48 岁的梅贻琦，也是生平第一次组织这么大规模的知识移民。他毕业于美国芝加哥大学机械工程系，前几年新军阀混战，造成了清华的多年乱局，工科硕士出身的梅贻琦，也就是在这个时候成为清华园里众望所归的领导核心，成为清华园里众多文理科博士、教授们的领头人。

然而眼下他率领的这支队伍，不仅仅是清华的，还有北大和南开的人马！这个时候北大校长蒋梦麟到昆明打前站去了，南开校长张伯苓要先去武汉参加国民参政会，然后才能到昆明。所以三校人马由梅贻琦统一指挥。

尽管如此，梅贻琦手里也没闲着，转车的时候，他和所有教授们一样，提着硕大的行李箱，夫人和孩子们跟在后头——不过不是他的夫人和孩子，而是教授们的夫人、孩子。此时梅贻琦的夫人韩咏华，刚刚带着孩子们从北平到达上海，还住在租界的小旅店里。而教授们的孩子有些比梅贻琦的孩子更小，梅贻琦这一路最怕的就是孩子和小女生走丢。

在西迁这条路上，唯一手里没有提行李的人，是物理系的教授赵忠尧。从长沙出发到昆明，他一路上依旧抱着那个神秘的大瓦罐。

大瓦罐里究竟装的是什么东西?

从北平出发的时候，赵忠尧告诉与他同行的骆驼祥子，瓦罐里装的是老太爷的骨灰。其实那些骨灰是用烧碎的猪骨头伪装的，骨灰里面藏着一个大大的黑铅筒。祥子也是到了长沙以后，才知道了这个秘密，但黑铅筒里究竟是什么东西，慢说是拉洋车的骆驼祥子，即便物理系的很多教授也搞不清楚。

这次从长沙到昆明，同行的老师和学生多了，赵忠尧不忍再叫祥子受累，给了他一些钱想打发他回北平。出来的时候，赵忠尧说由祥子护送他到南京即返回，可祥子是个实在人，看着南京不对劲，又把他送到长沙。然而上海因为打仗不再通航，祥子滞留长沙已然半年，赵忠尧很过意不去，所以这回说什么也要让祥子回北京，他家里还有个老娘要他照顾呢。

临行之前，理学院院长吴有训派陈芳允等自己信得过的几个学生，与赵忠尧同行，组成一个特别小组，一路上相互照应、互做掩护，专门负责黑铅筒和赵忠尧本人的安全！其中距离赵忠尧最近的是吴有训、任之恭的高徒陈芳允，他是赵忠尧的浙江大同乡，相互更容易沟通，而且陈芳允这个人爱国心强，有正义感，是吴有训最信得过的学生之一，过去与赵忠尧也有往来。其他人有的和他们形影不离地跟着，有的则故意躲在远处装作不认识。

从北平出来的时候，赵忠尧用猪骨头把瓦罐伪装成骨灰罐，可现在这一招不灵了，他现在的教授身份是公开的，一个大教授不带行李带骨灰罐，反而更容易引起别人的注意和怀疑。有人建议他把瓦罐伪装成装咸菜的坛子，可是大教授不带行李带一坛子咸菜更没道理。最后赵忠尧绞尽脑汁，找了很多线装书和碎瓷片，把瓦罐塞得严严实实，对外谎称是善本古籍和文物。过越南的时候，又找了很多中草药塞在瓦罐里，伪装成药罐，终于没有引起军警的注意，顺利过关。

一路上，赵忠尧始终亲自保管着这个瓦罐和神秘的黑铅筒，不允许其他人靠近，即便是陈芳允等特别小组的成员，赵忠尧也不允许他们靠瓦罐太近。据说靠得太近对人的身体不好。

在香港等船的时候，大家住在尖沙咀附近一个货仓改成的小旅店里，师生们难得到一次香港，很多人都出去访朋友、访同学了，再不就去香港的大街上乱逛一气。只有赵忠尧一步都没有离开过自己的屋子，一直守候着那支神秘的黑铅筒。

“赵老师，您怎么不出去走走？屋子里的东西我来守着就行了。”学生陈芳允见赵忠尧一直把自己关在屋里，有些不忍心了。

“还是我亲自守着才放心，你们第一次来香港，机会难得，该出去玩就去吧，只要留下一个人换我上厕所就行了。”赵忠尧从床上欠起身子，望着他这位浙江小同乡。

“赵老师，您是不是信不过我们？”陈芳允心里有些委屈，这次去云南，他原本已经参加了湘黔滇步行团，可是吴有训告诉他，这次给他的任务很重要，他们必须安全无误地护送赵忠尧手里那支黑铅筒到达昆明，不能有任何失误，那支黑铅筒甚至比他们的生命更重要。

“不是信不过，是你们都比我年轻，前途比我远大，所以我不能让你们靠铅筒太近……”赵忠尧回答得很坚定。

“可是赵老师，您的身体呢？”陈芳允有些心酸。

“我比你大 14 岁，新陈代谢的速度已经减缓，所以我守在这里比你们更安全。”赵忠尧很坦然地回答。

陈芳允不是赵忠尧的门下弟子，但赵忠尧的人品让陈芳允记忆了一辈子！若干年后，陈芳允以他在无线电和航天领域的卓越贡献，和赵忠尧的弟子们一起，成为国家的两弹一星功臣，但陈芳允也真实见证了赵忠尧团队所开创的另一段历史。见证了中国物理学家那时的强国之梦！陈芳允不是赵忠尧的学术继承人，但他是赵忠尧精神的忠实继承者，他把赵忠尧老师的这种精神，带到了任之恭团队，带到了他经历过的所有团队。他们都为自己祖国的强大，做出了非同一般的贡献！

赵忠尧何许人也？读过清华物理系的人都知道，赵忠尧在加州理工大学留学期间，通过精湛的硬伽马射线吸收与散射实验，发现了重元素的反常吸收和特殊辐射，并精确计算出这种辐射的能量，提出了正负电子对产生和湮没的理论假设。赵忠尧回国后，他的同学安德森在赵忠尧的研究基础上，进一步推进现代物理研究，证明了正电子在宇宙线中的存在。此项研究成果把年轻的安德森推上了诺贝尔物理学领奖台，而业内的很多人认为，安德森获诺贝尔物理学奖，是中国的赵忠尧把他推上去的。

尽管赵忠尧本人没有获得诺贝尔物理学奖，但他的成就引起西方现代物理学界的高度重视，德国 HALLE 大学和英国剑桥的卡文迪许实验室，先后邀请赵忠尧作为访问学者加盟他们的工作。

英国剑桥的卡文迪许实验室，又被称作世界核物理的摇篮。当时的卡文迪许实验室，由世界核物理之父卢瑟福博士主持，来自中国的科学家赵忠尧、张文裕、霍秉权以及更年轻的王竹溪，在卢瑟福博士的亲自指导下，参与并见证了世界核物理学科的诞生，为推动现代物理的发展贡献了东方科学家的智慧，并在此后的西南联大物理系，形成了以卡文迪许成员为骨干。吴有训、吴大猷等多位物理学大家参与的现代物理团队，又被称为卡文迪许的东方团队，这也是当时亚洲最强悍的现代物理团队！

这个当时亚洲最强悍的现代物理团队，萌芽于清华，成长于战乱中的西南联大，当新中国屹立于世界东方的时候，大师和他们培养的学生，已经硕果累累、成绩骄人，足以震撼我们这个蔚蓝色的星球！

而在从北平走向昆明的跋涉中，赵忠尧他们所怀抱的，不仅仅是一个神秘的黑铅筒，那是一个东方大国曾经不屈的梦想！

那么这个神秘的黑铅筒究竟装着什么呢？通过上述那些啰唆难懂的文字，或许有些读者已经猜到了，有些读者还没有猜到。没关系，等讲到西南联大后期时，我们将进一步揭秘！

且说长沙临时大学西迁时。骆驼祥子并不在西迁人员之列，考虑到他对于学校的特殊贡献，和所有西迁学生一样，学校也发给了他 20 元的路费津贴，让他自己回北平。

这时上海的战事已经结束，上海和天津之间据说已经通航。可是浙赣铁路上正在打仗，根本过不去，车到上饶就走不了啦，祥子无奈，又折回南昌，准备从九江乘船去上海再做打算。

在南昌火车站，祥子看到有几个北方人在卖烙饼，而且那味道格外正宗，祥子自从到了南方已经很长时间没有吃烙饼了，特别是在南岳衡山，顿顿米饭，吃得他直泛胃酸。祥子一高兴，一口气就买了一斤烙饼，又要了几根生葱，蹲在墙根上大嚼起来。吃得津津有味，唯一美中不足是江西这地方的葱小了一些。

祥子这边正吃着，突然听到有人叫他，然后就看见一个西装革履的中年人拎着大皮箱从出站口方向走来。

“郑老师？您怎么在这儿？”祥子感到很意外地站起来。

来人名叫郑天挺，据说是北大的校领导，也在南岳衡山那边兼过课，所以相互都认识。

“太好了，我到处找你，你跑到南昌来干什么？”郑天挺把

祥子拉到一边问，

“浙赣路打仗，车不通了，刚从上饶过来。”祥子说着，递上手里的烧饼，“郑老师，您还没吃饭吧？这烙饼挺正宗的。”

郑天挺四周看看：“你就别吃烙饼了，我们到前面去吃火锅。”

郑天挺走路很快，他带着祥子钻了几条巷子，找到火车站附近的一家火锅店，叫了一个铜火锅、几个小菜，一边吃一边聊起来。

“你这次就别回北平了，上海那边很危险，我的朋友前几天刚刚遇害，像你这样身上没钱、举目无亲的人，又不会说上海话，最容易被人盯上。更何况眼下正在打仗，那边你也过不去。”郑天挺开门见山地说。

“可我娘还在家里，也不知她咋样了？”祥子很着急，“我都出来半年了。”

“和我去云南吧，原本我已和学校说好带你一起去的，可是你已经先走了。没想到在这儿又遇上了你。这也许是老天的安排。”郑天挺一面往汤锅里添菜，一面说。

“云南？那不是离老家更远了吗？”祥子瞪大了眼睛望着对方。

“这还真不一定。”郑天挺不紧不慢地说，“云南的南边出了国境，有个海防港，那是法国人的地盘，你从海防坐船到天津，比从上海走要安全得多。打仗这种事不好说，有时候近的地方更远，远的地方更近，你看连时空都被打乱了。”

“可是你要我去云南干什么呢？还是为了那个黑铅筒吗？”祥子问。

“什么黑铅筒？”郑天挺一脸茫然。

“没……随便问问。”祥子也发现自己说漏嘴了，急忙改口。因为赵忠尧再三叮嘱过他，那个黑铅筒的事儿连自己的亲爹亲妈都不能乱说。

郑天挺这次来南昌，是来帮助航空系解决迁校问题的，这次迁校没有飞机，所以航空系的设备必须全部走水路到重庆，然后再运到昆明。这也是长沙临时大学西迁昆明的第四条路线，这条路线充满艰险也鲜为人知。

郑天挺安排了南昌航空系的行程之后，还要去武汉，转移机械系存放在那里的一批设备。留下祥子帮助航空系转运设备。

由于日机不断对长江沿线进行轰炸，所以航空系改变了原先在九江装船启运的计划。南昌的这些设备必须先用火车运到长沙，与临时大学会合后，再运到岳阳码头，等郑天挺把机械系的设备运到，一起装船运往重庆。

郑天挺走后，南昌这一路由航空系主任庄前鼎负责。把这些带不走的技术留给当地空军，飞机发动机等模拟设备装车运往岳阳。航空系当时总共只有 11 名学生，人数很少，不足以完成这次转运任务。由于技术上的原因，这次拆卸转运不能外请民工，都是由当地工兵部队协助完成。祥子留在南昌，反而像没事儿一样。他唯一的任务就是跟在总指挥庄前鼎身后，提着个大喇叭，看着他在那儿吆五喝六，好不神气。

祥子就这样跟着庄前鼎总指挥整整七天七夜，航空系的所有设备全部被拆零装箱，由南昌火车站启运，途经长沙的时候，又有临时大学的其他设备加入，浩浩荡荡开往岳阳码头。

跟在庄前鼎总指挥身后这七天，祥子突然发现，拆卸飞机发动机和拆卸他的洋车其实是一个道理，任何机械都有相对应的卯眼，只要找对了这些卯眼，将来安装飞机发动机和安装他的洋车一样简单，无非是数量不同，安装一辆洋车他一个人就足够了，安装一台飞机发动机，要好几十号人。难怪后来祥子喝醉了酒向人吹嘘，说他当年在南昌也拆过飞机，跟拆他的洋车差不多。

车到岳阳后，设备堆在码头等待郑天挺的船一到就启运。其他人夜晚都到旅馆歇息去了，留下祥子和两名学生睡在码头守货。

当时岳阳是通往前线的交通枢纽，无论是往前线开拔，还是溃退下来，都要经过岳阳港，所以码头上兵来兵往，特别混乱。入夜，祥子正在做梦，梦见自己给自己造了架飞机去打日本鬼子，双方刚一开战，只听得码头上枪声大作，祥子被枪声惊醒了，大喊："鬼子来啦——！"

祥子这一喊，两名大学生也被惊醒了，其中一人急忙把祥子按倒在地，然后就看见子弹在他们头顶上乱飞。飞机发动机的箱子也被子弹打了一个洞。这一夜直到天亮，祥子和两名大学生一直抖抖瑟瑟伏在发动机箱的背后，好在没见到什么日本鬼子，只有一些士兵跑过来跑过去——都是说中国话的。

天亮以后，庄前鼎带着其他人也到了码头，检查了被子弹打坏的包装木箱，幸好不碍事儿，祥子这才闹明白，昨晚打枪的并不是什么日本鬼子，而是湘军士兵和中央军部队因为争船发生了斗殴所致。

一场虚惊！

第二天中午，郑天挺的船准点到达，正式开始装船。

长沙临时大学的各种设备仪器，全部由民生公司的货轮运往重庆，但其中有一件货物体积过大，民生货轮的舱门太小，塞不进去，由湖南省政府另派一艘小火轮专运。

经过商量后，庄前鼎和航空系师生随民生公司的货轮前往重庆，郑天挺和祥子押运小火轮上的设备走三峡。

小火轮出发的时候，民生公司的客轮已经走到数百里之外了，滚滚长江首尾不能相见，祥子和郑天挺将在这艘小火轮上渡过 12 个昼夜的孤独时光。

“船上装的究竟是什么？”祥子坐在甲板上，心里很是不明白。

“是大 V8，飞机发动机。”郑天挺回答。

“临时大学还有飞机发动机？为什么不去打日本鬼子？”祥子问。

“因为光有发动机没法打，但有了它我们就可以为国家培养造飞机的人才。”郑天挺回答。

“以前你们为什么不多培养一点造飞机的人？为什么日本人有那么多飞机，而我们没有？”祥子有些愤愤然。

“哦，是呀，国家太穷了……造飞机的人太少。”祥子这么一问，还真把郑天挺这个大教授给噎住了，“但以后我们一定会有飞机的。所以这回要把大 V8 安全运到昆明，我们就可以培养更多的人才了。”

“如果以后我有了儿子，我一定要让他学造飞机。”祥子说。

“好啊，国家就需要这样的人才。”郑天挺双眼始终注视着江面上的湍流和过往的船只，过了洞庭湖以后，长江江面明显变窄了，水流也比下游更湍急了。所以郑天挺更多了一份担心。

“郑老师，您会让您的孩子学造飞机吗？”祥子问。

郑天挺的脸色慢慢阴沉下来很久没有说话，祥子也搞不清，自己这话究竟是哪儿得罪了他。既然他不愿意说，祥子也不好再问。两人之间就这样沉默了良久。

“我的孩子现在都在北平，半年了，一点消息也没有，不知道他们怎样了。”郑天挺过了很长时间才喃喃自语地说。

“是和他们的妈妈在一起吗？”

“他们的妈妈去年得了一场大病，死了……”郑天挺一声长叹。

“对不起，郑老师，这我真的不知道……”祥子看到郑天挺伤心的样子，有些不知所措，“可是你为什么不把他们带出来呢？好多教授都把家眷带来了。”

“那时候兵荒马乱，也不知路上安不安全？再后来……就顾不得那么多了。”郑天挺很无奈。

“他们在哪儿？要不我写个信给俺娘，让她抽空去帮你看看……”祥子这时明显是找不到话说了。

“这次在南昌，我已经托人去找了……但不知道结果怎么样。”郑天挺说这话的时候，目光一直眺望着江北，似乎想把几千里外的北平望穿。

“你会想他们吗？我猜俺娘一定想我了。”坐在甲板上的祥子伸了伸腿问。

“我对不起孩子们……不知道他们将来会不会恨我，可现在，我希望孩子们尽快忘了我这个当父亲的……”

夕阳西下，血色的落日染红了江面，雁阵惊寒，回荡在荆州大地，泪水从郑天挺那面无表情的脸上落下，可他竟然毫无知觉，两眼依旧执着地望着大江北岸，像一尊雕塑纹丝不动。

滚滚长江东逝水，在和郑天挺一起漂泊长江的这些日子，祥子终于明白，国难当头，远离亲人的并不是他一人，有些人是被逼无奈，比如自己；还有些人是为了国家，义无反顾，比如郑天挺老师就是这样的人。

那个时候的人们，都在等盼着战争早一天结束，盼得久了，就免不了会失望、会沮丧。

离开岳阳码头的第三天，船过三峡，长江突然变得逼窄蜿蜒，两岸山势雄奇突兀，这是祥子平生第一次见到传说中的三峡。江上的水流也变得更加湍急，小火轮仅凭发动机的力量恐怕已经无济于事，于是加挂了纤绳，两排纤夫一左一右拉着纤绳，把船拖往长江的更上游。

水流湍急之处，船身剧烈摇晃，身材高大的郑天挺有两次差一点摔到长江里去，幸而他紧紧抓住铁栏杆，才化险为夷。但每次遇险之后，郑天挺总是很快从甲板上爬起来，又恢复了最初的姿势，站立在甲板上。

一望无际的长江这时变得曲里拐弯，不知道究竟要流向何处，祥子总是担心大江会消失在前面的山肚子里，然而拐过每一道湾之后，大江总是有自己新的去处。郑天挺老师说，抗战也许就像现在过三峡一样，山重水复疑无路，但滚滚长江依旧滔滔不绝！

在长江漂流的日子里，航空工程系的同学还告诉祥子，其实用弹弓叉打飞机并非完全不可能，不是弹弓叉强大，而是飞机速度太快，撞上麻雀都会受伤，而弹弓叉又能让麻雀受伤！

这话谁说的？航空系的同学，人家能拆飞机，还能装飞机，学问大着呢！

航空系这回为弹弓叉打飞机的英雄正式平了反！祥子到了昆明再也不用怕别人讥笑了，弹弓叉明明是可以打飞机的，是那些自命不凡的大学生自己不懂！

第八回

昆明城那年五月四

有人说 5 月 4 日是西南联大的黄道吉日！

1919 年 5 月 4 日，北京的大学生反对卖国的 21 条，火烧赵家楼。

1938 年 5 月 4 日，一群不愿做亡国奴的中国知识分子聚集于云南昆明，创办举世闻名的西南联大。

1944 年 5 月 4 日，西南联大学生再次以自己的行动，捍卫了五四的尊严！

1946 年 5 月 4 日，西南联大开始北上复员。

所以 5 月 4 日与北大、清华、南开总是有那么深厚的不解之缘。

西南联大成立的时间是明确的，那么成立的地点呢？

有些书籍和影视剧，想当然地把西南联大成立的地点设定在昆明城北的新校舍，有的人甚至把校领导成立大会上的演说词都编出来了。这当然是不可能的，因为 5 月 4 日那天，根本没有新校舍，新校舍那边是一片荒地，不远处的小虹山和地台寺，原本是枪毙人的地方，铁路以北白泥山下，是一片乱坟岗。光是谈迁坟的事儿就谈了好几个月。

那么西南联大成立的地点究竟在哪儿？这里先不表。

且说从这年 3 月开始，西南联大的人马陆续到了昆明，蒋梦麟和梅贻琦在昆明崇仁街设立了办事处。这时，西南联大的湘黔滇步行团还在贵州的崇山峻岭间跋涉。郑天挺那一路也刚到重庆。

建设长黄钰生和步行团到达昆明之前，新校舍征地的事儿，先由南开的杨石先负责；至于西南联大 5 月 4 日怎样开学，则由蒋梦麟直接与云南省政府交涉。

女生队到达广州的时候，就因为昆明这边找不到住处，被通知滞留广州半个月之久。

而步行团缓慢行进在湘黔滇大山里的时候，也没有任何人催促他们加快行进速度，所以到了黄果树瀑布附近，步行团还放假三天，游览祖国的名山大川和溶洞。

此距上次贵阳放假只有四天时间，于是有人担心是不是西南联大又有变故。黄师岳团长倒是不慌不忙，他说即便有再大的变故，大不了撤回贵阳，找吴鼎昌主席要点钱，办个军士教导队，将来拉到抗日前线去。黄师岳这话一半是开玩笑，一半是想安慰那些担心变故的人，岂不知反而更闹得人心惶惶，有人说黄师岳是早就做好了预案才来的。

过了黄果树瀑布没几天，步行团就来到北盘江边，北盘江是珠江的上游水源之一，过了这条江，距离云南就很近了。然而也就在这个时候坏事儿了，江桥坏了，不能通行。附近的渡口总共只有一条船，每次只能渡七个人。而且这时的北盘江水流湍急，艄公表示，没法保证每个人都能过得了北盘江。

这个时候的黄师岳心里也发毛了，他先安排了平时水性最好的七个男生作为第一船。然而就这一船，驶到江心的时候，船突然被漩涡吸住了，怎么走也走不出去，在江心里原地打转，一个同学因为惊慌失措，在船上乱跳乱摆，差一点把船给弄翻了。

当渡船从江对岸回来的时候，大家都面面相觑，谁都不敢坐第二次船了，黄师岳只好让自己手下的军事教官先上。然而就在这时，闻一多突然带头跳上了渡船："这一船我先走，我安全了，你们就没事儿。"

众人见闻一多上了船很是吃惊，但在这种关键时刻又不能公然劝他，于是面面相觑又变成了目瞪口呆。

"先生，当心啊！"有人喊，跟在闻一多身后的李嘉言苦苦相劝，但根本没有用，被迫跟着跳上了渡船。

这一次艄公吃到了教训，不敢再踩那个漩涡，把船绕到上游方向兜了个大圈。这回漩涡算是避开了，可是上游方向水流突然湍急，一个激浪扑下来，把渡船抛向下游很远的地方，几乎是形成了一个抛物线，把船上的人吓得惊叫！

这时，只见闻一多双手使劲扣住身子底下的船座，口里念念有词：

"……鸾皇为余先戒兮，雷师告余以未具；吾令凤鸟飞腾兮，继之以日夜，飘风屯其相离兮，率云霓而来御，纷总总其离合兮，斑陆离其上下，吾令帝阍开关兮，倚阊阖而望予……"

闻一多的声音渐渐由弱而强，由浑浊变得高亢。船上也终于有人听明白了，闻一多嘴里念叨的，是《离骚》中的一段。读过《离骚》的人也合着他一起念，声音终于压倒了北盘江的激浪，艄公重新稳住船体，使劲撑向对岸。不一会儿，闻一多的船终于在北盘江的对岸登陆了。

说来也奇，闻一多这趟船过去以后，盘江峡谷竟然云开雾散，天气转晴，到了下午，北盘江的水流也不再像上午那么湍急，步行团师生一船跟着一船，终于在天黑前全部渡过了北盘江。

闻一多念《离骚》竟然能念得老天云开雾散、湍流平息，这也成了步行团旅途上的一大奇观。

学教育心理学的黄钰生解释，这是一种心理暗示，但立刻被所有人驳了回去，闻一多能暗示别人，难道还能暗示老天不成？对于这个问题，闻一多自己绝不多加解释，至多一笑了之，再不就顾左右而言他，滔滔不绝话《离骚》，可他越不说，争论便越无休止。

黄钰生这一路光顾着与人争论，竟然忘记了很重要的一件事儿：因为他是最后一船渡江，本来应该从汽车里弄点粮食过来，可惜忘记了，如果今晚汽车过不了江，大家就得饿肚子……

据守桥的工兵说，江桥三天之内肯定是修不好了，大家总不能等在江边喝西北风，黄师岳去南安县城联系还没有赶回来，步行团唯一的选择就是继续前进，尽可能赶往南安县城宿营。

南安县城是盘江峡谷边的一座小县城，今天已经撤销，城里的旅店已经住满，县政府原本没有打算安排步行团在县城宿营，可是过江耽误了时间，步行团到达县城的时候，天已经全黑了。行李车又被滞留在盘江东岸，没有条件露宿。县太爷手忙脚乱，临时凑了几大锅洋芋给步行团充饥，然后打开县政府的大堂，让步行团师生在大堂里过夜。

这是一个旧时县太爷审案子用的大堂，很多人过去只是在戏台子上见过，谁也没想到如今还有县长在这种地方办公，甚是好奇。

那么多人夜晚睡在大堂里，县太爷自己也不放心，于是他从家里搬了一条毯子，也和师生们一起过夜。他自己四仰八叉睡在自己白天办公的公案上，鼾声大作，学生们在大堂里横七竖八，或坐或卧，在那里打盹。

这种时候，难免有人说二话，抱怨黄钰生主帅无能、累死三军，而且有些人越说越起劲，加入的人也越来越多。

这时学生中有一人，原本是黄钰生的侄子，平时就和大家关系不融洽，而且很容易亢奋，听到别人说他叔父的不是，这小子实在是忍无可忍，大喝一声，就和那些人大吵起来。可那些人也正好在气头上，三句话不对劲，双方就大打出手。于是，卷入殴斗的人越来越多。殴斗声惊动了原本已经呼呼大睡的县太爷，急忙披衣起来劝架，自己也摔了一个大跟斗。

最后还是因为殴斗声惊动了睡在隔壁的几个军事教官，才把参加斗殴的同学分开，各自回原来的地方睡觉。

第二天一大早，大家从睡梦中醒来的时候，县太爷已经失踪了。后来才知道，县太爷见江对岸汽车过不来，去给步行团找马驮行李去了。

大家只好饥肠辘辘地到县政府大院外的空地上集合，等候驮行李的马帮过来，可是一直等到快中午了，马帮还是没有过来。好多人饿得浑身直哆嗦，只好蹲到大石头下晒太阳取暖，一面等待马帮的到来。

吴征镒发现南安县城的鸡蛋很便宜，于是一狠心自己掏钱买了一提篮鸡蛋回来，准备煮给大家吃。一路上都有人看着吴征镒偷笑，而吴征镒偏生是一个不爱察言观色的人，没发现别人的表情。

吴征镒跟县太爷家借了口大锅，很熟练地在空地上支了几块石头，点上火把那些鸡蛋煮熟。可是他这时才意外地发现，很多人眼睁睁地看着锅里的鸡蛋却不敢吃。吴征镒很是奇怪：“哎，你们怎么不吃？”

这时才有人告诉吴征镒，县城里的人都不敢吃这种便宜的鸡蛋，因为据说是从附近一个麻风村卖过来的，吃了会传染麻风病，那可不是闹着玩的。

于是吴征镒又添了一把火，把锅里的鸡蛋重新煮了半小时，然后招呼大家吃鸡蛋：“你们吃啊，高温消毒那么长时间了，如果还有麻风病，那可就是生物史上的奇迹。”

于是有些人跟着吴征镒大快朵颐，有的人依旧只敢眼睁睁地看着。

在步行团 11 名教师中，吴征镒是走路的姿势比较奇特的一个。说他奇特，是因为找不到其他词语可以形容他走路的姿势，不瘸不拐不崴脚尖不外翻，看不出有任何毛病，但每走一步路，他的腿部都会很奇特地扭动一下。特别是走快了以后，那种扭动感更明显，再加上个头矮小，急行军的时候总是脑袋向前冲，两眼直勾勾地看着正前方，身子随着步伐微微摆动，显得可怜巴巴，在团长黄师岳的眼里，这种人是最没有兵缘的一种。

吴征镒这次是作为李继侗的助教参加步行团的，这一年他 22 岁，是步行团最年轻的一名教师。吴征镒平时讲话很斯文，酷爱昆曲，而且他有个语言习惯，开口以后总是先哈地轻笑一声，哈得很有他们故乡的江苏味，然后再发言。步行团无论多苦多累，都没有改掉吴征镒开口先哈一声再说话的习惯。更改不掉他走路走急了就扭腿的习惯。

若干年后单位上又一次搞体检，医生这才发现，吴征镒天生就是一双平底足，走起路来比一般人困难，人们那时只看到吴征镒走路一急腿部就开始扭动，却没有人知道吴征镒腿部扭动时的那种痛苦。

当医生诊断吴征镒是平底足的时候，吴征镒已经走遍了云南的山山水水，成为蜚声中外的植物学家。吴征镒一生命名或帮助别人确定命名的植物，有 1700 多种，至今世界上还没有人能打破这个纪录。

凭着一双平底足，吴征镒徜徉在植物王国的海洋里，而湘黔滇步行团，正是这位大师的庄严起点！凭着一双平底足，吴征镒走遍红土高原的山山水水，他要经受的那些困难，是很多没有患平底足的人无法想象的，甚至一生都无法企及！在红土地上的崇山峻岭，平底足的吴征镒，摔的跟斗总是比别人多得多！

最有名的一摔，据说是 1963 年在滇东南西畴县的山沟里，吴征镒考察时一失足摔下山坡，一直滚到沟底，很多人都以为他没命了。然而当吴征镒睁开双眼挣扎着想往前爬时，突然手边触到一株很小的植物，他眼前一亮，发现那是一株锡杖兰！这也是锡杖兰这种植物，在中国大陆被首次发现！

发现锡杖兰的吴征镒，平底足的吴征镒，命名了 1700 种新植物的吴征镒，作为大师的吴征镒，此时正一步一个脚印，走向日后令他辉煌的高原！

步行团的大师很多，量子化学大师唐傲庆，导弹大师屠守鄂、梁守磐，哲学大师任继愈，翻译大家查良铮……他们此时也正在一步一个脚印，走向红色的高原。

去盘江的马帮终于回来了，驮回了师生们需要的行李和粮食，还有贵阳城刚刚发过来的报纸，上面有台儿庄大捷的消息。

人们顾不得饥饿，立刻投入庆祝台儿庄大捷的狂欢，连平时不苟言笑的黄师岳团长，也舞起了他的手杖，为联欢会助兴。李继侗和徐军医当场跳起了华尔兹，曾昭抡吹起口琴为他们伴奏，吴征镒拍起了昆曲《定军山》，闻一多引吭高歌一曲《桑塔露琪亚》，激情澎湃！

盘江峡谷的红石岩，见证了他们那天的欢乐！

正当旅行团行走在盘江大峡谷的时候，梅贻琦和蒋梦麟正率领他们的团队，在昆明四处奔走，为西南联大找房子，找地方上课。这是一个非常艰巨的任务，因为昆明那时的房子很少！

在一般人心目中，昆明究竟是什么样的？想法真是五花八门：有的人以为昆明到处是少数民族的竹楼，脚踩香蕉，头顶菠萝；有的人心目中的昆明是一大片蒙古包；还有的人想象昆明是一座隐藏在森林里的城市，到处绿树成荫；参加步行团的人见过湘西依山而居的吊脚楼，估计昆明一定是建在大山陡壁之上。

其实这都不是真正现实中的昆明，真正现实中的昆明，和内地大多数城市一样，是一座以汉族民居为主的高原都市。初建于唐朝阁罗凤时代，元朝以后，这里成为云南省的政治经济文化中心。昆明城坐落于云南滇池坝子的北边，东有金马山，西有壁鸡山，北边的长虫山直冲市区，在城北留下一些仅有的矮山地。昆明老城的南边，近日门外，是滇越铁路修建后逐渐繁荣起来的新市区，这里有许多小洋楼和西式建筑，与昆明的老城迥异，完全是两种风格。

那时的昆明老城只有 6 平方公里，加上城南的新市区，总共也才 8 平方公里，因此住房可选择的范围是十分有限的。

昆明城那时还有很多旧风俗，男女出门不同车，哪怕是夫妻俩，也必须乘两辆人力车。其次是男女不并行，夫妻俩一同在大街上行走，不仅不能挽胳膊，而且连并行都极少，更多的情况是男子走前一步，女子跟在男子侧后方一步之遥的地方，以表示是伉俪，如果不是夫妻还要离得更远。昆明的太阳升起很晚，政府机关有些要上午 10 点以后才办公，很多政府公务员有吹鸦片的习惯，早晨很晚才起床。由于这些原因，联大办事处的工作效率很低，没法和北平、天津同日而语。

房子还没有找到，已经到达昆明的那些人有的还没有找到住的地方，而现在眼瞅着步行团正在一天天临近昆明。梅贻琦、蒋梦麟都很着急。

4月27日，西南联大湘黔滇旅行团抵达旅途中的最后一站，昆明东郊的大板桥，这意味着为期68天、总长1700公里的徒步行军即将结束。也正是这一天，国立西南联合大学的关防已经正式启用！

第二天一大早，蒋梦麟、梅贻琦和部分校领导家属带着事先准备好的花篮，早早就来到昆明城外的贤园门口，当地的小学生穿上童子军军服，组织了鼓号队，在公路两旁等待着步行团的到来，昆明的中学生代表也准备了花环，要为步行团的大哥哥们献花。

中午时分，步行团从大板桥步行来到贤园外边的公路上。

闻一多来了，黄钰生来了，李继侗来了，袁复礼来了，曾昭抡来了……200多名经过长途跋涉考验的联大学生来了！学生们似乎又长大了很多、成熟了很多，而教授们，似乎又老了许多。闻一多和李继侗脸上，留起了长长的胡子，他们比分手的时候憔悴了，虽然这些教授那时大多还不到四十岁，可有的人头上已经长出了白发，眼睛里布满了血丝；有些人的眼圈明显地青黑。可他们此时已经忘记了旅途的疲惫，他们在欢呼，在和老朋友们握手拥抱……

“梅校长，西南联大湘黔滇旅行团267名学生、11名教师今日全部到达昆明，请您清点人数。”黄师岳团长向梅贻琦行了一个标准的军礼。然后拿过花名册，当着梅、蒋两位校长的面最后一次整队点名，点完名之后郑重地把花名册交到梅贻琦手中。

“哦，谢谢……”梅贻琦似乎还没有从激动中恢复过来，一个劲儿地握住黄团长的手，喃喃地说，“谢谢……太谢谢你了，黄将军……”

黄师岳颇多感慨：“梅校长……带了二十几年兵，可这一次，也许会让我终生难忘。”

“黄将军，愿你在抗日战场上一展雄风。”

黄师岳似有些惆怅地苦笑：“梅校长，也许……以后我没有机会带兵了。我相信人们常说的那句话，学生是中国最后的希望。我很荣幸，为国家做了一件有意义的事情。”

梅贻琦那时当然不会想到，由于军队内部的倾轧，在以后中国的各种重大军事行动中，黄师岳的名字仅仅偶尔出现在高参一类的行列里，中华民国的军事史，永远淡忘了这位东北军出身的陆军中将。然而，西南联大没有忘记他，这位将军的名字不是在军事史，而是在研究中国现代教育史的书籍中被保留了下来。

欢乐的场面，冲淡了黄将军心中瞬间的落寂，梅贻琦正在和黄钰生、闻一多、袁复礼、李继侗一一握手，老朋友们千里之后相会，总有说不尽的感慨。

“钰生、一多、继侗……大家一路辛苦了。”梅贻琦似乎不忍心去看那一张张憔悴的脸。

“月涵，先告诉我们，联大什么时候可以开课？”黄钰生迫不及待地问。

望着一张张风尘仆仆的面容，梅贻琦不知道该怎么说才好：“大家先好好休息几天。一多、继侗，你们好好洗个澡，把胡子剃一剃。”

“月涵，一多和继侗在路上相约好了，抗战不胜利，决不剃须。”曾昭抡插了进来。

“哦？蓄须明志，好啊。”梅贻琦这才明白两人留胡子的原因，对黄师岳感慨，“我们的教授都有民族气节。”

梅贻琦引众人在贤园中入座，贤园的主人已经为步行团准备好了大碗茶和瓜子、茶点，等众人坐定后，梅贻琦自己站在一个比较高的地方，环顾着密密麻麻的黄军帽：

“同学们——！同学们，告诉大家一个好消息，我们西南联大在昆明的筹备工作已经告一个段落，国立西南联合大学，将于6天以后，也就是1938年5月4日，正式开课——！”

霎时间，那密密麻麻的黄军帽被抛向了空中，学生们长时间欢呼，忘记了旅途的疲惫。

这些在空中不断飞舞的黄军帽，似乎也给了梅贻琦一种勇气、一种自信，在以后的八年间，正是这种勇气、这种自信，使梅贻琦和他领导下的西南联大，克服了一个又一个意想不到的困难，最终走到了复员北上的那一天！

1938年5月4日正式开课，由于没有校舍，云南省政府暂借大西门外的昆华农校作为理学院的上课地点，租拓东路的迤西会馆和江西会馆作为工学院的上课地点，校本部在崇仁街的一个小院里办公，文学院和法商学院迁往蒙自办学。有人说，昆明城有多大，西南联大就有多大！

现在又回到本回开头的那个问题：西南联大成立的地点究竟在哪儿？

回答是：没有！

西南联大从5月2日开始，统一在大西门外昆华农校注册，5月4日学生在各自的教室里听第一节课任课教师宣布西南联大开课，然后热烈鼓掌、拍桌子，鼓掌之后，当天的教程正式开始！

西南联大没有成立大会，没有成立仪式，没有鞭炮，没有军乐队，没有文艺演出，没有剪彩仪式，没有校长讲话，没有各界来宾！什么都没有！仅有的一副锣鼓摆在拓东路迤西会馆大门口，敲了半个小时，以告市民西南联大正式开课了。

然而，没有成立仪式的西南联大，创造了世界教育史的奇迹，没有鞭炮、没有剪彩、没有来宾祝贺的西南联大，为后半个20世纪的人类和中国，培养了最杰出的人才，这也许是当时的西南联大人自己都没有想到的！

第九回

新理学贞元南湖边

话说冯友兰第一次到蒙自上任的时候，手臂还上着夹板，由弟弟冯景兰搀扶，艰难地下了火车。

负责蒙自分校筹备的杨石先、郑天挺、陈序经，早已在碧色寨车站等候，冯友兰看到，这时的杨石先腿上还穿着天津撤退时别人给他的那条旧军裤。

“芝生兄，听说龙臂骨折，现在康复得怎样了？”杨石先半开玩笑地说。

“没事儿，还能说话。”冯友兰没好气地抬了抬手臂回敬对方。

“芝生兄，你来了，蒙自分校的筹备工作就算告了一个段落，我和石先还要回昆明交差，分校的教学就由你和陈院长全权主持啦。”郑天挺用左手和冯友兰握手。

冯友兰有些奇怪地看着郑天挺：“你们搞什么名堂？胡适是你们北大的，他不能到任，代理院长应该从北大挑选啊？”

“芝生兄，现在是西南联大，就不分彼此啦，毅生兄还要返回成都，安排清华航空研究所的事儿，潘光旦这回留在昆明任教务长，文学院代理院长就非你莫属了。”杨石先说。

“好吧，文学院一把手还是胡适之，反正我现在也是半把手。”冯友兰抬了抬受伤的手臂开玩笑地说。

“冯院长到任，法商学院一定全力配合。那个时候您就不是半把手了。”同来的法商学院院长陈序经凑上前说，此人年轻英俊，穿一身白色西装，看上去总是那么俊逸洒脱。

几个人说着出了站台，登上马车，往蒙自城里而去。

杨石先、郑天挺向冯、陈两院长匆匆交接工作后，乘当天的火车赶往昆明。走的时候，杨石先依旧穿着那条天津撤退时别人给他的旧军裤，冯友兰一直想让他换一条裤子，可杨石先光顾着和其他人说话，冯友兰没插上嘴。冯友兰一直没想明白，杨石先穿着这条旧军裤是怎样和当地士绅、官员打交道的。

这时陈序经已经把蒙自分校的校舍分配方案做好了，只要冯友兰点头，这个方案就算通过了。

经杨石先与蒙自当局交涉，西南联大法商学院在蒙自南湖边的歌胪士洋行和海关大楼开课。师生们已经陆续到达并且入住，5月4日那天，蒙自分校部分师生，还举办了五四运动十九周年纪念活动，眼下就等着开课了。

离开长沙后，冯友兰乘车一路南下，到了桂林，向广西当局说明西南联大没能在广西办学的原因，表示歉意后，便驱车前往越南。不料在过镇南关的时候，冯友兰把手伸到车外迎风乘凉，驾驶员急忙叫他把手缩回来，冯友兰一时没有明白司机的意思。据冯友兰自己说，当时那一刹那，他那颗哲学家的脑袋还在深刻思考手臂拿进来或不拿进来的一般性和特殊性意义是什么，只听咔嚓一声，车过镇南关关门的时候，冯友兰的手臂撞在关门的柱子上，造成了手臂骨折。

冯友兰被送到河内的医院治疗，朱自清留下陪伴，后由弟弟冯景兰从昆明赶来替换。无独有偶，陈寅恪的夫人一路奔波劳累，突发心脏病，也住在医院里，后转往香港治疗。

就在这时，西南联大突然决定，由冯友兰代理胡适的文学院院长一职。冯友兰臂伤未愈，就匆匆赶往蒙自上任，小理筹备处留下的未尽事宜。直到文法学院开课之后，冯友兰这才赶往昆明报到。

西南联大和长沙临时大学最大的区别在于，去掉了临时两个字，有人说正是因为去掉了这两个字，西南联大在昆明一住就是八年，当然这是开玩笑的话。西南联大哪天复员，取决于战争，而不是学校自己。但西南联大作为一所正式高校，三校的合作必然从战时临时体制转为更紧密的合作。梅贻琦让清华的冯友兰代理北大胡适的文学院院长一职，让北大的郑天挺去成都全权处理清华航空研究所的事儿，让南开的杨石先、黄钰生担任建设长，让黄钰生的夫人担任女生指导，皆可谓是用心良苦。

事实证明梅贻琦这些做法是有远见卓识的，后来的西北联大和东南联大，皆因为不能适应临时大学后的转型而宣告解体，只有西南联大坚持到了抗战胜利。

为了适应这种新体制，杨石先、郑天挺走后，蒙自分校不再设立总负责人，遇到大事儿由冯友兰、陈序经两位院长商量着办。陈序经当时刚刚三十岁，是西南联大最年轻的院系领导，而冯友兰资深望重，虽然是代理院长，但事实上已经成为蒙自分校的主心骨。按三校历来的排序，文学院也是法商学院的老大哥，师资力量、社会影响力各方面都走在前头。

蒙自分校短短三个月，却常常被文人大书特书，甚至本末颠倒，这是因为文人空前聚集造成的效应，文人相轻自古亦然——这不是俗话，而是写入经典的句子！三个文人一台戏，蒙自分校一下子聚集了那么多的文人，戏是肯定少不了的。

但由于大敌当前，这些文人在蒙自还来不及相轻，分校就解散了。在蒙自的教授们平时争论最多的倒不是文学，而是时局。台儿庄虽然打赢一时，但接下来的徐州会战，结果令所有人目瞪口呆：老蒋炸掉了黄河花园口，南下的日军被挡住了，徐州附近的几十万国军却因为失去后方补给线，各自撤退，几不成军。威名赫赫的第五战区几乎成了游击战区、流浪战区。

面对这样的现实，师生当中不免会出现消极的思想和言论，这并不奇怪。但是很多人都没有想到，在师生中德高望重的陈寅恪，首先精神崩溃了，以他的影响力，必然会影响到这里的很多人，他的影响力自然会超过钱端升那些人。

花园口被炸开后，陈寅恪于悲愤中写了一首讥讽政府的诗："黄河难塞黄金尽，日暮人间几万程。南渡自应思往事，北归端恐待来生。"

陈寅恪的言论自然在蒙自分校引起了争议，有些人过去把陈寅恪奉作神明，既然连神都说抗战胜利要等来生，那还有什么指望？也有人认为既然大家把陈寅恪奉作神明，他就不应该草率发表这样的言论。

其实那时候，对于炸花园口表示愤懑的，非陈寅恪一人，只因为他影响力太大，这场争论已经超越了陈寅恪个人，成为一种对于神的期望或者失望之争。

在蒙自那段日子里，闻一多始终把自己关在书房里，埋头写作，除了上课，几乎从不出门。晚饭以后，大家到歌胪士洋行外面的南湖散步，闻一多极少参加，吃饭也很少和大家在一块。同屋的郑天挺每次叫他去散步他都不去，郑天挺总对他说："何妨一下楼？"后来，何妨一下楼主就成了闻一多那时的绰号。

有人猜测闻一多不下楼，是不愿意听到陈寅恪、钱端升他们的低调言论，又怕一旦发生争论影响团结，所以选择回避。在闻一多也同样被神化的日子里，这种猜测几乎被当成了史实。其实回避矛盾首先就不符合闻一多的个性，那段日子闻一多除了忙于伏案写作，另一个原因是他嫌食堂的菜太淡，没有盐味，而冯友兰又抱怨食堂的菜太咸。所以闻一多无奈，只好用饭盒把食堂的饭菜打回宿舍，然后重新加工。闻一多甚至还讥讽冯友兰因为人太闲（咸），所以不吃盐。

其实，闻一多因为太忙不下楼，这是确有其事，但冯友兰那段时间绝对没有闲着！作为校领导，冯友兰除了忙于日常行政，他也在思考自己的哲学课题。由于当时的冯友兰处于校领导的位置上，教授们的争论他一般不轻易参与，但对于那些人的言论，他也在不断地思考，并非视而不见、听而不闻。

冯友兰不会忘记，陈寅恪当初不顾父亲新丧和自己的眼疾，义无反顾地和大家一起南渡，这样的精神曾经让冯友兰深深地感动，所以冯友兰很信任陈寅恪的人品。这次到蒙自任教时，陈寅恪夫人因为心脏病留在香港，无人照料，陈寅恪也从来没有怨言。当时有些教师害怕滇南有瘟疫，躲在昆明不敢来，是陈寅恪信誓旦旦地去信把他们劝来的。但发表那些消极言论的也是这个陈寅恪，这又不免让很多人觉得遗憾。当然话又说回来，陈寅恪愤慨的那些事儿，谁又能不愤慨呢？闻一多？汤用彤？金岳霖？郑天挺？抑或冯友兰自己？

夜深人静的时候，何妨一下楼主闻一多终于下楼了，冯友兰在院子里观天象已久，正要回屋睡觉，看到闻一多下楼，不免像看到了奇迹一般。

“哦？何妨一下楼主还没睡？”冯友兰走近闻一多。

“对不起，现在是我下楼的时间，那个绰号你们自己留着慢慢用吧。”闻一多双手插在裤包里，仰面朝天说。

“仰望星空，你看到了什么？”冯友兰顺着闻一多的视线望过去。

“隧古之初，谁传道之；上下未形，何由考之？”闻一多顺口溜一般念出屈原《天问》的开头两句。

“哈哈，又是《天问》？”冯友兰不由得笑了：“国难当头，你还在饮酒赋骚，方为名士也乎？”

“不敢，也许正是国难当头，才让我想到了《天问》。”闻一多说到这里突然转身反问冯友兰，“芝生兄，您想到了什么？”

“想到了贞元，贞下起元那个贞元。”冯友兰说。

“贞元？”闻一多明白，冯友兰说的这个贞元，在上古时期，就是季节更替的意思，“日月忽其不淹兮，春与秋其代序……《离骚》这句诗，到了你们哲学家嘴里，就成了贞元，对吗？”

“哈哈哈，第一次听到有人这么解释，有意思。”冯友兰大笑。

“那你们哲学家又当如何解释呢？”闻一多反问。

“我倒想起了另一句话：周虽旧邦，其命维新！”冯友兰很肯定地回答。

“对呀！这才是我们抗战的本意，劫难过去，一个崭新的中国，就会在亚细亚之东崛起，中国的抗战，不是某一个人、某一群人的抗战，是人民！”闻一多越说越激动，“这次参加步行团，一路上看到了很多，我看到了人民的疾苦，也看到了他们的力量和欲望之火！国难当头，我们这些掉书袋的人应该重新认识中国了！”

“你说得太好了，我准备就贞元这个题目，写一部哲学专著，我们的老祖宗，早就认识了这个自然规律，甚至赋予它理想主义色彩，周虽旧邦，只有维新才能赋予它新的生命！”冯友兰也有些激动。

“好啊，你研究贞元，我继续《天问》，我想通过《天问》，重新梳理中国五千年的文明，周虽旧邦，维新才是生命。五四运动，我们建立了中国新文化，但作为一个五千年的文明古国，我们还没有来得及用现代人的视点，去梳理这浩浩荡荡的五千年，这回是日本人逼着我们不得不这样做了！”闻一多的声音变得铿锵有力。

“何妨一下楼主，原来是想做这么一篇大文章？用心良苦啊！”冯友兰不由得感慨。

蒙自南湖，湖光潋滟，景色秀丽，然而，因为战争聚集在南湖边的文人们，此时又悄悄地开始了一场新的分化，后来的很多文人无法理解这种分化，用了许多空洞的概念去解释他们：战争、革命、人格、伦理、立场、节操、自省、守望……似乎都没有说错，但概念毕竟不是他们的生命！

蒙自分校之后的闻一多、冯友兰、汤用彤……都在重新认识自己的国家；陈寅恪继续坚守着他的自由精神与独立人格；刘文典似乎已经定型，依然故我地生活在他的世界里；钱端升继续他那上海人的市侩与狡黠，不过新中国成立后，这个上海人为国家的法制建设做出了巨大贡献，也算是人尽其才吧！？钱穆、吴晗、费孝通、陈序经这些后起之秀，也正在悄悄地跻身于大师们的行列。

蒙自分校快结束的时候，部分学生组织了一个《南湖诗社》，邀请闻一多、朱自清担任指导教师。南湖诗社开宗明义是鼓励现代诗创作，不排斥古体诗，但诗社的壁报从来不登古体诗。这让宁可坐牢也不读新诗的刘文典，不得不目瞪口呆。但好在诗社是学生自己办的，刘文典们干涉不了。如果是闻一多、朱自清本人主办，事情恐怕就没那么简单了。

冯友兰胳膊上的夹板拆除后，立刻开始写他的贞元六书第一部《新理学》。那时冯友兰还没法用毛笔写字，最初是用铅笔写在草稿纸上，想到哪儿写到哪儿，然后再让人整理誊抄，后来渐渐可以握自来水笔了，再后来终于恢复了毛笔写作。

贞元六书被认为是冯友兰哲学思想的代表性著作，但这部书从一开始，就贯穿了冯友兰对于现实的看法。那时的国军正面战场节节败退，许多人对于中国的抗战失去了信心，而冯友兰以中国古代哲学中，贞下起元的时季更替之说，预示了新中国在战后的崛起。所谓周虽旧邦、其命维新，这句话冯友兰在很多场合都说过，最著名的是西南联大复员时题写的纪念碑文，冯友兰以古希腊、古罗马作为比较，对中华民族几千年的发展道路做了精辟总结，旧邦与维新，成为冯友兰贞元哲学对于中国现实的深度关照。

那时候的冯友兰和闻一多们，首先看到了一个战后崛起的新中国。在蒙自那段日子里，闻一多以屈原的《天问》作为起点，重新梳理中国上古时期的文化，闻一多对于《楚辞》《诗经》和《庄子》的研究，以及后来的一系列专著，始于这个时期闻一多对于中国五千年文明的再反思。

由于冯友兰臂伤未愈，弟弟冯景兰走时，委托正在蒙自分校读书的女儿冯钟芸照料冯友兰的生活，由于教室拥挤，冯钟芸每天晚上一面帮着伯父熬药、换药，一面就在冯友兰屋里把当天的作业完成了。

蒙自分校的女生，那时都集中住在蒙自首富周柏斋的公馆里。周公馆在蒙自城内，女生们上课的蒙自海关大楼在城外，中间要穿过一小段山坡地，路段比较荒凉。那时女生每晚上晚自习，都要约好回去的时间，然后由附近的保安队派人护送。如果赶晚了，自己一个人回去总是比较麻烦的事儿。

周柏斋是个很聪明的人，他的公馆前一段时间经常被盗，所以他把西南联大女生宿舍安排在自己的家里。然后又不断放风，夸大蒙自社会治安的混乱，如此一来闹得人心惶惶，最后县保安队不得不派了一个小分队，进驻周公馆附近的三元宫，从此周公馆所在的那个街区治安就比较太平了。周柏斋利用西南联大，把当地军队都调动起来为他看家护院，也算是当地一大牛人。

可蒙自的社会治安问题一旦被周柏斋夸大，西南联大的女生们就被他闹得人心惶惶。原本可以自己回去的也不敢了。其实西南联大在蒙自期间没有遭遇任何恶性治安问题，比之前的南岳衡山还安全，比后来在昆明也宁静得多。

冯钟芸由于不在教室上晚自习，经常赶不上和大家一起回宿舍。这段时间，学生任继愈也经常到老师这里来讨教，讨论一些哲学问题，冯钟芸错过了女生们回城的时间，常常是任继愈送她回城。

军人家庭出身的任继愈，无论穿军装还是学生服，身材总是那么挺拔，说话做事有条不紊，精明而又不失稳重，再加上英俊而略显瘦削的脸庞，成为很多女同学追逐的目标。而那时的冯钟芸已经早早戴上了眼镜，在女生当中并不算特别出众的一个。

“小任哥，你家里来信了吗？”那时大学生谈论最多的话题，就是与家里的联系问题，很多从敌占区来的学生都与家里中断了联系，学业、生活都陷入重重的困难。

“还没有联系上……听说有些山东同学已经能和家里通信了。”任继愈看了看远处灯火辉煌的蒙自城，长叹一声。

“如果和家里断了联系，你下一步打算怎么生活？”冯钟芸问。

“好在我已经快毕业了，希望能尽快找到工作。”任继愈似乎在自我安慰。

“这该死的战争，不知道要什么时候才能结束，我们家也有许多亲人，现在还在河南老家，也不知道他们怎样了。”冯钟芸抱怨道。

“河南有些地方现在还没有沦陷，山东就不一样了……好在这次你父亲和你伯父都撤出来了，你可以安心学业了。”任继愈心里很羡慕冯钟芸。

“可不知道这场战争要打到什么时候？有时候我真的很害怕！怕清华园那个夜晚……又重新上演……”冯钟芸说着，往任继愈身边靠得更近了，不料任继愈却下意识地避开了对方。

“应该不会了……这次步行团，我们走了很多山路，那是沿途有人接待，如果是日本人，沿途层层防线、层层阻击，他们想进来又谈何容易？”任继愈似乎在安慰对方，又像是在安慰自己。

“可我总是挥之不去那个噩梦……”冯钟芸的声音微微有些抖动。

“不会的……还记得杜甫的那句诗吗？青春做伴好还乡……”任继愈不是诗人，但他此时此刻却突然想起了那句古诗。

“青春做伴好还乡……小任哥，如果真有那一天，我们都回到了清华园，你最想做的一件事儿是什么？”月光下，冯钟芸抬起她那皎洁如月的脸庞。

“哦……我最想做的一件事儿，就是编一本中外哲学大辞典，从中国的炎黄、孔子、老庄，到西方的苏格拉底、柏拉图……把哲人们用过的各种词语都编进这部大书，让后人多一些思想，少一些无谓的争论……”任继愈回答得有些天真，“你呢？你最想做什么？”

“我没有你那么远大的志向，我只想好好地当一名教师，教孩子们《诗经》《楚辞》、宋词、元曲……我想拥有很多很多的学生，桃李满天下。”少女冯钟芸的眼里，闪烁着憧憬的光芒。

滇南蒙自城是云南最早西化的一座城市，城内既有许多明清以来的中式建筑，也不缺米黄色或青灰色的西式洋楼。自滇越铁路建成以来，这里很快取代了建水，成为滇南最繁华的城市。城内西餐馆、咖啡屋、电影院、电报房、洋行、写字楼鳞次栉比，也有许多卖字画、卖棺材、卖老布鞋、卖豆花米线的中式木楼。到了夜晚，蒙自城里灯火辉煌、纸醉金迷。

当任继愈把冯钟芸送到三元宫附近的周公馆时，他们想说的话还没有说完，两个年轻人都觉得，从南湖边的歌胪士洋行，到三元宫附近的周公馆，这条路太短、太短……

临分手的时候，任继愈把自己在南岳衡山时用过的手电筒，送给了冯钟芸，他说以后万一回来晚了，自己又不能来送她，她可以自己打着手电筒回三元宫。

这个手电筒冯钟芸用了很多年，后来坏了，修好了再用，直到最后实在没有办法修理了，冯钟芸就把它藏起来，一直舍不得丢弃，因为这是小任哥送给她的第一件礼物。

那时的冯钟芸还是个穷学生，虽然父亲和伯父都在西南联大任教，衣食无忧，但也拿不出更多的钱还礼，而且她也不知道任继愈那时最想要的是什么？后来，冯钟芸发现蒙自南湖边的夏天蚊子很多，很多同学都被咬得满身红疙瘩，于是她就去街上买了两盒胡文虎万金油送给任继愈，还说那是男生的高级化妆品！

这也是冯钟芸送给任继愈的第一件礼物。

1938年的夏天，蒙自南湖边的生命力总是那么旺盛，桉树、杨柳、山茶花、水葫芦、蚊虫、苍蝇，还有生活在南湖边的人们，这些刚刚走出战乱的年轻人，在生命力旺盛的蒙自南湖边，又撩开了一个新的恋爱季节。

失去的多少欢乐和忧戚
我枉然在你的心胸里描画
哦！多少年来你丰润的生命，
永在寂静的节奏里勃发，
也许远古的哲人怀着热望，
曾向你舒出咏赞的叹息
如今却只见他生命的静液，
随着季节的起伏而飘逸。
去吧，飞奔的生命！

——穆旦《我看》

1938年8月6日，西南联大在云南的第一个学期结束，这时，西南联大的新校舍已经部分竣工，到下一个学期开学就可以分批入住，政府已经把蒙自海关大楼和歌胪士洋行，安排给即将西迁的柳州航校，西南联大北上在即！

蒙自分校北上的那一天，是滇南彝族哈尼族一年一度的火把节，各族儿女穿着节日的盛装，在南湖边点起篝火，弹起大三弦，通宵达旦地狂欢，人们以这样一种特殊的形式，欢送西南联大蒙自分校北上。

没有成立仪式和开学典礼的西南联大，在各族人民火的狂欢中、在火的歌谣里，送别从北方远道而来的西南联大，送别大师和他们的学生，走向下一个季节、下一个贞元轮替，踏着蒙自南湖边生命力旺盛的沃土，饱受战乱的联大学子，在这里开始了新的人生。古老民族，维新其命，贞下起元，生生不息！

第十回

走云滇无问西或东

在黄河下游的许多河段，黄河的河床高于两岸的陆地，这也是世界地理的一大奇观之一。

话说 1938 年的 6 月 9 日，由于国军在徐州会战兰封战场的失误，豫东重镇开封沦陷，为了阻止日军西进，占领平汉铁路，蒋介石、程潜下令在黄河花园口和赵口两处决堤，以水代兵，阻止日军西进。

此举挡住了日军向西进攻的步伐，负责河南战场的日军指挥官香月清司被撤销指挥职务，这位侵华日军最早的急先锋，从此断送了军事生涯。刚刚当上师团长的土肥原贤二，不得不重新回到他原来那个情报官的位置。

然而，此举也使聚集在徐州附近的中国军队，失去了后方补给线，被迫穿越黄泛区撤往华中。双方动用数十万兵力的徐州会战，就此宣告结束。

这个结局令许多人目瞪口呆。此后 9 年间，黄泛区面积逐步扩大到近 30 万平方公里，受灾人口千万以上，直接死于洪涝的总人数超过 80 万人，日军损失仅 7000 人。

黄河决堤后，日军仓皇撤离豫东，沿津浦路南下，袭击武汉，四个月以后，华中重镇、国民政府临时所在地武汉失守!

黄河决堤时，黄泛区以东的国军趁势反败为胜、转守为攻，袭击撤退中的日军，使豫东日军遭受重创，然而由于后方补给线中断，黄泛区以东的国军终因弹尽粮绝，不得不穿黄泛区西撤。

部队的大炮显然是带不走了，军部命令机炮营在颍河一线布防，掩护主力过河。由于炮阵地已经失去了步兵的掩护，战斗打得十分惨烈，日军以几乎十倍的炮火，覆盖了颍河边上的炮阵地。打到深夜的时候，颍河边上就再也听不到炮声了，四周死一般的寂静，只有不断涌进颍河两岸的黄河水，哗哗地响着向东南方向汹涌。

日军见我军的炮阵地上已悄无声息，甚至懒得派人去打扫战场，他们的上级让他们尽快向津浦路方向集结，不敢怠慢。

所以到了第二天夜晚，被炮火覆盖在炮阵地上的蒋志清醒了，那个时候，颍河两岸大雨倾盆、雷电交加，因此蒋志清很快确认自己还活着。一种求生的本能，使她在暴雨中不断摸索，爬行着……

“还有人吗？还有人吗？”志清姑娘连喊了几声，但她的声音很柔弱，很快就被雷声和雨声淹没了。

志清姑娘一连摸到好几个人体，但不管怎么摇都没有动静，估计是不会有希望了。她也不明白，炮阵地上几百号人，为什么偏偏只有她一个人活了下来？

蒋志清不是炮兵，她是师部政工队的女兵，撤退的途中自己掉队了，正好遇到炮营在河边布防，需要民夫帮助修筑炮阵地和运输炮弹，所以蒋志清就一口答应了这个差事。她动员来的民夫刚刚登上炮阵地，日军的炮弹就像冰雹一样倾泻下来，覆盖了整个炮阵地。这一仗，蒋志清带来的人马几乎还来不及做任何事儿，就成了炮灰。蒋志清很懊丧。

蒋志清清清楚楚记得，她当时手里抱着一发炮弹，刚刚递给一个老兵大约两秒钟，敌人的炮弹就呼啸而下，砸在距离炮座不远的地方。老兵手里的炮弹也被引爆了，霎时那个老兵就被炸得血肉横飞，连骨头渣子都找不到。也只有两秒钟的时间差，蒋志清只是被炮弹的气浪掀起，冲到五、六米远的地方落下，被泥土所覆盖，然后就失去了知觉，后背好像插进了几块小弹片，但无碍大局。

战场上的生死，就是那么神奇地交替着。如果敌人的炮弹早落下两秒，血肉横飞的就不是那个老兵了，而是蒋志清自己。

蒋志清一连爬过好几具死尸，那些人她一个都不认识，因为她和他们原本不是一个部队的。也许正因为这个原因，蒋志清对于死亡的恐惧略有缓解。突然，蒋志清在一具尸体身上，摸到一个硬邦邦的东西——好像是干粮！？这个时候的志清姑娘才发现自己已经饿得很厉害了，于是她不顾一切撕开那人的上衣口袋，抓起被血水浸透的干粮，和着天上的雨水大口大口地吃起来，不一会儿就吃得满脸血肉模糊！

吃完了那些带血的干粮，志清姑娘抓过了一把刺刀枪，把刺刀插进泥土里，靠着枪管的支撑力站了起来，踉踉跄跄向颍河边走去。这时的颍河已经不是往日的颍河，水面比往日宽了十几倍，夜色中几乎望不到对岸。

天亮时分，志清姑娘终于在颍河边找到一根从上游冲下来的枯木，她不顾一切地骑上枯木，顺着河水一面往下漂，一面寻找机会渡河。可是疯狂奔涌的颍河，一直没有给她这样的机会。

志清姑娘在水中漂了整整两个小时，最后在一个转弯处，湍急的水流意外把她冲到了对岸，志清姑娘俯下身子，拼命向岸边滑行，枯木的一头终于撞在了岸边的沙地上，志清姑娘不顾一切翻身落水，不要命地往岸上奔走，走不出几步，只觉得两眼发黑，一头栽倒在地上就再也爬不起来了……

就在志清姑娘昏昏沉沉伏地喘息的当口，上游方向传来轰隆的巨响，只见滚滚的黄河水铺天盖地而来，志清姑娘不顾一切跳起来，抓住不远处的一株大槐树，一个引体向上翻身上树，还没有在树杈上坐稳，洪水就从她脚底下的山地上咆哮而过，卷起一大堆白沫……

怎么回事儿？原来花园口最初决堤时水并不算大，但是几天后因黄河附近的特大暴雨，洪水把最初 4 米的决口，冲成了几百米宽，这时下游的赵口也开始大段决堤。加上颍河流域的大暴雨，造成颍河容水能力锐减，一场空前的洪灾在花园口决堤之后四天，终于恶性爆发了。

对于刚刚渡过颍河的志清姑娘来说，原先沿颍河、贾鲁河沿岸展开的黄泛区，突然一下子扩大了几十万平方公里。

经历洪峰之后的志清姑娘，一直走在齐腰深的黄水里，饿了就把双手探到水里抓麦穗吃，就这样也不知走了多长时间，志清姑娘来到皖西的一个小镇上，这里有国民党第五战区的一个收容站。不管是哪支部队的士兵，只要交了枪就可以领到两个雪白的大馒头，想继续当兵的跟他们长官走，不愿当兵的交枪走人。

蒋志清想到自己撤退时还捡了一支枪，可以换俩馒头，便去收容处登记。

“叫什么名字？”负责登记的上尉军官懒洋洋地斜睨着眼。

“蒋志清。蒋委员长的蒋，志清也是那两个字。”蒋志清回答。

“胡说，你敢冒充蒋委员长？”上尉军官愣了一下喝道。

“不是冒充，这本来就是我的名字！爹妈取的。”蒋志清正色道。

“你爹妈好的大的胆，敢取这个名字？”上尉嘲弄地说。

“我是国民革命前生的……”志清姑娘补充解释，但再往下就没法解释了，蒋志清出生那年，蒋委员长还没有上路，但这话说不得。

“那也不能叫这个名字，哪一部分的？”

“八十八师政工队，上士蒋志清。”志清姑娘强忍着伤痛立正、敬礼。

“第一战区的？把枪交了，拿俩馒头，我们这里不收女兵。”上尉的表情有些鄙夷。

“那以后怎么办？”蒋志清失望地看着对方。

“以后？你还有以后？可我的以后在哪儿？我自己都不知道。”上尉军官没好气地摊开双手。

“那……这枪我不交了。”蒋志清干脆收回手里的抢。

“你敢！上峰有令，拖枪过河且身份不明者，按日本间谍论处！”上蔚突然一拍桌子，“来人，把她的枪给我缴了！”

几个士兵如狼似虎地扑上来，把志清姑娘按倒在地，夺走了她手里的枪，有人还趁机在她胸口摸了一把。

如果是在平时，志清姑娘早就和他们打起来了，可眼下伤口疼得钻心，竟一时半会儿没能从地上爬起来：“你们这群强盗！等姑奶奶伤好了，让你们见识见识什么叫作女兵！”

“女兵？你们女兵不是不发枪吗？哪来的枪？说！”上尉军官突然拔出手枪，对准志清姑娘的额头。

“捡的，战场上！怎么了，你上过战场吗？”蒋志清冷笑。

“把她带走！”上尉厉声喝道。

“各位弟兄，有话好说。别动不动就抓人嘛。”这时又来了一群女兵，为首的女兵个子比其他人大一些，大个子女兵挡住了那些上前抓人的士兵。其他女兵也随即上前帮着劝解。

“你是什么人？”上尉蛮横地看着那个大个子女兵。

“长官，我是第五战区战地服务团的，我们没带枪，可我知道阵地上枪很多，很多弟兄都阵亡了，他们的枪收回来还可以打日本鬼子。如果我当时在战场上，我也会这么做。”大个子女兵不卑不亢地说。

“去去去，没枪凑什么热闹？”上尉军官不耐烦地转身走了。

大个子女兵向士兵们赔了笑脸，拿了两个馒头，把其中一个递给蒋志清：“小妹妹，别跟他们计较，这些人就这德行，可一旦打起仗来，他们得冲在我们前头，对吗？……起来吧。”

大个子女兵把蒋志清扶起来，蒋志清只觉得后背痛得厉害，大个子女兵身上带着急救包，可是当她们把蒋志清的衣服撩开后，不由得惊叫起来！

原来，蒋志清在炮阵地上中了弹片，伤口隆起一大块，连日来泡在水里，伤口竟然被黄沙淤堵了，不再流血。大个子女兵从来没见过这种情况，她也不敢处理，决定带蒋志清到前面有医院的地方再想办法。

蒋志清和女兵们结伴而行，也不知走了多长时间，始终没有见到有什么医院，好在安徽那个地方草医多，最后是一个农村老太太，用一种很特殊的草药，治好了蒋志清的伤。这种药生肌去腐非常迅速，可惜伤口愈合后，弹片和没有掏干净的泥沙却永远留在了她的体内。

大个子女兵和她的战友要忙着去湖北归队，不能留下照顾志清姑娘，两人就此分手。蒋志清一直记着那个大个子女兵的名字：潘琰。

蒋志清因为留在老太太家疗伤，没有随潘琰去第五战区战地服务团参加培训，伤好了以后，她打算去昆明西南联大，找她当初的中学校长黄梅美德。

抗战爆发的时候，蒋志清刚从南开女子中学毕业，参加了南开大学的入学考试。由于战争爆发，她刚到长沙没几天又上了前线，现在部队被打散了，自己浑身伤痛，如果归队无望，西南联大是她最后的选择。

好在敷了老太太的药，志清姑娘的伤口很快愈合了。这时日军也在向湖北境内挺进，志清姑娘告别了她的救命恩人，踏上去大西南的遥远路途。

1938 年的夏天，志清姑娘在去往昆明的路上。

1938 年的夏天，潘琰在归队的路上。

1938 年的夏天，杨振宁和母亲一路艰辛到达云南昆明。

1938 年夏天去往云南昆明的，还有这样一群人：

卢沟桥事变爆发后，正在法国游学的著名数学家陈省身，告别了他崇拜的导师嘉当（E. Cartan），回国参加抗战，历任长沙临时大学数学系副教授、西南联大数学系教授。

战争没有成为他们滞留海外的理由，继陈省身之后，大批正在海外求学的学子，义无反顾地回到自己的祖国。无论后来的条件有多么艰苦，他们无怨无悔地回来，然后又无怨无悔地和自己苦难的祖国同命运、共呼吸。

卢沟桥事变的消息传到英国的剑桥，正在那里学习的中国留学生群情激奋，经常聚集在一起，讨论国内的时局。

“中国缺少的不是一流的军人，而是一流的科学，这个时候，我们应该回到祖国，把自己所学的知识，奉献给饱受战争之苦的同胞！奉献给苦难的祖国！”年轻的王竹溪慷慨激昂。

从那时起，正在剑桥留学的中国学子，掀起了回国热。1938年夏季，西南联大在昆明办学的消息被确认后，在这里进修的北大、清华、南开师生，开始启程回国。

然而，在买船票的最后一瞬间，卡文迪许的张文裕博士犹豫了，他向站在他身后的同事王竹溪小声问了一句：“你说，华罗庚到底该不该回去？”

王竹溪也愣住了，因为他知道，数学系的华罗庚是个瘸腿，重度残疾，那是他少年时代患一场大病留下的后遗症，这样的人去投奔一场战争，那该是多么残酷的事儿？

“其实……他留在英国也同样可以为自己的国家服务。”王竹溪像是自言自语地说。

在最后买票的那一瞬间，王竹溪把华罗庚的护照从窗口撤了出来……

临行的头一天晚上，王竹溪通过导师福勒的关系，找到了华罗庚的导师，有数学皇帝之誉的哈代教授。那天伦敦的上空下起了暴雨，哈代大师对于福勒和中国学生的深夜到访，感到十分的意外。

“大师，我和张文裕同学明天就要回国了，我们的祖国正在经历一场民族独立与自由的战争，我们必须回去为自己的祖国效力。”王竹溪坐定后，用十分流利的牛津英语对哈代大师说。

“华也要和你们一起走吗？”哈代望着两个陌生的中国同学，一脸茫然。

“我们就是为这件事儿来的，华罗庚同学有腿疾，战争生活对于他不合适……我们走了以后，希望大师帮忙照顾他，他一个人留在伦敦，也许会很孤独，谢谢大师！”王竹溪向哈代大师深

深地鞠了一个躬，然后把华罗庚的护照放到哈代大师的桌子上，

哈代犹豫地看了看坐在一旁的福勒教授："你的岳父卢瑟福博士怎么看待这个问题？"

"哦，是的，卢瑟福博士已经同意他们回国，可是……华的情况和他们不一样。"福勒教授回答。

哈代大师站起身来打开窗户，看了看外面的倾盆大雨："你们走吧……这个事由我来和华说，是的，他和你们不一样……"

直到第二天王竹溪和张文裕登船之后，哈代大师才把事情告诉已经向他递交了回国报告的华罗庚，劝华罗庚留下来继续学习。

虽然被同伴如此抛弃，可这并没有动摇华罗庚回国的决心，华罗庚一个人瘸着腿，到码头上自己买了船票，他准备回去收拾行李，并向两位恩师哈代和利特伍德告别，不料却在泰晤士河边买食品的时候，遇到了哈代大师。

哈代大师邀华罗庚到泰晤士河边散步。

这是雾都伦敦一个难得晴朗的早晨，明媚的阳光透过泰晤士河上的薄雾播撒在平静的河面上，远处隐隐约约不时传来几声小火轮的汽笛声，白俄流浪艺人的小提琴演奏充满着一种盎然春意，而这种春意中似乎又隐藏着一种难言的忧伤。面对着美丽的泰晤士河，师生两人谁也不愿意首先提起眼前这个伤心的话题。

最后，还是华罗庚打破了两人间长久的沉默："大师，您知道吗？在我的祖国，也有许多这样到处流浪的白俄。"

"是呀，他们是一些很可怜的人。"大师说。

"一个人要是失去了祖国，也许结局都是一样的。"华罗庚说。

大师知道自己的学生想说什么，他似乎有些疲惫地望着水面上的粼粼波光，轻声叹了口气：“孩子，我生于 1877 年，比你大 33 岁，我一生当中，已经经历过无数次战争了，普法战争、俄土战争、欧洲大战，直到去年的马德里……多少无辜的生命毁灭了，很多科学家死于无谓的战争。如果他们不死，今天的世界科学史，也许会是另外一种写法。”

“可是大师……”

“孩子。”大师不容华罗庚再说下去，“你有一个超乎常人的大脑，可你却没有健全的双腿，战争对于你不合适。”

“可是，我的同胞在流血呀！”华罗庚激动了。

“年轻人，我理解你的心情。”大师说，“我可以通过大使馆，把你的家人接到伦敦，与你共享天伦。”

“可我还有四万万同胞，贵国使馆又能拯救多少呢？”华罗庚越说越激动。

“你是科学家，不是军人。”哈代大师断然地说，“何况，你还是个残疾人，蒋介石政府不会让你去冲锋打仗的。”

华罗庚：“大师，您说的不错，我不是军人，可我的祖国今天之所以落后，他们所缺少的，绝不是一流的军人，而是科学家。作为您的学生，我今天别无选择，我要把我在这里学的知识，贡献给我苦难的祖国，还有正在流血的同胞……”

哈代大师知道，他的盛情挽留，改变不了华罗庚回国的决心。也许，从他的另外一位东方学生身上，哈代大师已经深深理解了东方人那种执着的民族情感。哈代大师此时的眼眶已经有些湿润，他的声音变得老迈而又有些颤抖：“孩子……我知道我留不住你……可我还是希望你三思。战争是十分残酷的一件事……我已经老了，十年前，我失去了拉马努迪，今天，我不愿意再失去另一个我的东方学生……”哈代大师说到这里，眼眶里噙着泪水。

华罗庚知道，大师又在感怀他早年的学生拉马努迪了。

拉马努迪生于印度，天资聪颖，大学毕业以后，只身来到剑桥，投到哈代门下。他和哈代不仅是一般的师生关系，同时也是事业上最亲密的合作伙伴，两人在长达十几年的合作当中，共同写下了大量的数学专著。研究数学的人，提到哈代没法不想到拉马努迪，提到拉马努迪，也没法不想到哈代。1919 年，拉马努迪告别剑桥，只身回到印度，一年后拉马努迪在印度死于霍乱，年仅 31 岁。拉马努迪去世以后，哈代大师伤心了很长时间。也许，哈代大师如此偏爱这位来自东方的青年，是想从华罗庚身上，找回又一个拉马努迪，为了盼一个和拉马努迪有同等天资的东方青年，大师或许已经盼了整整 17 年！

听到大师这段颤颤巍巍的话语，华罗庚的内心也十分感慨，来伦敦那么长时间，他此时才意识到，自己在大师心目中的分量。

“大师，我的祖国正在受难，我的同胞正在流血，如果美丽的英格兰落入强盗之手，我想您也会号召自己的学生起来保卫家园，原谅我，大师……”华罗庚的泪水从眼眶里扑簌而下，“我们中国人有一句老话，叫作一日为师，终身为父……”

华罗庚说完，拄着拐杖，非常艰难而又坚决地跪倒在哈代大师脚下，长跪不起。

……

1938 年夏天，华罗庚从大洋彼岸回到祖国，令他喜出望外的是，他的妻子吴筱元带着孩子们，已经先他一步到了昆明。

华罗庚回国后，被聘为国立西南联合大学数学系教授，和陈省身、王竹溪、张文裕、马仕骏等再度同事，战争和贫穷也接踵而来，困扰着这位腿有残疾的数学大师。欲知华罗庚大师后事如何，且听以后分解。

第十一回

改设计愤怒梁思成

话说西南联大新校舍在昆明城北大西门外摘牌后，气气派派修了个大门，还有部分围墙，然后就没钱了！

西南联大到昆后，先后任命杨石先、黄钰生为建设长，又聘梁思成为总工程师，林徽因协助，土木工程系全力配合。

西南联大是座战争大学，虽然去掉了临时二字，但毕竟也是有限的，接受长沙临时大学的教训，梁思成最初设计的校舍并不气派，也不豪华，只是一些简单的矮楼和瓦房。可是由于经费紧张，这一稿方案很快被否定了，除了学校图书馆，一律改成平房。

战争时期一切都要节约，梁思成夫妇无怨无悔地改了第二稿，然而这一稿也很快被否定了，砖房和中式木房全部被取消，改成土坯房。这一回梁思成傻眼了，林徽因把事情接过来，帮丈夫又改了一搞。

然而林徽因这一稿交给土木工程系核算之后，仍然没有可操作性，校园里的瓦房全部被取消，改成茅草顶，墙壁由于时间关系，来不及准备土坯，一律改成干打垒。林徽因听到这个消息气得大哭一场，把图纸扔给了自己的学生。

学生的最后一稿设计终于通过了，然而，室内设计图出来以后，土木工程系核出的工程预算仍不符合学校要求。于是学校下令，将草屋的主梁柱，从原来的半径 16 厘米，缩减成半径 8 厘米以下的原木，门框、窗框的用料也相应缩减，这个标准远远低于昆明城郊农民家的茅草房……

梁思成夫妇这回彻底无语！

这时候，联大校园里又突然出现了一个多嘴多舌的人，把梁思成彻底激怒了！

这个人的绰号叫骆驼祥子！

西南联大第一个入住新校舍的人是骆驼祥子，祥子和郑天挺一路艰辛，把南昌、武汉的设备运到昆明后，郑天挺为祥子争取到一个候补校工的机会。当时学校都没有建起来，哪里用得着校工？于是学校让祥子先住到新校舍，负责夜晚看守工地，领了这么一个差使，祥子当天就用草席和旧毡布，在新校舍东边的大桉树底下，搭了一个棚子，把自己的行李搬进去，就算是正式安家了。

后来新校舍工程全面动工，有人嫌祥子的草棚碍手碍脚，让他搬走，祥子自己也嫌工地沙灰大，弄脏了他的被子，于是又到米轨铁路北边，白泥山脚下重新搭了一个草棚。这样一来，别人夜间施工也就不影响他睡觉了。

祥子原来睡过的茅棚被人用来堆水泥，最初有人说这茅棚太小，恐怕堆不了那么多水泥。可是第一批水泥购进后，就再也没有第二批了。学校下令，除了图书馆的石脚之外，其他地方一律不再使用水泥，一直堆到整个新校舍完工，还剩两包水泥没有拆封，风吹雨打若干年后变成了石头。

祥子这两个草棚都是他自己一人一天之内搭好的，可梁思成的校园设计折腾了好几个月，最后搭起一个样子来，梁柱竟然又被缩了一圈儿，连农民家的茅草房都赶不上。

于是祥子在校园里出言不逊，说梁思成搭房子还赶不上他利索。不料这话偏生就传到了梁思成耳朵里，梁思成忍无可忍，抱着一大堆图纸冲到崇仁街的西南联大办事处，扔在梅贻琦的办公桌上。

“改！改！改！你还要我怎么改？”

“思成，你听我说，思成……你冷静一点儿……”建设长黄钰生和工程处主任施嘉炀急忙追了进来。

“你们还要我怎么冷静？”梁思成扭曲着脸，非哭非笑地睁大了双眼，“茅草房？不是每一个中国农民都会盖的吗？要我梁思成干什么啊？”

梅贻琦把梁思成扔在桌上的图纸一张张收好，冷静地望着对方：“思成，国难当头，你就不能再谅解一次吗？”

“谅解？呃，是呀是呀，我……”梁思成伸出五个指头在空中晃着，可喉咙却被咽住了，好长时间说不出话来，“我……已经修改到第五稿了，从楼房到平房，从砖房到土屋，从瓦房到茅草房……好吧，茅草房就茅草房吧，你们知不知道农民盖一幢茅草房要多少木料？你知不知道你们现在的木料，连盖一幢标准的茅草房都不够？”

黄钰生把梁思成拉开了：“思成，我不是解释过了吗？农民盖茅草房要住一辈子，可我们是临时大学，抗战胜利就要复员北上，木头用得少一点又有什么关系呢？大梁找细一点的，不也可以减轻墙体的承重吗？”

“思成，我们调查过，昆明附近降雨量少于云南其他地方，树木比较矮小，缩减木料半径是为了便于就地取材，这样可以节省一大笔运费！”工程处主任施嘉炀补充道。

梅贻琦也接着施嘉炀的话说：“而且土木工程系的老师们，

对木材的用量是经过严格计算的，从安全上说不会有问题，思成，你就放手改吧……”

“现在是没有问题，可将来……总不能永远是茅草顶吧？”梁思成还抱着最后一线希望。它设计这些茅草房的时候，暗中留了一手，那就是将来条件允许，这些茅草房还可以重新改成瓦顶，所以他坚持木料不能打折扣。可是最后梅贻琦把这个计划也彻底粉碎了。

“不存在将来！将来战争结束了，西南联大也就复员北上了。”梅贻琦面无表情地回答。

听到梅校长的话，梁思成的鼻子有些酸，清华是当时中国许多著名大师的母校，也是建筑大师梁思成的母校，可眼下的母校，别说是和昔日的清华园相比，就是和马路对面的云南大学相比，也是一个天上，一个地下嘛。梁思成今天本来是来向梅贻琦辞职的，可梅贻琦没有辞职、黄钰生没有辞职，梁思成能辞得了吗？

“思成呀，政府决定征用我们在蒙自的校舍作为空军基地，文学院马上就要搬回昆明，没有这些茅草房，学生就要露天上课，风吹、日晒、雨淋，大家都在共赴国难，思成，以你的大度，最后谅解我们一次，行吗？”梅贻琦恳求道。

梁思成的心又一次软了。梅贻琦毕竟是他的师长，在一个师道尊严的国度里，也许从来没有一个学生，敢像梁思成一样在老师面前发这么大的火，而梅贻琦把这一切都容忍了。

“思成，等抗战胜利回到北平，我一定请你来建一个世界一流的清华园，算是我还给你的……行吗？”梅贻琦的声音有些抖瑟。

“可我……我对不起那些上课的孩子们……”

——那天，梁思成一头跌坐在沙发上，眼泪不由得扑簌而下，而他自己竟然没有任何知觉！

在自己昔日的师长面前，梁思成哭得像一个受伤的孩子……

西南联大新校舍终于在这年秋天盖起来了，其实就是一大堆茅草房，极少数的铁皮屋后来也被拆除了。铁皮被拿去滇西卖钱，贴补教师生活。因为铁皮屋顶的教室每到雨天声音特别大，老师几乎没法讲课，有个教授索性在黑板上写了“停课赏雨”四个字。

西南联大除了大门气派，几乎就谈不上还有什么校园建设，没有铺路的石子，大家每天就踩着裸露的红土到教室上课，下雨天校区泥泞路滑。据说年迈体胖的张伯苓，要左右拄着两根拐杖才能走到自己的办公室。那时的张伯苓已经是国民参政会的副议长了，议长是汪精卫、蒋介石，因此也算是副国级，然而西南联大没有能力为这位副国级的校长提供铺路的石子儿。

1938 年 8 月 9 日，西南联大第 84 次校常务委员会，批准梁思成辞去校舍建设总工程师职务，另聘梁思成、林徽因为西南联大校舍建设工程顾问。此后，西南联大的教授名单上，再也见不到梁思成、林徽因的名字。

九天后，西南联大校舍建设工程处主任施嘉炀辞职。

十三天后，西南联大建设长黄钰生辞职。

他们辞职以后，一幢幢低矮的茅屋在昆明城北的联大新校舍拔地而起，米黄色的外墙，为这里保留了大学的最后一点尊严。在外上课的各个院系师生陆续搬进了茅檐低矮的新校舍。米黄色的茅屋外面，杂草丛生，道路泥泞，骑自行车路过需要比较高超的车技。

西南联大，梁思成夫妇一生中最伤心的作品！

然而若干年后，也正是从梁大师设计的这些茅草房里，走出了一群几乎衣不蔽体的孩子们，他们踏着联大校园的红色泥泞，登上了诺贝尔物理学的领奖台；他们引爆了中国第一颗原子弹、第一枚氢弹；他们通过遥感卫星回收技术，使中国成为世界第三号航天工业大国；他们造出了中国第一条光缆；他们在世界上首先合成了人工胰岛素……

一百多位中外院士级科学家，是从梁思成夫妇设计的茅草房里走向世界、成就辉煌的！

西南联大，也是梁思成夫妇一生中最杰出的工程！

不知那时候的梁思成、林徽因是否想到了？

西南联大除了少数云南籍师生外，绝大多数人都是第一次到昆明。这座高原都市和他们过去的想象，总是有那么多的不同。

师生们到达昆明的时间，多数都是在春末夏初，这是昆明市降雨量最少的一个季节，每天一大早醒来，昆明的天空总是那么湛蓝，蓝得让你不由得惊叹。之后很快就进入雨季，天空经常都是乌云密布，但是也很快有人发现，每次雨过天晴之后，昆明的天空会比旱季更加湛蓝！远处的山峦清晰度也比旱季时候更好，这不是咄咄怪事儿吗？

连地质气象系的教授们，也是过了很长时间才搞清楚，雨季时候空气中的悬浮颗粒比旱季少，空气中的水汽也不像春季那么容易凝聚，所以空气的清洁度和清晰度反比春季高。

地质气象系和文科的教授们对于昆明空气的清晰度，更多停留在赞叹上，可物理系教授们很快意识到，这是一个研究天文学和宇宙线的最佳地点。

昆明另一个出乎人们意料的是饮食习惯，北方人早晨喜欢吃稀饭、馒头，江浙人喜欢吃油条、豆腐浆，可昆明人早晨起来喜欢吃米线。而且昆明的米线和别处的不一样，略带一点酸味，很多外地刚来的人吃不惯，看着昆明人顿顿吃米线，觉得太不可思议。

西南联大的杂草丛里，养分丰厚一点的地方长出了西红柿，于是有人把这些西红柿拿回去做了美味佳肴，可昆明人觉得西南联大人吃西红柿是一件很可笑的事儿。那时昆明人只知道西红柿是用来喂猪的，不知道人也可以吃这种东西。过去少数传教士爱吃西红柿，昆明人只好对他们敬而远之，如今西南联大人也跟着洋人吃西红柿，很多人觉得不可思议，是件非常雷人的事儿。

当然，昆明也有许多食品，让外地人觉得很雷人。比如农民把辣椒摘来卖钱之后，又把辣椒的嫩叶嫩秆也摘来卖给城里人，城里人吃辣椒叶、辣椒秆上瘾，当作豌豆苗一样炒着吃。

不过后来因为战争时期，供应紧张，昆明人终于跟着西南联大人学会了吃西红柿。抗战以后，昆明菜市场上西红柿价格经常暴涨；西南联大人也跟昆明人学会了吃辣椒叶、辣椒秆儿，还有什么蜂蛹、蚂蚱之类的。

西南联大到昆明后，不再像长沙临时大学或者在蒙自时期，给教授们安排宿舍了。随着战争的不断扩大，教授们的家属为了躲避战乱，也陆陆续续迁居昆明，教师宿舍已住不下了。

教授们到昆明后第一件事儿就是到处找房子，那时昆明市区面积只有 8 平方公里，市区容积小，房子确实很难找到。西南联大搬到昆明后，省政府也动员当地士绅、官吏腾出住房，供教授们居住。省主席龙云带头，把自己家的后院腾出来，做了清华大学办事处。

唐继尧、周钟岳、金汉鼎这些云南昔日的军政要人及其家人，也腾出自己的房屋让教授们住进去。

昆明北门街城脚下，有个不大不小的庭院，唐继尧一家搬到北门街之后，又把这个庭院盘了下来，成为唐家的后花园。唐家后花园有个六米宽的古戏台，过去可能是唐家娱乐、唱堂会的地方，经唐继尧长子唐筱蓂同意，西南联大的几个单身汉：陈福田、陈省身、陈岱荪、金岳霖、陈序经，就在唐家的这个古戏台上安了家。

那时陈省身刚从欧洲回来，正在潜心研究他的微积分、几何和拓扑学。金岳霖开始构思他的《知识论》。两个人的学问都很高深，令外人敬而远之，但是据外语系职业教授陈福田评价，金岳霖的逻辑学比陈省身的拓扑学更难懂。

陈福田是个职业教书匠，在西南联大外文系资格很老，性格高傲，但作品不多。据说他不爱出书的原因是别人的作品他看不上眼，自己又写不出能让自己看得上眼的东西。

年轻儒雅的陈序经，崇拜实用主义，主张中国全盘西化；陈岱荪则被人们认为是一个温和派的陈序经。

这么几个性格迥异的大教授，睡在同一个古戏台上，他们聊天的话题，估计也是非常雷人的。知识渊博的房主唐筱蓂听他们聊天，有时也难免如坠五里雾中。

那时的唐继尧虽然已故去多年，但长子唐筱蓂在昆明是一个非常神秘的人物，此人和他爹一样，毕业于日本陆军士官学校，专攻军事情报学。唐继尧故去后，唐筱蓂投靠国民政府，表面上优哉游哉像个无业游民，整天和文人教授们混在一起，还做了中国青年党的中央委员，信奉国家主义，经常应酬些场面上的事儿。其实这些都只是他的公开身份。

那时军统和康泽的情报系统在云南的势力都很弱小，无论龙云的军事情报供给，还是老蒋对云南的统治，唐筱蓂都是一个绕不开的重要角色。这次西南联大到云南，唐筱蓂很可能已经接到了监视他们的使命，剩下的只是唐大少爷是否用心的问题。日后西南联大的多次政治危机，唐筱蓂都不同程度地暗中保护过这些进步师生，甚至一度加入过民盟。

从骨子里看，唐筱蓂还是一个比较正直的职业军人，无论在朝还是在野，他的思想倾向和那些当特务的人都有很大的区别。总之，那时的唐筱蓂黑白两道，八面玲珑，谁也猜不透他到底是个什么角色。从蒋介石到云南省主席龙云，从昆明街头的袍哥大爷到西南联大的教授，唐筱蓂交际之广，在昆明的社交圈里几乎是无人不知、无人不晓的。西南联大的教授们，很多也是通过唐大少爷，认识了昆明的上层人士。

军人出身的唐筱蓂，这时想往教授这个圈子里挤，走出清华象牙塔的教授们，也希望通过唐筱蓂接识更多的社会关系。

武汉大会战开始后，闻一多的家眷和胞弟闻家驷也相继到了昆明。唐家戏台那种地方当然不适合拖家带口的闻一多，闻一多兄弟俩这时租住了节孝巷附近退役将军邹若衡家的住房。

邹若衡将军年轻时是唐继尧的贴身侍卫，武功高强，护国战争爆发后，随蔡锷将军出征，任过蔡锷的副官长。

这时的邹若衡虽然已经退伍，但家中门庭若市，每天早晨闻一多刚起床，就看见院子里站满了随邹将军练武的年轻人。

邹若衡的武术，在中国独创门派，被昆明人称为邹家拳，他源自广西的南拳，结合太平天国时期的实战需要，有其独特的传承和改进，比一般的南拳更具有搏击性和实用性。拳路也比南拳更加诡秘和出其不意。

邹若衡的武术历来是分层次教学的，早晨随他练武的只是街上的一般习武者，学费收得很便宜，所学只是一些武术的基本功而已。邹若衡真正的门下弟子不多，这些人练武的地点是高度保密的，闻一多在邹家住了很长时间，都不知道他们练武的地点在何处。

由于战争的颠沛，闻一多几个儿子的身体显得有些孱弱，闻一多也想让孩子们跟邹师父习武强身，可是一听收徒的条件只好作罢。

这个邹若衡收徒有一个非常为难的条件，那就是过档！

什么是过档？很简单，你去大街上找一个比你强壮的陌生人，从正面把那人打倒，这就算完成了过档。打赢了即可进堂拜师，打输了走人。

闻一多一家刚从外地来到昆明，你让他们到大街上去打谁呀？闻一多从来不准儿子在外面打架，这样一来，可不就把他家的规矩给破了吗？老先生这回可是被难坏了。

不过尽管如此，邹若衡出于对闻一多先生的敬重，还是教了孩子们一些基本功，声明只可强身健体，不可争勇斗狠，更不允许对外说邹若衡是他们的师父。

通过和邹若衡聊天，闻一多大致了解了邹家拳的来龙去脉：邹家拳最早源出广西南拳，是太平军石达开部队的看家功夫。石达开在大渡河全军覆没后，军中个别武师流落民间，辗转来到邹若衡的故乡云南昭通，并在那里发扬光大。邹若衡自幼习武，后来又在四川拜过其他师父，改进了这种武术。因此，邹家拳和昭通一带流行的彭氏武术又有区别。

“南拳可以不学，但邹家拳不可不学，因为和南拳相比，邹家拳更具有战斗性，而且这样的武术也只有在统治集团势力薄弱的云南才能见到！”闻一多后来如是对人说，可惜大师关于中国武术文化的评价没有见诸文字，久而久之竟然成了口头传说……

那时的闻一多，正在通过邹家拳重新认识中国，无论对于《楚辞》，还是邹家拳，闻一多每每都会有与众不同的评价……

而那时的安徽人刘文典，则爱上了云南的美食和滇剧，加上他有烟瘾的缘故，后人称之为二云居士（云烟、云腿）。刘文典也在重新认识中国，只不过他的角度和闻一多实在大相径庭。

西南联大的新校舍还没有完全竣工，1938 年度的招生又开始了，这也是西南联大到云南后的第一次招生。这意味着，原先的 900 多位学生尚未安置，现在还要继续增加人数，这对于西南联大的新校舍不得不说是一个很大的压力。文学院从蒙自回来后没法进城，停留在昆明市南郊的盘龙寺附近，大二的学生全部投入军训、住进兵营，这些人都眼巴巴地盼着新校舍早日竣工。

怎么办？西南联大的新校舍究竟何时才可以入住，西南联大能否走出建设经费严重不足的困境？我们且听下回分解。

第十二回

办师范时雨时滋兮

话说云南省主席龙云此时正烦着呢！

自抗战军兴，云南已经投进去两个军了，眼下还要继续组织新三军。卢汉带出去的那个六十军，最初徐州会战确实打得不错，过去人家十几个军打了一个台儿庄大捷，六十军去了以后，几乎是独当一面死守台儿庄，一直守到江苏境内禹王山那块儿。

可是自从老蒋扒了黄河花园口，徐州会战就散摊儿了，几十万大军各走各的，很长一段时间，龙云和前线的卢汉军长根本联系不上，有时电讯突然中断整整一个星期，也不知道卢汉的指挥部究竟撤到哪儿了？

现在卢汉的部队整体撤到了武汉，所幸损失不是最惨重的一家，孙渡的五十八军也开到了前线，与卢汉合编为一个军团，下一步老蒋整军，要撤销军团这级编制。中央打算把卢汉军团二分三，再增加一个新三军的编制，把三个军合为一个集团军。如此一来，卢汉壮大了，云南的负担却更加重了。

当然，偌大个云南养三个军还是可以的。更要命的是，龙云在老蒋面前立了军令状，一年之内打通从昆明到缅甸腊戍的滇缅公路。关于修公路的争论结束之后，龙云把拨公路款的支票和手铐一起送给沿途各县的县长们，让县长们都知道，打通滇缅路绝非儿戏，谁敢耽搁，就铐着手铐来见！

云南地处边地，经济落后，财政贫困。唐继尧执政初期，云南一年的财政才一百万，如今三个军出征抗日前线，光一次性的开拔费就好几百万。滇缅公路那就更不用说了，工程之巨大，在云南是前所未有的，在中国也没有第二个省主席敢于承诺一年通车！但云南人龙云居然就签下了军令状。

这两件事还没个头绪，龙云家里又出了问题，他的三儿子龙绳曾在重庆游玩时，与孔祥熙的二小姐狭路相逢，话不投机，竟然在公共场所拔枪械斗，龙三公子和孔二小姐本人未伤皮毛，他们的保镖却把路人给打死了。此事非同小可，孔家小姐的老爸是行政院长，一人之下万人之上，谁也拿她没奈何。沾孔家小姐的光，龙三公子也若无其事地回了昆明。龙云主席气不打一处来，把这个不争气的儿子关进了刚刚修好的五华山防空洞，那时日寇还没有空袭昆明，龙三公子就第一个住了进去。

奈何龙三公子被关进防空洞也没住几天，日军的飞机就真的空袭昆明了，在大西门附近连续投弹，其中一枚炸弹落在昆华师范学校的后院里，寓居该校的一名西南联大军事教官及其儿子罹难。

1938 年秋的龙云主席确实不轻松！

龙云这回刚从大理视察滇缅公路施工情况回来，又听人说起西南联大的事儿。有人告诉他，西南联大不盖学校、盖草房，龙云起初以为是开玩笑，并没有当回事儿。战争时期嘛，各人有各人的难处，可这回是昆明市的市长来说的，龙云就不得不当回事儿了。

龙云这回要亲自去看看西南联大究竟盖得怎样了。于是他把自己打扮成商人，两名卫兵也换了便装，儿媳郑琳夹了一个大大的公文包跟在后面，扮作他的女秘书。

龙云进了西南联大新校舍，也着实吃了一惊，天啊！这哪里是什么学校？到处是干打垒和茅草房，民工都是从附近几个村子里请来的农民，几乎没有一个专业的建筑工。工地上使用的定位工具，是中国古代最古老的绳墨之类的，云南山区的任何一个草皮街搭起来都比这个气派。

龙云私访西南联大的那天，梅贻琦、张伯苓俩校长都不在现场，工地上的人不认识他们，龙云急忙扶了扶眼镜，转身而去。

回到威远街的龙公馆，龙云坐在他那后座深长的栗木沙发上，好长时间说不出话来。龙云家的沙发与众不同之处在于座位深长，前后将近一米，即便龙云这样的个头坐上去，也可以两腿伸直。

儿媳郑琳急忙烧水为龙云沏了一杯上好的普洱茶。自从嫁到龙家，郑琳的茶艺确实大有长进，特别最后那个凤凰三点头，简直让堂堂的龙主席也无可挑剔。

“老主席，喝茶吧。”郑琳把茶杯恭恭敬敬地端到沙发前的茶几上。

“哦……”龙云看看儿媳，一想到儿媳也是北大出身，话不由得多了起来，“你们北大怎么搞的？本指望他们来了，能为云南的教育多出些力，可西南联大……现在成了一堆茅草房！”

“老主席，现在是战争时期嘛，一切从简，我相信西南联大也是迫不得已……再说一旦战争结束，他们就复员北上了，盖得太讲究也确实没有必要。”郑琳很有耐心地在龙云身边的短椅上坐下。

“你这话不假，可是西南联大吃我云南的粮食，将来走了，总不能留一堆茅草房给我吧？”龙云摊开双手，非常无奈地说，“我要的是云南教育，不是一个小村子，这样的小村子，我云南少说也有十万个，你去看看旁边的莲花池，都盖得比他们好。”

“可人家三校的师资，那可都是货真价实的，熊庆来恐怕没这实力吧？”郑琳在公爹面前说话，有些口无遮拦，“老主席，您应该利用这个时机，让他们为云南多培养些人才，而不是去计较茅草房的事儿。”

龙云听到这话，突然有些严厉地抬头看着儿媳：“那你告诉我，现在让你去北大复学，你愿意吗？”

“我愿意！”郑琳的回答很明确，“我过去就是北大的学生，现在又有了清华和南开，师资力量应该比以前更强了。”

“让你去茅草房里上课，你也愿意吗？”龙云追问。

“如果那些大师也在茅草房里讲课，我愿意！”郑琳几乎不加思索地回答。

“给我个愿意的理由。”龙云慢慢呷了口茶。

“因为那是真正的大学，他们的梅贻琦校长常说：大学者，大师之谓也，非大楼之谓。”郑琳面对公爹的咄咄逼问，回答得有条不紊，“老主席，我想好了，为了照顾这个家，法国我可以不去，我就在云南读西南联大。很多达官贵人的子女都在西南联大，和大家一样住草棚、吃膳团，他们能我就能！”

龙云看着儿媳久久说不出话来，内心有许多的感慨，郑琳嫁到龙家后，龙云曾许诺送她到法国留学，龙绳武也是从法国军校毕业的，积极支持妻子去留法。可是婚后不久，郑琳就有了身孕，出国留学的事儿只好暂时放一放了。

“真的吗？”龙云将信将疑地一笑，“如果你真的愿意读西南联大，我就送你一份厚礼，让龙家的媳妇，体体面面地去读西南联大！”

“厚礼？”郑琳摸头不着脑地看着自己的公爹，“什么厚礼呀。”

“过几天你就知道了。”龙云神秘地一笑，“不过你和绳武，要暂时分开一段时间。”

“为什么？”郑琳听说龙云要把她和丈夫分开，不由一愣。

“滇缅公路很快就要通车了，我打算让绳武去滇西带兵。”龙云从沙发上站起来，把玩着茶台上的茶具，“这孩子，书读了不少，在讲武堂也很有些资历了，可是作为军人，光会读书有什么用？如今抗日军兴，得让他出来历练历练了，滇西那地方和昆明不一样，那里的生活你恐怕适应不了，所以你就在西南联大读书吧，孩子放在家里，滇西你就不用去了。”

“哦，这是绳武的前程，那就……谢谢老主席了！”郑琳起身向龙云道了个万福，然后拿起车钥匙，准备开车去基督教女青年会接自己的婆母顾映秋。

郑琳从龙云的话语里似乎听出来，龙绳武很可能要受到提拔，这种时候作为妻子，她不能阻挠丈夫去戍边，男人得有自己的前程和事业。郑琳更明白，最近一段时间，特别是三弟龙绳曾在重庆出事儿以后，龙云越来越注意刻意培养自己的丈夫、龙家长子龙绳武了。

而对于龙云来说，既然儿媳妇能如此深明大义，为丈夫着想，为这个家庭着想，今后定当能帮助龙绳武成就一番事业，由此龙云对长子的信任也有所增加。他相信龙绳武娶郑琳是很有眼光的。

郑琳和龙绳武的孩子稍大后，龙绳武去了滇西，担任守备旅长，郑琳重新考上西南联大，改学社会学专业，这是后话。

就在龙云私访西南联大新校舍没几天，省教育厅厅长龚自知突然深夜造访。

龙云有自己的生活习惯，除了打仗在外，他晚上一般是从来不和部下谈工作的，部下也都知道老主席的这个习惯。因此，没有特别重要的事儿，龚自知也绝不会在这个时候造访龙公馆。

龚自知进门的时候，用人已经为龙云准备好了夜宵，吃完夜宵，龙云就要更衣上床了。所以龚自知觉得有些抱歉，龙云倒觉得他来得早不如来得巧。

“龚厅长深夜到此，不会是来赶我的夜宵吧？”龙云让用人把夜宵分一半给龚自知，龚自知急忙拱手谢绝了。

“哦，不必了，老主席，您知道的，仲钧不善甜食。”

龙云的夜宵是一杯牛奶，外加一块昭通绿豆糕，几乎每晚如此，很少变化。龙云因为有烟瘾，所以夜宵吃得特别甜，而龚自知则是五华山上的品茗高手。对于龙云这样的夜宵，历来敬而远之。

龙云知道部下的生活习惯，也不再勉强他，指着茶台上儿媳刚刚泡好的普洱茶：“那你自己沏茶喝，禄国藩前几天从普洱回来，给我带了上好的普洱茶，你自己喝吧。”

“老主席，教育部下文了，关于师范教育的规程。云南也列在其中了。”龚自知把手中的一份文件递给龙云。

“你深更半夜跑到威远街，就为这个？”龙云知道龚自知还有名堂，故意问。

“老主席，这对于我们可是个机会啊。”龚自知怕龙云责怪他深夜到访，所以急忙解释。

“机会？可是钱在哪儿？卢汉的三个军倒是开拔了，可是滇缅公路……这么大的工程，中央只补贴了两百万，剩下的都要我们自己筹钱，你觉得我这个省主席当起来容易吗？”龙云反问。

“正因为我滇省财政吃紧，所以这是个机会，我们请西南联大与我们合办，这样一来，可以省下一大笔开支……”龚自知说。

“你别再跟我提西南联大，我原本指望他们能办一座像样的大学，现在可好，盖了一大堆茅草屋。将来他们走啦，就留这么一个村子给我吗？”一说到西南联大，龙云难免伤心。

“西南联大确实有很多困难，再说他们到云南办学，也是战争期间的临时安排，房舍简陋些也是迫不得已嘛。”龚自知出身北大，这种时候自然要为西南联大辩解，“而且，西南联大越是困境，对我们来说，才越是个机会。”

龙云突然放下手里的奶杯，思忖了一会儿：“你的意思是说……”

“西南联大的师资力量，慢说是在中国，即便在全世界也是首屈一指的，不管他们的校舍有多么简陋，我们与他们合办师范，他们出人，我们出钱、出校舍。为云南地方培养人才。”龚自知说。

“可是校舍在哪儿？你教育厅厅长站着说话不知道腰疼吗？”龙云茫然地看着他的教育厅厅长。

“校舍的问题不是大问题，前不久日军飞机轰炸昆明后，有一部分学校迁出了市区，空出了一部分教室，随便哪一间，都比茅草房讲究得多，先把学校办起来，校舍问题可以下一步再想办法。”龚自知对于这个问题早已胸有成竹，“另外，为了节省开支，避免重复办学，师范学院成立后，云南大学的教育系并入西南联大，两家联合办学，地点也可留在云大校内。”

龙云看得出，龚自知今晚是有备而来的，怎样办师范他心中早有打算：“龚厅长，这么大的事儿，你一个人说了不算。如果事情真像你说得这么好，那个梅贻琦为什么自己不来找我？他的清华办事处就在我的院子背后，可这几天人影都见不着。”

“梅贻琦把西南联大建成那个样子，他也许确有不便开口的理由。不过他已经派黄钰生、潘光旦来和我谈过联合办学的事儿。只是教育部的规程刚刚下发，事情仓促，还没来得及商量具体的合作办法。”龚自知以实相告。

“好了，这事儿你让梅贻琦亲自来找我一趟，剩下的事儿由你和黄钰生、潘光旦他们去商量，这件事儿越快越好，新三军从筹备到成立，只用了三个月时间，你办师范也要抓紧，争取今年内招生开课。”龙云说完便起身，解着衣扣向卧室方向走去。

“是！老主席，我这就去通知梅贻琦校长。”龚自知知道事情已经办成了一半，急忙起身。

“龚仲钧，你可悠着点儿，人家早就睡了。”龙云站在楼梯口，指指后院方向开玩笑地说。

根据国民政府教育部《师范教育规程》，国民政府拟在全国增设 7 所高等师范院校，云南也名列其中。

规程下发后，云南省政府与西南联大的联合办学计划，几乎是一拍即合，招生和筹备建校几乎是在同步进行中。

由于日机轰炸昆明，昆明市内的许多学校迁出了市区，其中，昆华中学部分迁往玉溪办学，地处大西门附近的昆华南院和昆华北院空出了许多教室和学生宿舍，为开办西南联大师范学院创造了条件。

1938 年 12 月 12 日，西南联大师范学院在昆北院正式开课，几年后迁至大西门城下的文昌宫继续办学。师范学院成立后，云南省政府将原云南大学教育系并入西南联大，成立师范学院教育系和公民训育系，这两个系成为师范学院人数最多的系，借云南大学的校舍上课。云南当时教育落后，很多地方根本就没有学校，所以龙云像办军官教导团一样，决定先培养校长、后培养老师，这是教育系一家独大的根本原因。

教育系的上课地点解决了，剩下五个系总共 100 多人，昆北院随便找几间教室就解决了，剩下的做学生宿舍。后来国立艺专也迁到郊外去了，昆南院就成了西南联大的女生宿舍。

联大师范学院，成为西南联大继文学、理学、工学、法商之后的第五个成员，西南联大复员北上后，师范学院留滇，改名昆明师范学院，成为继北大、清华、南开之后的第四个西南联大成员，直至今日。

师范学院的成立，为困境中的西南联大找到了一条新路子，得到云南地方的经费支持后，西南联大暂时缓解了经费紧张的压力，安置了一批富余教师，重新整合了云南地方和西南联大的各种教育资源。此后，西南联大师范学院以及后来的昆明师范学院、云南师范大学，为云南的经济建设，培养了数以万计的优秀人才，这是后话。

师范学院成立后，由黄钰生担任院长。经黄钰生推荐，时任教育部参事的查良钊，出任师范学院主任导师，此人曾任河南和陕西两省的教育厅厅长，抗战爆发后负责全国大中学生的赈济工作，算个正儿八经的正厅级领导干部了，而且手中正握有实权，然而查良钊见到老同学黄钰生的来信，竟然未加思索就向教育部递交了辞职信，只身飞赴昆明上任，也算是西南联大的奇人之一。

查良钊的到来，使西南联大领导班子又添进重要成员，尽管查良钊后来在西南联大训导长这个位置上，几乎成为一个悲剧人物，但八年后，也正是这个查良钊，把西南联大师范学院完完整整地交给了云南地方，并应聘出任昆明师范学院第一任院长。

师范学院学制五年，学生在校期间享受公费，待遇高于只有贷金没有公费的西南联大学生。鉴于为人之师的职业形象，黄钰生、查良钊在师范学院又形成了与西南联大不同的办学思想，师范学院要求学生生活态度严肃认真，平日着装整洁，不得名士派头，也不得不修边幅。

师范学院招生后，云南本地学生占到将近一半，由于享受云南省政府的公费待遇，外地学生入学时，也要求他们毕业后优先为云南地方服务。此举对于提升云南的文化和教育，起到了重要作用，继唐继尧时代的云南大学之后，云南终于有了第二所大学！

查良钊、黄钰生的办学思想，一度也在西南联大引起争议，有人认为，这样的办学思想违背了五四以来北大、清华兼容并包、自由、独立的民主传统。很多师范生一旦取得优异成绩，便宁可放弃公费待遇，迫不及待以转系的名义到其他学院就读。

这样的争议持续多年，仁者见仁智者见智吧，但好在师范生以云南本地学生为主，性格忠厚、老实，再加之那个战争年代，能读到大学已不容易，能享受公费待遇更不容易，所以这样的争议当时并没有表现得特别激烈。很快就被其他问题和其他争议湮没了。

出人意料的是，在后来的民主运动中，师范学院不仅是前沿，也是惨遭镇压的重灾区，这是后话。

师范学院的五年制教学，最后一年是教学实习，尽管师范学院的学生在社会上也很受欢迎，但为了适应这个体制，加强对实习教学的指导，西南联大师范学院又增设了附属中学、附属小学和先修班。一时间，进西南联大附中和附小，成了昆明有钱阶层的新时尚，达官贵人、富商和知识分子，争相把自己的子女送到西南联大的附中或者附小读书，以为这样也可以沾一点大师们的仙气。

时至今日，云南师大附中和附小，依旧是昆明市生源质量最高的中学和小学。每一年的高考季，都有一些学生被送入他们的母校北大、清华或者南开就读。

“满眼是烽烟炮火，满眼是颠沛流离，我们的国家正在风雨中奋斗，我们却幸得一堂理弦歌……”这是西南联大附中大半个世纪不变的校歌，西南联大的精神依旧在那些新迁的校园里流传。然后又有人把西南联大的故事，带回他们在北方的母校，让更多的人知道。

在战争、贫困、颠沛中，西南联大不仅没有垮，而且在云南红土地上生根发芽、逐步壮大！

1938 年 9 月 28 日，日军飞机第一次袭击昆明，西南联大职工罹难，战争的阴影又从长沙追到了昆明。然而就在日机轰炸后不久，西南联大确定了自己的校训：刚毅坚卓！

这个校训由于没有按政府那个忠孝礼义廉耻的口径来写，曾多次遭人非议，甚至被强令修改，但是都被西南联大人拒绝了！因为这个校训，曾经是西南联大人用生命和献血换来的……

第十三回

飞天梦回首王希季

西南联大湘黔滇步行团到昆明的那天，16 岁的王希季也在欢迎他们的人群中，那时他是昆华工校一年级的学生，看着整齐的队伍、清一色的黄色军装、儒雅的举止、不凡的谈吐，王希季就被这支队伍深深地吸引了。

“我以后要成为他们中的一员。”王希季指着队伍中的老大哥们这样说。

作为商人的父亲，对于儿子的这个志向有些不以为然。王希季在去年昆明市的中考时，考分是全市第一名，那时他可以做出的选择有很多。但作为商人的父亲，当时正面临生意不景气，家道中落，他只希望儿子扎扎实实学一门手艺，将来在社会上可以混口饭吃，所以王希季报了昆华工校。那时能读昆华工校的人并不多，出来以后找个工作并不困难，而且多半是坐办公室的那种，用今天的话说就是白领阶层，升不升学反倒不重要了。

“你要读西南联大搞什么呀？”大理人常常把干什么说成搞什么，“好好把你的昆华工校读了，体体面面地找个工作不是么？”

“我们的家乡太落后了，说是大理国古都，现在连个电灯都有不起，读了西南联大，我要给大理修一座水电站，让我们的白族同胞都点上电灯，不好吗？”王希季这样回答父亲。

“尽说些不着边际的话，电站是你能修得了的吗？好好读书，你都快十七岁了，要是在老家都当爹了。”父亲说完就上楼去了。

王希季这个为大理建水电站的梦想，遭受过很多人的讥笑，左邻右舍都觉得这个孩子想问题不着边际，满脑子胡思乱想。

王希季和故乡大理结缘，是在去年初中的最后一个学期，那时王希季因偶感风寒，误了学校注册，只好办了休学去大理老家养病。其实他什么病都没有，风寒感冒没几天就好了，那时的王希季除了复习功课准备中考，剩下的时间就是在古城里转悠，吃遍了大理古城的名特小吃，喝够了白族人家的三道茶。那时最令王希季烦恼的还是大理没有电灯，晚上在油灯下复习功课特别伤眼睛。那时他就立下了这个志向，要为家乡修一座水电站，甚至电站的地点他都看好了：洱海的出水口西洱河，那里能修好几个梯级电站。

也许正是因为这个原因，王希季那个学期特别刻苦，竟以昆明市第一名的成绩被昆华工校录取了。

工校一年级结束后，国民政府因考虑到战争的特殊性，允许高中学生以同等学历报考西南联大，不再查验他们的高中文凭。听到这个消息，王希季瞒着家里参加了西南联大的入学考试，

不料第二个学期开学后，西南联大那边竟然一点消息都没有，王希季几乎已经心灰意冷，毕竟自己才是个中专一年级的学生，西南联大不录取他也没什么可以大惊小怪的，王希季只好返回昆华工校就读。不料注册一个月以后，西南联大的录取通知书就来了，王希季被西南联大工学院录取为机械系 38 级学生。

一年级的学生王希季被西南联大破格录取，这在昆华工校成了新闻，连校领导都连连摇头：“没想到，没想到……”

王希季一时间成了昆华工校的新闻人物，王希季的父亲这时也就觉得脸上有光了，逢人就说他儿子才中专一年级就考上了西南联大，王希季满以为这次上西南联大算是有希望了。

不料王希季的父亲因为心里高兴，去了趟大西门外的西南联大新校舍，看到那些茅檐低矮的茅草房，回来就变脸了："这是什么学校啊？回大理当农民还有三坊一照壁呢，可你看看他们的新校舍，茅草房还没有山区农民盖得好。这种学校别去了，还是好好读你的昆华工校吧。"

可王希季心里早有自己的主张，因为他已经打听到了机械系任课老师的名字，不得了，他在昆华工校读的那些教科书，很多就是工学院里那些教授们编出来的，这回总算见到真人啦：李缉祥、刘仙州、孟广喆、庄前鼎……

王希季把自己的教科书拿出来，一本一本翻给父亲看。父亲也被王希季说得将信将疑，表示要亲自去机械系看看："这些书真的是他们写的吗？……可是这么大的教授，为什么要在茅草房里上课呢？"

父亲在社会上混了半辈子，有头有脸的人见得真不算少，但真正出过书的人还真没见过几个。父亲平时只喜欢看古书，他总以为书都是古人写的，也只有古人写的书才叫真正的书，那些古人现在在干吗？死了以后就是神仙。如今儿子即将去给这些活神仙当弟子，父亲也就没法再阻拦他了。

可是由于战争的关系，王家家道中落，昆明市物价越来越高，父亲给儿子的钱却越来越少，最后两年，王希季也成了靠每月七元贷金吃"八宝饭"的西南联大学生。

王希季人长得精干，中学时酷爱篮球，还演过话剧，口齿清晰，说话有条不紊，国语也比一般的云南人说得好，在学校时很少有人知道他是大理白族人。可是刚入学的时候，王希季说话不自觉会带有一些云南的独特词语，令人觉得好笑，比如把肥皂叫作洋碱，把火柴叫作洋火，更有甚者，有一次他说漏嘴，竟然把电灯泡说成了火亮泡儿，令一屋子的人摸头不着脑。他的这些独特词语，一度成为联大校园里的笑料。

好在王希季知道自己是跳级考进来的，基础知识总有些差距，所以学习格外刻苦。虽然他家在昆明，但为了把回家的时间节省出来读书，他和其他同学一样住进了茅草房。

不料期末考试的时候，王希季在刘仙洲老师的课上，打错了一个小数点，就这唯一一个错误，使王希季的卷面成绩得了零分。王希季从来没有见过这样评分的，过去一向考高分的王希季没法接受这个现实，找刘仙洲去评理。

刘仙洲老师重新检查了王希季的整个卷面，果然挑不出第二个错来。这样的评分在其他人看来，确实太过于吹毛求疵，但刘仙洲告诉王希季：这样的评分不仅苛刻，而且是非常苛刻，但是对于一个庞大的机械工程而言，一个因为粗心大意打错位置的小数点，意味着前功尽弃。无论之前的工作多么无可挑剔，一个小数点的错误，很可能就是一座大楼的坍塌、一场大爆炸，是人命关天的大事儿，不能儿戏。

刘仙洲坚持了自己的评分。通过这次教训，王希季学会了工作上的一丝不苟，认真严谨的态度。无论日后他主持多么重大的工程，都没有发生过类似的疏忽。王希季日后能够挑大梁，是因为他有刘仙洲这样的恩师！

躲避空袭，是西南联大学生的必修课，每次空袭警报一响，学生们就冲出课堂，往学校背后的白泥山上跑。后来有人发现白泥山也靠不住，人数太密集容易暴露，于是师生们又开始往更远的地方跑。

王希季平时喜欢打篮球，人也长得精干，跑警报的时候一溜烟就蹿出去了，然后冲上白泥山，找个壕沟躺下，便自以为没事儿了。可是那时他常常发现，高年级的屠守锷、李敏华他们，常常站在空旷的地方，无畏于日机的轰炸或扫射，拿着纸笔在那里画各种各样的曲线，很是好奇。

王希季后来才知道，他们是在研究飞机的运动规律，还有一个名叫杨振宁的化学系学生，那时竟然说他在用矩阵几何学的原理，研究日机的阵型变化。后来有一段时间，杨振宁发现日军机群的歼击机数量不断增加。准确预言了昆明上空防空力量已经明显加强——因为那一年陈纳德的飞虎队来了！

王希季对于这些同学的敬业精神非常敬佩，特别是像李敏华大姐那样的女生，竟然对于日机的轰炸表现得如此无所畏惧。王希季后来躲空袭的时候，也带上自己的纸和笔，描摹飞机运动时的各种曲线，后来他们躲空袭的时候，还把学校的望远镜搬出来，用以观察。

王希季观察日机投弹具有超常眼光，他能够通过日机俯冲投弹的曲线，判断出飞机里装了多少炸弹，TNT 当量是多少。有一次日机从王希季头顶上飞过，有人让他隐蔽，王希季满不在乎地看着天空说："放心，那飞机早就没有炸弹了！"

躲避空袭后的王希季，依旧酷爱打篮球，而且经常一个人在球场上砸篮板。但人们很快发现，王希季砸篮板的动作心不在焉，他的目标常常不在篮圈上。这个秘密很快被人识破，王希季以实相告，他在模拟当天日机的运动曲线和传动力学曲线。

"日机的频繁轰炸，让我们最早学会了航天，也深深爱上了这一行！"若干年后，一位获两弹一星元勋称号的航天工业大家，在接受记者采访的时候如是说。

屠守锷西南联大毕业后，在一家小工厂里为国民政府炮制小火轮，这对于当时一穷二白的旧中国来说，是一项具有开创性的工作；后来屠守锷到美国的布法罗蒂寇斯工厂学造飞机，再后来他开创了中国的导弹工程；晚年进入中国的航天工业领域，成为王希季的战友。屠守锷的一生似乎都在为中国开创，而他的每一次开创，都标刻着中国的一次科技进步！

李敏华，中国第一位女性航天工业大师，中国科学院院士。

想为大理造一座发电厂的王希季，后来没能实现他做电力工程师的梦想！西洱河梯级电站在别人的手里成为现实。

王希季西南联大毕业后，在一所兵工厂里工作，目睹了中国国防科技事业的落后。西南联大机械系毕业的王希季留学美国后，改学动力学，成为冯·卡门的弟子，钱学森的师弟，1950年回国，投身新中国建设。

1958年，正在上海交通大学任教的王希季，突然接到调令，要他去主持一项国家的秘密工程。这项秘密工程就是中国航天工业的雏形：探空火箭工程。那时的国家正处于三年困难时期，苏联老大哥拒绝为中国航天工业提供任何资料，再后来，饥饿威胁着这个中国航天工业的摇篮，37岁的王希季带着一个平均年龄21岁的班子，每天吃着煮得像稀饭一样的烂糊面（上海话：烂污面），为共和国绘制了中国航天工业最早的蓝图。没有计算机，他们就靠拨算盘珠子，完成了中国第一枚探空火箭的繁重计算任务。

1960年的一个早晨，王希季在没有步话机、对讲机和程控电话的艰苦条件下，凭自己的嗓子和一个铁皮喇叭，用自行车打气筒给燃料仓加压，指挥中国第一枚探空火箭进入太空！拉开了中国人航天的序幕！

1970 年，王希季担任中国第一颗人造卫星东方红一号副总设计师和动力系统负责人，正式参与开创了中国的航天工业史。

1976，依旧是那个吃烂糊面、拨算盘珠子的王希季，成功地回收了中国第一枚遥感式人造卫星。此项技术当时世界上只有三个国家拥有，云南白族科学家王希季、吃烂糊面的王希季、举铁喇叭发射探空火箭的王希季，使中国成为世界第三号航天工业大国！

十多年过去了，王希季、屠守锷们设计的长征系列运载火箭走出国门，卖给了美国肯尼迪宇航中心！

从 1960 年中国第一枚探空火箭升空开始，王希季几乎每隔十年，都要给我们的共和国一个新的惊喜！

那么再后来呢？

如果没有猜错，笔者在写本回小说的时候，96 岁高龄的王希季退居二线后，又加入了创客行列，他正在研究一个网络时代的航天课题。据单位保安介绍，只要北京不下雨、不堵车，王希季依旧每天早晨 8：30 准时到办公室上班。

这几年社会上流行所谓养生学，作为中国年龄最大的上班族，自然也有很多人想知道王希季的养生秘诀。王希季只好一概回绝，因为王希季的长寿秘诀任何人都学不会，说了等于白说……

西南联大的精神铸就了航天奇人王希季，西南联大机械系走出了 96 岁的上班族王希季，后来又走出了一个 90 岁骑自行车上班的潘际銮院士，他们都很牛，西南联大只青睐牛人。

不要问他们为什么长寿？先问自己，你体验过西南联大吗？

西南联大从蒙自开学那天起，物价就一直在上涨，回到昆明以后涨得更加厉害了，而国民政府给西南联大的经费没有涨过，因为那是战争年代。新校舍建成后，自以为能在这里喘口气的联大人，又开始面临贫困和空袭的威胁。

新校舍落成后，米轨铁路北边的白泥山脚下，还有一块三角形地带，这里过去是乱坟岗，清理之后却没来得及建设，后来学校经费紧张，根本就没法建设了，成了西南联大的最后一块空地。第一个入住这块空地的居民是骆驼祥子，他那时负责看守新校舍工地，一个人住在这里。和铁路南边不同的是，这里到了晚上野狗成群，特别是地台寺那边枪毙人之后，这一带的野狗就更多了，后来有人带着枪专门来驱赶过好几次山狗，打死的狗都交给学校的膳团打牙祭了，但过不了多久那些野狗看到地台寺枪毙人，又跑回来了。

祥子小时候被驴咬过，所以一生怕驴，对于野狗倒并不是特别畏惧。晚上睡觉时草棚子外面点一堆火，烧一些石灰或桉树叶子，野狗闻到气味就不过来了，既防了蚊子，又防了野狗。棚子的其他方向被板车围得严严实实，野狗轻易过不来，如有越界则格杀勿论。久而久之，野狗似乎也熟悉了祥子的法律，不再骚扰他，双方基本井水不犯河水。祥子就在这样一个四面草席、毡布顶的棚子里安了家。

后来物价上涨，有经商传统的广东人叶公超，敏感地意识到这场贫困的旷日持久，为了积谷防饥，叶公超让自己的太太在铁路北边这块空地上搭起了猪圈，自己养猪。其他教授和学校的膳团，看到叶公超在这里养猪，也纷纷搭起了猪圈，统一请人看管，这样劳动力成本就变得很便宜了。

再后来，学校北边这块空地，就被命名为西南联大的猪圈新村，这个名称一直沿用至今，如今这里的几幢楼盘仍旧如此称呼。

新校舍完工后，骆驼祥子成了国立西南联大的板车队长，说是队长，其实就他一人。新校舍完工后，学校留下了一些施工时使用的木板车，学校让祥子设法修复、清洗了这些板车，作为学校仅有的交通工具。

这个时候的西南联大已经走进贫困，蒋梦麟离开西南联大的时候，授权梅贻琦把他留在昆明的汽车卖掉，可梅贻琦却先卖掉了自己的汽车。再后来张伯苓也卖掉了自己的汽车，三个校长合用一辆吉普车，司机也被辞退了，梅贻琦自己开车，还成了另外两位校长的司机。至于卡车，早就远离了西南联大人。

祥子在南昌看航空系拆飞机，机械修理能力大有长进，于是他修复了校园里所有还能修复的板车，在他的草棚四周摆成圆阵，他自己晚上也睡在板车上，这样可以避免野狗的突然袭击。

学校的板车由祥子统一管理，拉货人手不够时，再由他出面请雇工或者学生帮忙，所以除了梅贻琦不找他，学校用车都找他。自从搬进新校舍，祥子一直没有闲过，教材、图书、仪器、煤炭、公米都由他这里周转。过去的人力车夫，变成了板车队长，也不知究竟是升官了还是降级了？总之祥子这些板车只负责拉货，不负责拉人。当然，空袭警报受伤和上课急病抢救者例外，那个时候车上草席一铺，也就顾不得什么卫生了，拉人似拉猪一般。

对了，小说写到这里，很多人还不知道祥子的姓氏吧？学校登记校工姓名时，人们才得知他姓邓，名四狗（难怪不怕狗），后来西南联大人都管祥子叫邓大队长，还有的人叫他邓老总、交通部长。叫绰号也行，但就是没人称呼他的大名。

到昆明半年后，祥子终于和家里联系上了，得知老母亲还在，只是嫂子改嫁了，老家那一带日寇横行，老百姓日子过得很苦，粮食都被抢走了，然后日本人又强迫他们吃一种掺了麻栗果的混合面，吃了不拉屎。老母亲得知儿子在南方有了工作，反劝他别回去，回去也是受罪。于是祥子打算在昆明安家，多挣些钱给家里才是实在事儿。

但祥子没敢告诉家里他住在铁路北边的草棚子里，他把郑天挺住的地方当作自己的通信地址，岂不知两个月后日机轰炸，郑天挺就搬到城外去了。

这天晚上，祥子出车回来，一个人在草棚外面的火堆上煮老蚕豆吃，因为这东西比大米饭管饱，祥子干了重体力活之后，经常拿水煮老蚕豆当顿儿。昆明市场上那时有一种干枯蛀虫的小蚕豆，买下来很便宜，煮之前拿水多泡一会儿。剩下的蚕豆用火爆了还可以当零食，躲空袭警报的时候，祥子总要揣一把放在口袋里，饿了就吃两颗。

老蚕豆还没有煮开，突然听到猪圈那边狗叫的声音有些异样，祥子最初以为是野狗袭击了猪圈，可是再仔细听又觉得不像。祥子站起来仔细看去，只见猪圈那个方向，七八条体型硕大的野狗，正在攻击一个年轻女孩，女孩不顾一切地与那些野狗搏斗，奈何已经被纠缠得紧，受了伤。

祥子急忙端起守校舍工地时用过的火药枪，冲了上去，朝天开枪，野狗们听到枪声一哄而散。祥子救起那个已经受伤的女孩，那女孩长得很清秀，弯刀眉下一双炯炯有神的猫眼睛依旧闪着凶光，胸脯不断地起伏着。女孩年纪十九岁上下，身上套着一身旧军装，已经洗得发白了，手里拿着一把锋利的匕首，刀尖上还在滴血，她身上也溅满了血花。

“你是什么人？”祥子上下打量着对方，发现她不像学校里的女生，也不像城里的市民，使多问了一句。

女孩恶狠狠地注视着祥子，然后收起匕首，走到山坡脚下有火的地方，从火堆里取出一截烤得焦黄的玉米棒，大口吃起来，看样子她已经很饿了。祥子这才明白，这堆篝火是女孩刚才点起来的，玉米棒是她烤的，然后就遇上了野狗……

“喂，姑娘，你家在哪儿？要不要我送你回去。”祥子走到篝火边。

“天津卫，你送得了吗？”女孩自顾吃手里的玉米棒，半晌才回答。

“哦，北平昌平，逃难来的吗？”祥子在女孩身边蹲下。

女孩点点头，然后又摇摇头，指指校园那个方向，想说什么又没说，三下五除二把手里的玉米棒吃了，四仰八叉地躺在草地上。

“可是姑娘……你晚上总不能睡在这儿吧？”祥子担忧地说。

“兵爷我想睡哪儿就睡哪儿，你管得着吗？”女孩冷笑。

“你是当兵的？那你的部队呢？”祥子问。

“散摊儿了，黄河发大水，死的死逃的逃……”女孩长叹。

“你受伤了？我这儿没药，要不我送你去学生宿舍包扎一下。”祥子发现女孩的腿部还在流血。

女孩突然坐起来，上下打量着祥子：“你也是西南联大的吗？”

“哦，我在这里给学校守车，校园里的人，很多我都认识。”

祥子把女孩扶到学校的学生宿舍，问学生要了治伤的药，给女孩做了包扎，学生当中竟然有人认识女孩，喊出了她的名字，祥子这才把女孩交给了她的朋友。

通过和学生的谈话，祥子大致了解，女孩名叫蒋志清，是南开女中的学生，考过长沙临时大学，然后又投笔从戎，眼下部队打散了，想回西南联大复读。可是西南联大已经开学，南开那边没有找到她的学籍档案，所以只好让她来年再考。

于是女孩流落到昆明，生活无着，身上的钱全部花光了，靠摘农民地里的玉米棒子充饥。

祥子原本以为把女孩交给她的同学就没事儿了，又回到他自己的草棚里睡觉，但竟然一夜无眠，一直在想着刚才那个女孩。

“见鬼！”祥子不由得自己骂自己。

不料第二天中午，祥子吃完午饭刚把碗筷搁下，女孩那清秀的脸庞就探进了草门儿：“大哥，和您商量个事儿？”

祥子几乎被她吓了一跳：“你有……什么事儿？”

“嘿嘿，大哥，你这草棚子真好！”女孩笑容可掬地说，这回像是换了一个人，“嘿嘿……方便问一下吗？你这草棚卖多少钱？”

“卖钱？那我睡哪儿？”祥子摸头不着脑。

“大哥……我现在没住的地方，要不你把草棚子卖给我，我将来有钱就还你。”女孩厚着脸皮傻笑。

祥子很是吃惊地望着对方。

第十四回

攻地学校花郝诒纯

西南联大之花郝诒纯的美丽，文学家很难用文字来形容！

九一八事变的时候，年仅 11 岁的郝诒纯登台演讲，宣传抗日，言辞犀利，轰动了整个武汉市，被称为抗日救亡少女演说家。

郝诒纯 15 岁参加革命，一二·九学生运动时，作为北平中学生代表赴南京请愿，后因情况突变，在火车站被组织上拦截下来，随后参加民先组织，次年加入中国共产党。

抗战爆发后，郝诒纯和一批民先骨干转移到天津，继续从事地下工作。组织上看她年纪太小，扮什么都不像，只好安排她和另一名男同学到中学读书，以学生身份作为掩护。不料半年后，校长意外遇害，组织暴露，郝诒纯和两名男同学被迫转移到香港，与组织上失去了联系。香港当局强迫他们限期离境。

走投无路的郝诒纯这时遇到了长沙临时大学最后一批迁校师生，经马约翰教授介绍，他们一起到了云南，投考西南联大。郝诒纯考入西南联大历史系 38 级，另外两位男同学也分别考取了建筑系和经济系。

在西南联大的第一个学年，郝诒纯是幸运的，她遇到了延安来的力易周同学。力易周知道他们的经历后，延续了他们的党员关系，并经过上级党组织，在西南联大组织了党支部。当时的党员师生针对西南联大师生生活贫困、文化娱乐匮乏的现状，组织了群社，旨在帮助沦陷区来的同学渡过生活难关。郝诒纯很快就成了群社的文艺骨干分子，活跃在西南联大舞台上。

郝诒纯的第二个幸运是她大学一年级的时候，被著名戏剧家曹禺看中，在他的反间谍新剧《黑字二十八》中扮演女主角，从事地下工作的那段经历，很成功地帮助郝诒纯完成了人物塑造！一时间，郝诒纯成了春城话剧舞台上当之无愧的演艺明星！那个时候的曹女郎据说没有不红遍中国的道理，看看曹禺身边的凤子大姐就明白了。

第三个幸运是次年的学生自治会选举，因校内各派争执激烈，郝诒纯以其出众的个人魅力和口才，当选为西南联大第一届学生自治会主席，成为西南联大名义上的学生领袖。许多高年级同学都得听她指挥。

这时候摆在郝诒纯面前的道路有三条：职业革命家、明星、历史学家！三条道路对于刚刚 18 岁的郝诒纯来说，每一条都很辉煌！

然而滇缅公路通车后，郝诒纯参加公路沿线的慰问演出，她很快发现，滇缅公路上运输的抗战物资，有三分之一是石油！地质系的老师告诉她们，中国是一个贫油的国家，日本一旦封锁了沿海各大港口，光是石油，就能把几百万中国军队全部困死！

偌大一个中国真的贫油吗？？

郝诒纯不信这个邪，她想亲自去看看偌大一个中国，是不是长不出石油？

抱着这样一个愿望，郝诒纯决定转系，改学地质，可那时候女生学习地质的很少，地质系有些教授公开反对招收女生，极少数凤毛麟角的女同学，后来要么转系，要么也只能往气象学方向发展。

为了实现自己这个愿望，郝诒纯专门找到地质系的袁复礼老师，征求袁教授的意见。袁复礼却故意模棱两可地回答她："女同学学什么不难？学哲学？女同学逻辑思维不如别人。学数学？计算能力不如别人。学体育也只有高低杠是女生的长项，女同学学什么都难，但是女性要自强，不读书又怎么办？"

从袁复礼老师的话里，郝诒纯似乎听出了另一种意味，这世界上学什么都难，不下苦功夫什么事儿也做不成！

地质系那时的女生本来就凤毛麟角，和郝诒纯相识的，只有群声合唱团一起演出过的池际尚，也是她的湖北老乡。可是池际尚身材高挑，冷艳惊人，天生有一种别人难以接近的高傲，虽然平时见人都是面带三分笑。可据研究表演学的人说，那是天生的表情肌错位，未必是真笑。所以男同学都有些怕她。

这天演出结束回宿舍的时候，郝诒纯追上了走在前面的池际尚，几乎是有些战战兢兢地问："池姐……我想请教您一个问题。"

"别开玩笑了，大明星跟我请教？"池际尚昂着头自顾自往前走。

"我想问……"郝诒纯追了一步说，"在地质系当女生很苦吗？"

"你问这个干什么？"池际尚有些诧异地回过头来。

"我想转系，学地质。"郝诒纯直截了当地回答。

"你？"池际尚几乎是有些吃惊地望着郝诒纯，然后缓缓摇头，"就你？小妹妹，你学什么不好，为什么要学这个？"

"滇缅公路上的抗战物资，三分之一是石油，日本一旦占领沿海各大港口，光是石油，就可能把我们困死，但祖国那么大，我相信他的地下一定有石油！只是我们还没有找到……”郝诒纯激动地说。

“你的理想很伟大，我也想找个地方，一跺脚就能为这个国家跺出石油来，哪怕自己失去一条腿也在所不惜，可是小妹妹，学地质不是那么简单的。”池际尚很有耐心地放慢语速，“特别是女同学，要克服很多常人难以想象的困难……你还是继续当你的大明星吧，再不历史系也挺好，做做学问，那么多的大师都在历史系：陈寅恪、郑天挺、吴晗、钱穆……很多人想进还进不来呢。”

“你不也是女生吗？”郝诒纯不服气地反问。

“我和你不一样，抗战军兴，我接受过专业的军事训练，但尽管如此，和那些男生比，也是很吃力的。”池际尚摇头。

郝诒纯被池际尚的一句话噎住了，抗战军兴的时候，郝诒纯也接受过一些简单的军事训练，但主要是战地救护，到天津以后才学会了手枪射击。她的军事素质，当然不能和在作战部队当过女兵的池际尚同日而语。

“你们的话，挡不住我的决心……池姐，我只想最后问你一句：你有过想退缩的时候吗？”郝诒纯这时的声音很柔嫩，可骨子里有一种不可抗拒的坚强。

池际尚摇摇头，然后又点点头，突然，她掏出自己的手绢塞到郝诒纯手里：“小妹妹……这块手绢姐姐就送给你了，记住！以后有了眼泪，找个地方自己偷偷地哭，别让人看见！”

池际尚说完转身便往暗夜中跑去，她跑得很猛烈，很快就消失在黑夜里……

郝诒纯隐约感觉到池姐那天晚上流泪了——她不确定，但她从来没有看见外表刚强、冷艳的池际尚像今晚这样……

郝诒纯毅然向学校递交了转系报告，学校也很快批下来了。但是文学院学生转理学院，没有经过插班考试，无法证明她在地质学方面的基础知识，只能从一年级重新读起，而不可能像在池际尚那样直接插二年级。这意味着郝诒纯必须比其他人多在学校待一年。多待一年就待一年吧，那时的郝诒纯对于后来发生的事儿，完全没有思想准备。

郝诒纯递交了转系报告后，才磨磨蹭蹭去找她的老战友黄元镇商量。黄元镇少年时期就和郝诒纯一起革命，他那时长着一张娃娃脸，就因为这个原因，撤离北平后，组织上只好让他和郝诒纯一起去中学读书，以学生的身份为掩护，从事地下工作。两人那时都很年轻，经常吵嘴，但真到了关键时刻，又总觉得谁也离不开谁，离开天津以后的那段日子，两人与组织失去了联系，漂泊了大半个中国。几乎就是相依为命的关系。

黄元镇听说郝诒纯要转系，果然虎着个脸："这么大的事儿，你为什么事先不和我商量？"

"我那天在操场上跟你说了，是你自己没听进去！"郝诒纯辩解道。

"可我以为你是开玩笑的。"黄元镇瞪大了眼睛。

"反正我跟你说了。"郝诒纯心一横，索性双手一抱，一副听凭发落的样子。

"你别异想天开了，偌大一个中国，找石油就缺你一个人吗？我给你算一算，大学四年毕业，然后你再去到处找石油，找四年，那就是八年，说不定战争已经结束了，还有后面的开采，又是多少年。"黄元镇像对小孩说话一样，掰着手指头一件一件给她算。

"谁告诉你战争结束就不需要石油了？"于是郝诒纯和他吵

起来。

“地质系那么多人，就缺你一个找石油的吗？如果你是孙悟空，火眼金睛，我没意见，可惜你不是！你看你从天津出来，晕船晕成什么样？”黄元镇讥讽地。

“土木系那么多人，也不缺你一个盖房子的！你上土木系干啥？”郝诒纯反唇相讥。

“日本人炸了我们那么多房子，战后建设最需要的就是土木系的学生，你跟我强词夺理没用！”黄元镇得意地说，“你好好在历史系待着不行吗？演演话剧，做做演讲，那不也是为抗日工作吗？快去把转系报告拿回来吧。学校一旦批下来，你可就真没面子喽。”

“合着你不相信我这回真的要转系吗？”郝诒纯脸都气红了。

“拿回来！”黄元镇近乎央求。

“我不，我就不！”郝诒纯像小孩子一样，转身跺脚不理他了。

“我命令你！”黄元镇说完这话自己也噎住了。他没有资格命令郝诒纯，他俩在党内是平级，在学校里人家是学生自治会主席，可以命令他。

“你凭什么命令我？你是我什么人？”郝诒纯不服气。

“我……我……我是你的……”黄元镇的娃娃脸涨得通红，却不敢再说下去。

“说呀，你是我什么人？什么人？”郝诒纯火辣辣的眼睛瞪着对方，步步逼近。

“我……郝郝……还记得那次执行任务吗？你说过的……”黄元镇避开郝诒纯火辣辣的目光，闪烁其词。

“嘻，那是执行任务，黄元镇同志，你就别胡思乱想了。”郝诒纯想起有一次在天津执行任务，他和黄元镇扮成小两口，一想到这些，郝诒纯的脸也变得热辣辣的。郝诒纯这才发现，经过这两年的颠沛，她和黄元镇都长大了，当时他俩几乎未加思索，就愉快地接受了组织上的安排。现在一想，反而害羞得不行了。

“郝郝，学地质真的很苦……将来……你要让我每天晚上都为你担惊受怕吗？”黄元镇的语气缓和下来。

“干地下工作的时候，你可没这样说过，我们都是闯过生死关的人，元镇，你要坚强一点……”

郝诒纯使劲拍了拍还黄元镇的肩膀，转身走了……

在西南联大的时候，追求郝诒纯的男生一大把，有些人也曾让她动过芳心，但是作为一名地质工作者，郝诒纯最终把担惊受怕的权力，交给了从小一起革命的黄元镇，让他为自己担惊受怕了一辈子！

也许在郝诒纯心目中，只有从小一起出生入死的伙伴，内心才是最坚强的！

郝诒纯进入西南联大地质系的时候，出人意料，她们这一届竟然有四个女生，是地质系历届招收女生最多的一次！四个女同学都住在同一个宿舍，因为地质系没有专门的女生宿舍，所以都是跟历史系的女生合住。四个女生除了郝诒纯，最漂亮的是浙江姑娘陈琏，她长着一双炯炯有神的大眼睛，总喜欢猫一样直勾勾地看着别人。郝诒纯进校不久就听说，陈琏的父亲是重庆的大官，所以平时很大方，经常请同学们吃饭，也非常善于交际。女同学们都说，陈琏来了对郝诒纯是最大威胁，她的校花搞不好就要让位了，两人天生就是一种天敌关系。

至于陈琏的父亲究竟是重庆的哪个大官，郝诒纯一直没有对上号，也不便问。反正那时重庆的大官挺多的，有事儿没事儿问这干啥？

意想不到的是，郝诒纯进入地质系以后，过去的幸运也就一个个烟消云散了！

首先是日军占领武汉以后，郝诒纯就与家里失去了联系，写回去的家信皆杳无音讯。紧接着，粤汉铁路上的咸宁老家也被日军攻占，这回别说是父母，那么多的亲戚们竟然像是一夜之间就蒸发了似的？

整整大半年，家里一点消息也没有，这意味着郝诒纯的家庭经济来源彻底断绝，除了每月 7 元的贷金，郝诒纯不再有任何收入。而那 7 元贷金，过去每周可以吃肉、吃鸡蛋，现在大米都买不起，只好靠政府最廉价的陈年老公米充饥。那种老公米充斥着沙粒、石子、稗子、老鼠屎之类，根本洗不干净，同学们称这种老公米煮出来的饭叫“八宝饭”。

郝诒纯的父母都是革命家，参加过武昌起义，大革命的时候还当过法院院长。像这样的人，估计日军是不会轻易放过的，再不就是隐姓埋名躲到根本没有通信地址的地方去了？至于亲戚们，那就不好说了，也许昆明到咸宁现在根本就没有邮路？

大半年以后，郝诒纯彻底绝望了！

为了生活，从小在高官家庭长大的郝诒纯，不得不到街上去打工，她得到的第一份工作是当洗衣妇。那时候，已经没有人能够认得出，这个给主人家洗衣服的小姑娘，就是当初春城话剧舞台上闪耀一时的明星郝诒纯。

郝诒纯那双当明星的手，因为常年的洗衣工作，渐渐变得粗糙起来，到了冬春两季，手背皲裂，买不起雪花膏，只能沾一点炒菜用的香油抹一抹。但尽管如此，郝诒纯的作业，在班上一直名列前茅。

郝诒纯进入地质系后的第二个坎坷，是党组织出了点小问题！

支部书记力易周在延安时，涉嫌一起冤案，不宜继续从事党的领导工作，被停止组织生活。这事儿本来与郝诒纯无关，但郝诒纯、黄元镇当初是被力易周拉进来的，组织手续被认为不齐全——这在战争年代是常有的事儿，西南联大新党支部成立时，郝诒纯、黄元镇也被停止了组织生活。

党组织还专门派人找郝诒纯谈了一次话，谈话地点是在大西门外凤翥街的石屏烧豆腐店里，郝诒纯根据上级给她的接头暗号，来到这家烧烤店。她的同班同学陈琏已经在一个僻静的角落里正襟危坐了，这几乎把郝诒纯吓了一跳。

对上接头暗号后，陈琏点了一盘烧豆腐和两只卤猪脚，而郝诒纯一直呆若木鸡地坐在草墩上。

“郝诒纯同志，没想到吧？”陈琏笑容可掬地向郝诒纯敬了酒，还向她鞠了个躬，“这些年你们辛苦了，我代表党，向你和元镇同志表示感谢！”

郝诒纯看到陈琏这副神态，已经猜到了后面要发生的事儿：“作为一名党员，这都是我们应该做的……哦，先谈工作吧。”

陈琏支支吾吾地调整自己的措辞：“其实……这些年你们干得很好，不是你们有问题，而是……力易周……当然他也是个好同志……为了今后党在云南的长期工作，根据南方局的指示，隐蔽精干，以待时机，西南联大新支部成立后，你和元镇同志就不再参加组织生活了，由我和你单线联系，你再和元镇同志单线联系……”

“党的决定我一定服从……”尽管郝诒纯内心有很多委屈，可她依旧强忍着泪水这样说，“冒昧地问一句……你的上级是谁？”

“我传达的是南方局的指示，至于我的上级，你就不必知道了。你们今后不要和云南地方的党员发生联系，你们的任务就是搞好学业，争取优良的成绩，在师生中树立自己的形象和威信，政治上要适当灰色，要注重团结学校里的中间力量和一切可以团结的人……再次感谢你们！”陈琏又向郝诒纯鞠了一个躬。

郝诒纯觉得今天陈琏的神态好奇怪，单线联系？这在天津郝诒纯早就经历过了，不必那么郑重其事跟宗教仪式似的吧？郝诒纯总觉得，陈琏那双灵猫般的大眼睛背后，似乎还有很多话没法启齿。

这次谈话后，陈琏借故郝诒纯拿走她重庆带来的香皂，两人大吵了一架，几乎大打出手。此后，两人形同陌路，连说话都很少——她俩都不缺少表演天赋。

就这样，郝诒纯开始遵照上级指示，隐蔽精干，以待时机，正如她不知道陈琏的上级是谁，黄元镇也同样不知道郝诒纯的单线联系人是陈琏。

然而令郝诒纯难以想象的是，她这一隐蔽几乎就是整整一生！一年多以后，皖南事变发生，昆明也掀起了反共浪潮，党组织将陈琏隐蔽到滇南疏散就业。后来又被她父亲陈布雷转到重庆中央大学继续学业，此后再也没有回过云南！

新中国成立后，郝诒纯重新办理了入党手续，但至少有二十多年，她的党龄是从重新入党那天算起。她的最后一个政治身份是中国九三学社中央名誉副主席！但对于自己革命之初的那个信仰，郝诒纯一生矢志不渝！

不久以后，学校的学生自治会又开始新一轮竞选风波，郝诒纯落选。

此时的郝诒纯除了学业，几乎什么都没有了！她必须一边打工养活自己，一边完成自己的学业。

郝诒纯在班上门门功课领先，名列前茅，可是一到外出实习就出问题了。有一次野外作业，体质好的男生一个劲地往前跑，根本不顾后面的女生。半路上遇到一个大水沟，男生都跳过去了，四名女生却被大水沟拦住了去路，无法逾越。胆子大一点的女生想跳一次试试，不料一头栽在了水里，好不狼狈。由于一条大水沟，四名女生那天没能按时完成作业，有的人开始打退堂鼓。

但是从那天起，郝诒纯不仅没有退缩，而且更加坚强地锻炼自己的体格。郝诒纯打工的地点在南坝外面，距离新校舍 4 公里，正好对穿昆明市区，郝诒纯每周要去 4 次。为了节约时间，同时也为了锻炼自己的体格，郝诒纯每天下课后，都是跑步去打工，来回 8 公里，中间基本没有停歇。

西南联大靠铁路那个方向，有一个两米多宽的 V 字形大水沟，为了锻炼自己的越野能力，郝诒纯经常越过学校背后高高的围墙，练习跳水沟。一次又一次，最初只能从沟的下方越过，时间长了，终于能够从沟顶起跳。后又从跑跳变成了单腿定点跳，从单腿定点跳，变成了双腿定点跳……

郝诒纯经常翻越校墙，一度引起校警的注意。有一次她被校警抓住了，但是当校警得知这个女孩是为了完成野外作业而越墙，不得不对她肃然起敬！有个名叫李承华的校警后来还告诉她，定点在一个地方翻墙不仅容易熟练，时间长了也会损伤墙壁，教她不断地变换地点越墙。郝诒纯得到李承华的指点，不断寻找各种地形不同的地点越墙。

一年以后，郝诒纯可以在10秒钟内完成翻越校墙和跳大沟的连续动作。三年级开学的时候，系上再次组织野外作业，郝诒纯跑到了所有男生的前头！

郝诒纯在学校喜欢篮球、排球，是学校篮球队的主力队员，排球方面虽不及身材高挑的池际尚，但也是骨干之一。为了读地质系，郝诒纯又学会了一门体育技能，那就是爬绳！若干年后，郝诒纯到苏联留学，学校组织勘探高加索地质资源，遇到悬崖绝壁，郝诒纯总是冲在最前面，令那些身材高大的苏联男生也不得不咋舌！

心高气傲的池际尚，这时不得不承认，郝诒纯比她更坚强，更能吃苦，她开始敬佩郝诒纯，也开始对郝诒纯有了嫉妒心。但池际尚一直没有搞清楚，她送给郝诒纯的那块手绢，郝诒纯究竟用过没有？一个女孩为了学地质吃了那么多的苦，没哭过也许是不可能的，但池际尚没有见过郝诒纯流泪的样子！

郝诒纯在地质系首先过了体质关，人也变得比过去消瘦许多、机灵许多，但紧接着的野外实习，让郝诒纯遇到了难以逾越的性别关！

那次在个旧锡矿实习，同学们都下井了，可是当郝诒纯披挂整齐的时候，工人们齐刷刷地拦在井口，不让她下去。郝诒纯和这些工人发生了争执，当她横下一条心要闯进矿洞的时候，工人们竟然齐刷刷地一排跪倒在她脚下！

原来矿山有忌讳，认为女人下井不吉利，这些矿工常年没有安全保障，矿上经常发生矿难，说死人就死人，所以平时连董事长太太都不准随便下井，工人们看见郝诒纯要下井，有的人脸都被吓白了！

那次野外作业，全班只有郝诒纯一个人不及格！其他女生这时都转系了，陈琏隐蔽到了滇南，作为地质系39级最后一个女生，郝诒纯也更加孤独！这时，又有人来劝郝诒纯转系，历史系来的，现在还可以回历史系去，可是郝诒纯没有答应。她忍痛剃掉了自己的一头秀发，嘴里叼着一支雪茄烟来见她的系主任孙云铸："我可以不做女人，但我绝不离开地质系！"

孙云铸被自己这个学生深深感动了。若干年后，郝诒纯从西南联大研究院毕业，留在北大任孙云铸的助教。那时北大理学院坚决反对地质系聘用女助教，孙云铸力排众议、慷慨陈词，最后终于说服了理学院的领导们！

毕业实习时，学校安排他们再一次下井，这时已成为郝诒纯老师的池际尚，把自己的旧军装借给她，郝诒纯穿着池姐给她的旧军装，剃光了头发，终于得以蒙混过关！

1943年郝诒纯从西南联大地质系毕业，被安排到云南省政府担任地质技师；1946年，郝诒纯从西南联大理学研究院地质专业研究生毕业，任北京大学地质系助教。

40年代中期，年轻的女地质学家马以思在贵州普安考察时，遇匪公殉，中国地质学会为纪念她这种敬业精神，设立马以思地质学奖，奖励对地质学做出贡献的女性科学家。经过激烈讨论，西南联大地质学研究生郝诒纯获首届马以思奖，翁文灏会长向当时名不见经传的郝诒纯庄重颁奖。此后郝诒纯成为人们心目中马以思精神的代言人，成为活着的马以思！这一年，郝诒纯24岁！

1980年，湖北地质学院郝诒纯教授以其对世界地质学的卓越贡献，与她的领导池际尚一起，当选中国科学院地质学学部委员（院士），成为中国历史上第一批地质学女院士。几年后，郝诒纯的学生张弥曼当选中国科学院地质学院士。中国又有了第三位地质学女院士。

读过西南联大的人都记得，郝诒纯和池际尚走在校园里，一定是回头率最高的一对姐妹花！在日后的工作中，两人有过合作，也有过矛盾，有过互相帮助，也有过暗中的竞争和嫉妒。池际尚把更多的精力贡献给了学校的教学管理工作，郝诒纯则成果丰硕，成为当之无愧的地质学大师，从苏联到古巴，从新疆到云南，世界很多地方都留下了这位女地质学家自豪的足迹！

郝诒纯和池际尚都是少年时代加入中国共产党的老党员，在党内都有过坎坷经历，但她们一生皆初心未改，坚持了自己的人生信仰！

联大地质系的冷美人池际尚，拒绝了众多追求者后，嫁给了自己的师弟、郝诒纯的老搭档李璞；而郝诒纯在历经多次情感风暴后，最终选择了少年时代一起出生入死的黄元镇相伴一生。

有过从军经历的池际尚不得不承认，郝诒纯比她更坚强，她曾经嫉妒过师妹郝诒纯，但后来，她更乐意把郝诒纯的故事讲给别人听——因为这是属于她们这一代人的故事！

池际尚有个学生后来成了党和国家领导人，当中华民族再次面临自然灾害时，这位总理学生也许正是从老一辈人身上吸取了精神力量，获得了一种历史启示，写出四个铮铮大字：多难兴邦！

第十五回

两大师挂布分屋居

自 1938 年 9 月 28 日日机第一次轰炸昆明开始，大后方昆明开始散发着战争的硝烟味儿。

1940 年 6 月，希特勒占领法国，以贝当元帅为首的法国政府，向法西斯德国投降。三个月后，日军接收了前法兰西统治下的法属印度支那，从昆明到越南首都河内的直线距离只有 600 多公里，日机对昆明的轰炸就更加频繁了。

昆明市区的很多居民，被迫搬到城外居住。西南联大的教授们也开始四下疏散，海源寺、龙院村、大普吉、小普吉、龙头街、司家营、黑龙潭、麦地村，都成了教授们新的聚居之地，这些地方至今还流传着教授们留下的名人逸事。

梅贻琦从清华园那时开始，就养成了喝下午茶的习惯，10 月 31 日这天下午，梅贻琦的妻子韩咏华像往常一样，把茶点送到梅贻琦的办公室，然而也就在这个时候空袭警报响了。最初梅贻琦没有特别把这当回事儿，因为昆明空袭早就不是第一次了。他从容做完手头的工作，还抓了一块茶点拿在手里，这才不慌不忙地拉着妻子到学校后面的小虹山躲避。

上到小虹山半山时，日机果然嗡嗡地来了，在昆明上空兜了一个圈，没有发现空中对手，于是开始往昆明城中投弹。梅贻琦当时没来得及去看投弹，他拉着太太正往不远处的一道壕沟里跑，夫妻俩刚刚跳进壕沟，就听见不远处一声巨响，紧接着附近有人喊：学校中弹啦！

梅贻琦抬头望去，校园内已经浓烟滚滚，梅贻琦看不清究竟是哪一幢房子被炸，但是凭浓烟升起的位置判断，应该是在距离校长办公室不远的地方。

空袭结束后，梅贻琦返回校园，发现炸弹的点距离自己的办公室仅十多米远，虽然是落在草地上，可校长办公室的半边房已经被炸塌了。留在校长办公室值班的老校工尹师傅，被掩埋在校长办公室背后的地下室里，被人抬出来的时候，已窒息而死！

这一天是 1940 年 10 月 31 日，中国最著名的三位大学校长，失去了他们的办公室。过去梅贻琦夫妇每次出去躲警报回来，跟随他们多年的清华老校工尹师傅，总要给他们端上一杯热茶，而这一次，尹师傅再也不能了……

西南联大被炸后，学校紧急动员仍滞留城中的教授们疏散。

可是由于从城里搬出的人家越来越多，很多人白天还要回城上班，走不远。所以，一时间，昆明近郊农村的房租猛涨，教授们居住条件日益恶劣，据西方科技史专家李约瑟记载，教授们搬到乡下以后，卫生条件得不到保障，患沙眼和传染病的人越来越多……

闻一多从邹若衡公馆搬出后，与弟弟闻家驷合租了大普吉附近的一个套间。由于闻一多子女多，且原本已经拥挤不堪，后来闻一多只好搬出，到大普吉不远的陈家营杨家大院，找到一间厢房居住。

杨家大院的主人在附近还算殷实，但不富裕，加上晚年又染上烟瘾，所以居住条件并不算优越，闻一多租下的这间屋子，也就 20 多个平方米，原本是两个小间，可中间的隔墙意外被房主人拆掉了，变成一个大间，闻一多一家八口住在这里确实也挤得够呛。和邹若衡将军的公馆那是完全不能比的。

闻一多搬到陈家营没几天，只见住在龙院村惠家大院的数学系主任杨武之，骑辆自行车往陈家营这边疯跑，不知要干啥。

杨武之在村里到处转悠，然后又问闻一多："闻先生，你们这边还有房子吗？"

"好像都住满了，这村总共八十几户人家，有空房的没几家。"闻一多回答。

杨武之一副非常失望的样子转身要走，闻一多问他给谁找房，杨武之说是给数学系的年轻教授华罗庚找地儿。

闻一多通过杨武之这才得知，华罗庚借居大西门外的昆华农校，前几天昆华农校被炸，炸弹就在华罗庚身后爆炸，把华罗庚的半截身子埋在了土里，幸而只是轻伤，好危险！

日军空袭后，数学系大多数人都搬到了城外，只有华罗庚腿有残疾，走不远，所以一直没搬。再后来郊外房租涨价，想搬也搬不成啦。

"这不是件小事儿，要不就让他先住我这儿来吧。房子再想办法！"闻一多当时只是随便这样说。

可是杨武之跑了好几个村，实在走投无路，华罗庚自己腿瘸更跑不到房子，杨武之一急眼，真的就让他往闻一多这里搬了。

杨武之知道华罗庚家当很少，前脚通知刚刚下课的闻一多，后脚就冲到学校背后的猪圈新村，找板车队长祥子要车。那天下午祥子队长出车去了，让一个姓蒋的姑娘帮他守车，蒋姑娘不由分说拖了一辆板车就往昆华农校那边去了。

这个时候的闻一多才突然想起，这么大的事儿，还没跟家里人说呢，便匆匆往陈家营方向走去。

闻一多才走过城西北的黄土坡没多久，那里有一截长长的下坡路，蒋姑娘拉着板车就追了上来，超到了闻一多前头，然后停下来歇息，等着华罗庚一家人。

闻一多让蒋姑娘走慢一些，自己先去屋子里打整打整。

闻一多回到家里才把这事儿和妻子说了，夫妻俩手忙脚乱正不知该怎么办，蒋姑娘的板车和杨武之的自行车已经到门口了。

好在华罗庚的家当真不算多，蒋姑娘一板车就全兜来了，剩下就几个书包由孩子们自己背着，闻一多把屋子的外间腾出来，让给华罗庚，然后在隔间用的那个大梁上挂了一块帘布，就算是把两家人隔开了。

就这样，闻一多和华罗庚两家一共 14 口人，就在这刚刚 20 平方米的屋子里安了家，人均居住面积不足 2 平方米，睡觉用的木板（他们没有床）就占了房屋面积的一半以上。除此之外，两家的家当全部塞在床底下，搁不下的放猪圈里。中间留一个过道走人，吃饭、会客都在屋外。

整理屋子那天，华罗庚给孩子们出了一道数学题：一艘小船 24 平方米，载 14 个人、140 公斤货，请问船长岁数多大？

所有人摸头不着脑，闻一多的儿子闻立鹤还正儿八经地拿出纸来准备计算，后来发现这些已知条件根本没法立公式，这回真傻眼了！

“船长 41 岁！”华罗庚的大女儿华顺第一个打破僵局，让岁数比她大两岁的闻立鹤大吃一惊。

“你怎么算出来的？”

“这不用算，咱们这 24 平方米的小船 14 个人，闻一多伯伯是船长，所以船长 41 岁！”原来，华顺学过华罗庚发明的直接法，即从已知条件中排除一切干扰元素，直接求取答案的方法。

从那天开始，被孩子们称作船长的闻一多，将要带着这两个家庭的 14 口人，去克服一切困难，共同生活下去。

当年在清华园的时候，闻一多和华罗庚几乎还是陌生人，那时闻一多虽然是大名鼎鼎的新月诗人，但他调进清华园的时间并不长；而华罗庚那时还在跟随熊庆来学习数学，半学半教半研究，很多人都搞不清他的正式身份，特别是文科的师生们更不知道，再后来华罗庚就出国留学去了。那时的清华园很大，不认识很正常，也没有史料可以证明他们有过什么特殊交往。

到昆明后华罗庚破格当了教授，两人在一起开会似乎也坐得远远的，一夜之间，他必须在这个刚刚 20 平方米的小屋里，接受一个几乎是陌生的家庭，这是需要胸怀的！

华罗庚这人特别知趣，闻一多吃什么他就吃什么，从来不挑剔，闻家的饭菜太咸，他也最多把菜夹到碗里，泡点开水。两家的女人轮流做饭，以示公平，也节省了开支。华罗庚的妻子吴筱元做饭时，也是请教了闻夫人以后，按照闻一多的口味去做。下雨天房屋漏雨，两家的孩子一起拿起脸盆、漱口缸去接雨水。两个家庭就这样同舟共济，在昆明城西北陈家营共度战争岁月。

然而孩子们能否和睦相处，还真不好说，那时闻一多的大儿子立鹤与华罗庚的大女儿华顺，正是青春期刚刚开始，又在同一个学校上学。刚开始立鹤很热情，时间长了两人的话越来越少，而且相互说话时还会害羞、脸红。到了夏天天热，也不敢赤裸，只有严严实实捂着，不让别人看见，免不了会生各种皮肤病。换衣服时，如果灯光的位置很低，常常一大个影子就被投影在隔帘上，被隔壁看见……

当然，最无奈的是华罗庚的小儿子华光，那时还是个婴儿，晚上尿床的时候，一直可以湿到闻一多家这边，闹得两家人都没有安稳觉睡。

时间长了，华顺只好搬到学校附近的同学家去住，星期天才回来看看父母。

那时的闻一多很忙，没有时间管孩子，就委托给华罗庚。华罗庚更忙，于是采取了军事化的管理办法。每天早晨起床后，华罗庚第一件事儿是吹哨子，把所有的孩子喊醒，除了不会走路的婴儿，全部排成一排，大的在前面带路，小的跟在后面，依次抬着漱口缸和洗脸盆到井台边洗脸、漱口，然后吃早饭、上学。孩子们的队伍出发后，华罗庚一瘸一拐地跟在他们后面，成了那时陈家营村一道独特的风景线。

那时两家的屋子里已经容纳不下桌子这种东西，每当夜深人静的时候，孩子们都睡了，伴着房东点烟泡的昏暗灯光和咳嗽声，华罗庚和闻一多一人搬一把椅子当书桌，一个坐在房间门口的草墩上，另一个坐在床脚缝隙的砖头上，把相关资料摆在床脚孩子们踢不到的那个位置，开始他们未完成的工作。有时两人一直工作到深夜，甚至通宵达旦。

在陈家营的那段日子，闻一多完成了他的专著《伏羲考》，华罗庚继续他在哈代大师那里已经开始的哥德巴赫猜想课题，以及在此基础上的新专著《堆垒素数论》的相关计算。

为了纪念那段共赴国难的日子，华罗庚写下了这样一首七言绝句：

挂布分屋共容膝，
岂止两家共坎坷？
布东考古布西算，
专业不同心同仇！

搬到陈家营以后，华罗庚每次到西南联大上课，都要往返十多里地，残腿的华罗庚那时学会了和正常人一样走长路，每次一走就是两个小时。如果能截到顺路的马车当然好，农民们见他瘸着一条腿，都乐意捎他一截，但并不是每次都有这样的幸运。

1985年6月，著名数学家华罗庚到日本访问，这是他生平第一次踏上日本国土，也是最后一次出国访问。华罗庚的到来，成为日本数学界的一件空前盛事，华罗庚出场的时候，遭到许多数学迷疯狂地追逐和围观，许多女数学迷脱去外衣，要华罗庚在她们的内衣上签名，日方最后不得不出动警察维持现场秩序。

那时的东京街头，曾经有这样一则传说：日本侵华期间，裕仁天皇曾向日本的陆军航空兵下令，中国有两样东西不能炸：第一是北平的故宫不能炸，第二是中国的数学天才华罗庚不能炸！

活动期间，有人把这个传说告诉了华罗庚，华罗庚茫然了很久后这样说："你们的天皇是否下过这样的命令我不知道，我只记得那时的我，是拖着一条残腿，从法西斯的弹坑里爬出来的……"

话说日机轰炸昆明，西南联大的教授们从城里搬出，疏散到郊外居住，其实也就是居无定所了，有的人几乎每隔几个月就要搬一次家。不过那个时候搬家对于教授们来说并不特别困难，因为家当少，再加上后来的贫困，能卖的都卖了。走的时候找一辆马车就全部卷走了，更省事儿的连马车都不用，到学校背后找骆驼祥子借一辆板车，完事儿以后请车夫吃一顿了事儿。

那时有位教授的儿子说："逃难最好玩了，经常都在搬家。"

教授们后来搬哪儿去了？那些地点真的是五花八门，今天的人要搞清楚很难，但也有好事者专门考证教授们住的地方，还出版了专著。算啦，不管人家的事儿了，其实总的算下来，教授们住在哪儿，基本还是有规律可循的。

理科教授住城西北黄土坡外的海源寺、龙院村、陈家营、小河埂、大小普吉居多，因为西南联大的理科研究所就在海源寺附近，最著名的算是杨振宁父子住过的龙院村惠家大院。

文科教授住城东北龙头街、司家营、麦地村这个方向的更多，因为文科的研究院所在这个方向；朱自清、闻一多后来都搬到了这附近，梁思成夫妇离开西南联大后，也在这一带住过，顺便还带来个金岳霖。

教授们除了每周固定的那几堂课，更多时间是在研究所搞科研、带研究生，这是他们的日常工作，所以多半在距离研究机构近的地方找房子。

搞生物学与核物理的教授们居住在城北黑龙潭、岗头村一线的居多，因为这里有蔡希陶的植物学基地，还有中央研究院的核物理研究机构。

住在黑龙潭附近的物理系教授，最牛的当属王守竞，去了以后随便找了个打谷场做厂房，然后就开始教当地农民用榔头、扳钳敲手工汽车卖钱。这是中国最早的汽车工业，发源地在昆明城北黑龙潭，第一辆汽车下线大约是 1941 年！王守竞的手工汽车技术，在当地一直保留至今，改革开放以后，黑龙潭农民专门注册了手工汽车的商标和经营许可证，生产一种小型的农用卡车，投放农村市场。

当然也有例外，比如研究湍流力学的周培源教授，那时居住在西山脚下的龙门村，每天骑马到学校上课，成了西南联大引人瞩目的骑士教授，可惜今天没有人见过周培源的马，也不知那马能够跑多快。

最倒霉的算是搬到呈贡的那一群！

呈贡是个好地方！山清水秀，人杰地灵，著名作家李广田就是在今天的中国花都斗南村，完成了他的文学代表作《热力》。

可是斗南村距离西南联大太远！走路很累，那时候呈贡还有公交车，有一次语言学家王力的新作出版了，出版社让王力到城里领稿费，王力夫人听说有稿费，想奢侈一把，于是搭乘了公交汽车，到出版社领了稿费才发现，怎么着？那稿费刚够进城的车钱！到了晚上夫妻俩都傻眼了。

呈贡不好住的另一个原因在于：教授们搬出来原本是为了躲空袭的，可是呈贡正好就在昆明到越南河内的直线上！日军的飞机轰炸昆明，把没有扔完的炸弹都撂这儿了！

其次，从军事上讲，呈贡的北边是昆明最早的巫家坝机场，县城南边的大渔镇还有新修的呈贡军用机场，这两个机场都是日军攻击的重点目标，也是空战最激烈的地方！呈贡县城正好处于两个机场的中间。

英国伦敦政治经济学院毕业的费孝通讲师，那时看中了呈贡这地方的风水，邀约一帮从事人类学研究的同行，在呈贡的魁星阁搞人类学研究，他本人也居住在县城附近。

对了，那时的费孝通人长得很精干，没有人叫他胖子。那时的费孝通鼻梁上架一副玳瑁眼镜，一副学者的模样，虽然才刚满30岁，却已经经历了许多人生坎坷！

费孝通11岁就在报纸上发表小说，可谓文学神童。费孝通的第一个妻子王同惠不仅是著名的燕京才女，也是那时百里挑一的美少女，一双会说话的大眼睛总是那么脉脉含情，比当时的大明星徐来也丝毫不差。可是五年前夫妻俩在大瑶山考察的时候，费孝通落入猎人设下的陷阱，王同惠为了救丈夫四处奔走呼号，结果失足滚下山坡不幸身亡，那时费孝通和王同惠刚刚结婚 108 天！

燕京才女用自己的生命，圆满地写下了她那短暂的人生之爱！

然而眼下，费孝通的第二个妻子身怀六甲，就要分娩了！

这天下午，费孝通和往常一样，陪着即将临盆的妻子到滇池边散步，呼吸新鲜空气，这里视野很开阔，五百里滇池尽收眼底，几乎能看到整个昆明坝子。这是一个对于妻子养胎非常有利的环境，费孝通只要有空，总是陪妻子到这里走走。一边还可以讨论一些人类学方面的事儿，比如中国女人的优生问题。

然而也就是在这个时候，日军的飞机光临了昆明坝子的上空！远远望去，九架日机呈菱形编队，从梁王山背后冒头，然后飞往昆明方向。

“是日本人的飞机！”妻子眼尖，当飞机飞近头顶时，她看到了飞机上的太阳旗。

“别怕，日本飞机上没那么多炸弹！”费孝通紧紧搂住妻子，安慰她说。

日机飞过滇池上空后，向昆明城中投弹，然后是地面上爆炸起火。两轮俯冲之后，日机又恢复了原来的编队，准备返航。为了避免可能出现的意外，费孝通扶着妻子到湖边的柳树下躲避。

日机飞过呈贡县城上空时，果然又开始俯冲投弹，护航的歼击机也开始贴近地面用机枪扫射。然后是咣当一声巨响，呈贡县城方向冒起了浓烟。

“炸在哪儿了？”费孝通看着远处腾起的浓烟，猜测着弹着点的位置。

“好像是我们家……”妻子似乎预感到了什么。

“不会那么巧吧？总共三颗炸弹，呈贡县城大着呢……”费孝通喃喃自语，其实据他的判断，其中一枚炸弹肯定距离他们住的地方不远。

费孝通夫妇急匆匆地往回赶，但毕竟妻子即将分娩，他们走得很慢。

待费孝通夫妇进了呈贡县城，穿街过巷走到自己住的那个小院时，街巷里已经是一片废墟，弹着点距离费孝通夫妇住的小院不足 10 米，街对面已经被夷为平地，费孝通住的小屋也被炸倒了半边，东西全部被压在废墟下了。

费孝通夫妇不顾一切奔到自己住过的小屋那里，在废墟上刨寻家里还可以用的东西，两人一直折腾到天黑，实在没有找到更多可以用的物品，累得筋疲力尽。然而也就在这个时候，只听一声惊叫，费孝通的妻子痛苦地倒在地上。费孝通估计是妻子要生了，顿时脸急得煞白。

费孝通不顾一切地扶起地上的妻子，就往医院里跑，可是呈贡县城唯一的一家医院也被炸弹炸坏了，医院关门，医护人员全部在另一处抢救受伤人员去了。

费孝通扶着妻子离开医院，从魁星阁一直走到龙王庙，到处询问哪里有医生，都没有得到明确的回答。这时，妻子已经破水，非常危险，她几次痛苦倒地，表示不要再找医院了。可费孝通对于生孩子完全束手无策，费孝通想请附近的农民帮忙，可是当地人认为，外面的女人在自己家生孩子是大不吉利，所以都拒绝了费孝通进家。

费孝通只好架着妻子继续找生孩子的地方，五年前，费孝通已经失去了一个妻子，今天他不能再失去另一个！

费孝通越是满大街地找，越是找不到生孩子的地方，命运今晚像是专门在跟他们开玩笑似的。费孝通急得瞳孔已经放大，漆黑的大街上似乎到处金星闪耀。不知不觉，费孝通手里已经攥紧了一大把钞票，那是附近居民强行塞在他手里的，目的是为了不让费孝通进自己的家生孩子。这个时候的费孝通，手里有再多的钱也用不出去，叫天天不应，叫地地不灵！

"救救她，救救她……"费孝通一路走一路喊，很快嗓子就喊哑了。

两人一直折腾到深夜，终于有个好心的老百姓告诉他，山坡下面有个私人诊所，开诊所的是个广东医生，兴许能接受他们。

费孝通架着妻子下了山坡，叩开那家私人诊所，广东医生见费孝通的妻子裤子上全是血，也吓坏了，可是他很遗憾地告诉费孝通，他是个牙医，对生孩子一窍不通。

费孝通借用广东牙医的医疗工具，在附近老乡的帮助下，终于把孩子生了下来。广东牙医急忙烧水，帮着费孝通把孩子洗干净，这时的费孝通全部家当都埋在了废墟下面，连一件多余的外衣都没有，费孝通脱下自己仅有的一件西装外套，把孩子包裹起来，自己半裸着上身一直守候到天亮。

终于，这一回母子平安！

天亮了，赤热的太阳从梁王山之巅升起，照在大海子对面的睡美人石壁上，人们忘记了昨天那场残酷的轰炸。种地、打铁、放羊、捕鱼的人们都起床了，婴儿哭得累了，甜甜睡去……

山坡下面学校的学生开始上课，有人在教学生唱歌，唱的是："万里长城万里长，长城外面是故乡，高粱红、大豆壮，遍地牧歌好牛羊……"

整整一个夜晚欲哭无泪，而后又忙碌得顾不上哭泣的费孝通，此刻望着初升的太阳，豆大的泪珠突然从眼眶中滚落出来……

费孝通当爸爸了！

年轻的人类学家有了自己的孩子，一辈子都在研究民俗的费孝通，这回差点被民俗困死在呈贡大街上。中华民族的繁衍生息，对于这位民俗学家来说，从此不再抽象，民族的生存永远地流进了他的血管，就像东非彼岸的肯尼亚，永远流进他黑人同学肯尼雅塔的血管一样，作为政治家，他们都为自己的民族独立与解放，贡献了自己一生最宝贵的时光。

孩子出生后，附近的老乡得知费孝通已经无家可归，给他送来自家孩子穿过的小衣服，有个老乡告诉费孝通，穿百家衣长大的孩子，今后长得结实、好养活！

费孝通唯一的女儿，是穿云南农民百家衣长大的，孩子长大后，在当时那个特定年代，被组织分配学习农业，与土地和中国农民打了一辈子交道，直至退休。

在改革开放的年代里，费孝通常被国外媒体誉为中国农民的代言人。

而那一年，费孝通当爸爸了！

第十六回

国难家难蔡女威廉

西南联大迁到昆明不久，抗日的烽火就燃遍了大江南北，大后方的重庆、昆明、贵阳、成都、西安也频遭轰炸。

和战争空袭相伴的，则是一天比一天严重的贫困！

据联大经济系杨西孟教授统计：如果以1937年抗战爆发前的物价指数100作为起点，1943年年底物价指数已达404999。6年中物价上涨400多倍，可教授们的工资仅上升了十几倍。一个抗战初期月薪300元的教授，到1943年底，月工资仅值抗战初期的12.3元，生活水平下降20多倍！

著名汉学家、科技史权威李约瑟先生，1943年考察中国学术机构时，对联大师生的生活状况进行如下描述：

> 守正轨的科学家，将其以前的与今日的生活相比，悬殊甚大。许多很有科学成就的男女们，都住在东歪西倒、不易清洁的老式房屋中。他们的待遇只增加了七倍，而云南的生活费已增加了103倍。

我只能把他们与阿贝尔海岸的居民相比较，他们以前一年之收入为一千磅或一层楼房，而现时一年收入尚不及七十磅，常常有人闻名于欧美而不得一饱。我们之中有多少人愿意过这种生活，而不愿在侵略者统治下过一种较为舒适的生活？

……

李约瑟先生以学者的平静，讲述着一段常人难以想象的惨状，后面那句："常常有人闻名于欧美而不得一饱。"亦绝非闲笔！

吴宓大师是教授中的单身汉，属于一人吃饱、全家不饿的那种人，刚到昆明的时候，老先生优哉游哉，想到哪儿吃就到哪儿吃，昆明的名特食品都被这位学衡大师吃了个遍，逛翠湖逛累了，就在湖心亭里来一碗甜白酒煮鸡蛋。

吴宓老先生平时衣着邋遢、不修边幅，所谓名士派头，属于西南联大教授们着装成本最低的那种，所以也是教授们当中吃得最好的一个。

后来物价上涨了，吴宓老先生生活质量下降，天天吃馆子吃不起了，于是只好到他的系主任叶公超家里搭伙。可惜吴宓这人会吃，但不会做，叶公超家里在学校背后养猪，吴宓分配的家务活就是下课以后去学校背后巡巡猪圈，看看有没有野狗骚扰？伙食如何？养猪的工人有没有偷懒之类。再后来美国飞虎队来了，巫家坝机场附近扔了很多废汽油桶，叶公超就让吴宓把这些废汽油桶滚回来卖钱。完全把他当作廉价劳动力。可怜已经 50 岁的吴老夫子，凭着一口流利的英语，一个人到戒备森严的郊外军事区去滚那些汽油桶，滚得汗流浃背。

时间长了，吴宓没法不和叶公超翻脸。离开叶公超家之后的吴老先生更惨，中午饭常常就是开水和馒头充饥，再不就到大街上吃烧饵块，即吴宓日记上所谓"米饼一枚"，有时偶尔奢侈一把，多吃了个煮鸡蛋，都要作为那天发生的大事儿写进日记本里："中午食鸡卵两枚……"

吴老先生也是李约瑟所说的，闻名于欧美的那种人物，他二十几岁就当了清华国学研究院的院长，王国维、梁启超、陈寅恪、赵元任四位大名鼎鼎的大导师，都在其召集之下，何等威风？

然而在昆明，威风凛凛的吴老先生，每日也只能吃开水泡馒头。吴老先生的月薪比一般教授高出一大截，所谓“月入双俸尚忧贫”，如果说部聘教授陈寅恪的工资是其他教授的两倍，所谓双薪教授，那么吴宓老先生也不会少于 1.5 倍。

然而吴宓大师最穷困潦倒的那段日子，一直有女人在疯狂地爱着他。

吴宓老先生年轻的时候，曾经疯狂追逐一个留美回国的女学生，两人也曾经有过一段共同的生活，然而后来，那位女留学生嫁给了比她大 30 岁的北洋前总理，让吴宓非常失望。如今那位北洋前总理仙逝，吴宓一直想与昔日的旧恋重归于好，但毕竟已不可能了。

出乎吴老先生意料的是，正当他苦追旧恋而不可得时，一位来自贵州的女诗人梅女士，为了吴宓移居昆明。梅女士的丈夫是当时的国民党中央委员、复兴社十三太保之一，早年当过何应钦秘书，可谓位高权重，然而梅女士为了吴宓，公然抛弃了位高权重的丈夫，欲与吴宓一起生活。

可吴宓没法放弃旧恋，始终与梅女士保持一种朋友的情谊，没敢继续往前发展他们的关系。两人平时诗酒往来，可谓情真意切，可是在个人关系上又始终裹足不前，延续数年。

也就在这个时候，西南联大生物系的小女生琼，也开始追逐比她大 30 岁的吴宓。女生琼不但年轻貌美、才华横溢、能诗善文，而且为了走进吴宓的生活圈子，她也开始学着吴宓的样子，衣着邋遢，不修边幅，叼烟斗，一副名士派头，弄得吴宓啼笑皆非。吴宓自己一副名士派头，并不反对别人耍名士派头，可是一个要和他恋爱的女孩耍名士派头，吴老先生大约没法接受，名士不是男人的专利，但女人一边名士一边恋爱，确实在全世界都是个悖论，所以吴宓和女生琼的关系时好时坏，经常吵架。

有时两人在街上走得亲密无间，突然就吵翻了，吵到最后谁也不理谁，其中一人愤愤然横穿马路，隔着一条大街，两人各走一条人行道，但原先设定的目的地没有变。吴宓和这个任性的女生琼在一起，自己有时也变得像个小孩。

梅女士由于追求吴老夫子而不可得，她那位高权重的前夫为情所困，一个人到鸡足山闭关去了，几年后梅女士一度改嫁他人，但终因感情不和，半年后又离婚，在那个无雪的冬天，梅女士因伤心孤寂，咯血而死。

女生琼毕业后成为生物科学家，她和吴宓的关系依旧时好时坏，但终无结果。

吴宓苦苦追求的那位女留学生，依旧回避旧日恋人，她寿命很长，孀居生涯超过 60 年。

吴宓仍继续独居，继续吃开水泡馒头，也继续他的道学研究。

别说，和有些老朋友相比，吴宓这人也还算长寿——估计和开水泡馒头无关，但他后半生故事不多，也可能是后半生的日记还没公开！？

吴老夫子不修边幅，但颜值尚佳，年轻时反对白话文，实在不可理喻，也实在太不可爱，然而在他最穷困潦倒的时候，确实有女人爱他！

也许是人间有真爱，这些贫困潦倒中的教授们，顽强地活过了那段战争岁月！

但是也有人倒下了！

贫困、疾病、蚊虫、跳蚤，有时甚至是饥饿，严重影响了教授们的健康，有的甚至被夺走了生命。当然，据说也有人因为饥饿治好了糖尿病。

生物系的吴韫珍和社会系的陶云逵，就是在那时被贫困和疾病夺去了生命，西南联大因此少了两位大师。

抗战爆发后，为了保卫滇西南，政府动议把原来的个碧石铁路，从终点站石屏延长到西双版纳的佛海（今勐海），沿途需要横穿哀牢山脉和无量山脉，横跨红河、阿墨江、把边江、澜沧江等多个纵谷。这里植被丰富、民族众多，其中许多少数民族地区当时还在土司统治下。因此，政府把石佛铁路沿线社会学调查的任务，交给了西南联大社会系，陶云逵是课题负责人之一。

陶云逵教授曾经有过一个很幸福的家庭，他的儿子长得虎头虎脑，15 岁考入联大社会系，子承父业，被誉为人类学神童，成为他得力的助手和学生。这次石佛铁路沿线的社会调查，陶云逵父子都参加了。

不料在滇西大理考察期间，陶云逵的儿子染上了疟疾，得不到医治，被病魔夺走了年轻的生命。这样的打击让陶云逵非常伤心，数日里不进饮食，身体就彻底跨了。

不久，陶云逵教授也染上回归热，在验血过程中，医生无意中发现陶教授的白血病已经到了晚期，生命已无法挽救。

陶云逵病逝的当天上午，还在和前来探病的费孝通等人，研究课题的修改问题，下午被推进抢救室急救无效，与世长辞。

陶教授病逝后，他的妻子经受不住丧夫失子的连续打击，再加上家里经济贫困，生活无着，于绝望之中投滇池自尽。附近的渔民将她打捞上来，人们从岸边一个弃婴口袋里找到她的遗书，这才知道这个衣衫褴褛的投水女人，是堂堂的教授夫人。而一个幸福的家庭，也就此消失了……

石佛铁路虽然没有修成，但这个课题却成为日后新中国民族政策和滇南多民族地区发展的重要依据。

陶云逵，一个历史没法忘却的功臣！

著名女画家蔡威廉，是蔡元培先生的长女，那时的蔡元培虽已遁居香港，但仍挂名国民党中常委，在人们心目中俨然德高望重的副国级。

蔡威廉年轻时，曾与自己的继母一起留学法国、比利时，学习西洋美术，并在一次巴黎的画展上，结识了自己后来的丈夫林文铮，两人回国后，受蔡元培之托，协助校长林风眠创办杭州国立艺术专科学校，倡导国民美学教育。林文铮担任教务长，蔡威廉在美术系教授油画课程。

留法同学张道藩策动贵州军阀周西成北伐未成，身陷囹圄，获释后多次到杭州艺专追求蔡威廉。可蔡威廉知道张道藩家里有个法国洋太太，又传与徐悲鸿原配蒋碧薇往来频繁，蔡威廉打心眼里看不起这样的男人。林风眠也提醒林文铮，张道藩策动贵州起义失败，政治上失意，现在突然来追求蔡威廉，也许政治上另有企图，两人经过商量，拒绝了张道藩的应聘。

杭州国立艺专创办的第二年，蔡威廉和林文铮在西子湖畔结为伉俪，两人以蔡元培的名义，在西子湖畔的马岭山建造了一幢别墅，作为他们的安乐窝。蔡威廉在这里完成了她的代表作《秋瑾就义图》《孙中山》等，此后，马岭山别墅成为杭州文人聚会的场所，丁玲、胡也频、林风眠、刘海粟、潘天寿、沈从文、田汉、许地山、李金发、戴望舒……都是这里的常客。

抗战爆发后，杭州国立艺专一路艰辛、一路坎坷，撤到湖南沅陵，根据国民政府的命令，杭州艺专与北平艺专合并，成立国立艺专，撤往昆明办学。

而这时的张道藩已经在政治上飞黄腾达，在杭州艺专与北平艺专合并过程中，张道藩以国民政府教育部常务次长的身份，安插官僚文化人滕某出任校长，出于报复，张道藩授意滕某在人事安排上，以北平艺专为主，打压林风眠为首的杭州艺专，林文铮夫妇愤然辞职，滞留昆明。

这时的昆明物价已开始飞涨，而林文铮夫妇断绝了经济来源，为了生计，蔡威廉只好硬着头皮去找蒋梦麟，想在西南联大找份工作。蔡元培是北大老校长，蒋梦麟的前辈，按理这样的要求也不过分，可是到了梅贻琦那里情况就不一样了。首先是西南联大当时没有适合他们夫妇的岗位，其次是西南联大那时已经开始贫困化，教职工正在裁员，再次是国立艺专与西南联大为争夺昆北院发生过矛盾，虽然这些矛盾与林文铮无关，但西南联大人能否接受林文铮需要认真考虑。

夫妇俩在昆明求职无门，等待了将近半年，资财耗尽，这时西南联大才通知林文铮，外文系有个法文讲师的岗位可以安排。为了生活，已经当了十年教授的林文铮，只好硬着头皮去上任当讲师。

当时西南联大有一条规定，夫妻俩不得同时在校内任职。因为这条规定，许多女教授都被辞退了，黄钰生的夫人黄梅美德，是西南联大领导班子里唯一的女性，为了丈夫的事业，黄梅美德也不得不辞职去了重庆，协助张伯苓办南开中学，从此夫妻分居。

林文铮在西南联大外文系任职后，蔡威廉自然被拒之门外。这是蔡威廉留学回国后第一次赋闲在家，但万万没想到也是最后一次！

蔡威廉这时在家里做起了家庭主妇，一面料理家务，一面作画。也就在这个时候，蔡威廉怀上了她和林文铮的第六个孩子！

那时昆明物价飞涨，林文铮一个月的工资刚够全家人吃饭，有时候已入不敷出，过去的积蓄也花光了。为了省钱，也为了减轻丈夫的压力，蔡威廉做了一个大胆的决定，不去医院，自己在家里生产。她说在法国，也有很多妇女是在家里生孩子的，她的法国房东就是这样。

法国留学归来的林文铮，其实骨子里也不太相信西医，可是当蔡威廉做出这个决定的时候，林文铮内心免不了是忐忑的，毕竟他的前几个孩子也是生在医院里："威廉，为了你和孩子，该花的钱还是不能省。"

"孩子生下来就是一张嘴，我想留着这些钱，将来可以多给孩子买些奶粉。"蔡威廉天真地看着自己的丈夫，蔡威廉的体质天生娇弱，在生上一个孩子的时候，曾经发生奶水不足，所以她特别担心现在这个孩子生下来会挨饿。

"可是我不能让你去冒这个险，钱我们再想办法……"林文铮鼻子一酸，他知道自己也很无奈。

"放心吧，当年在法国阿贝尔的时候，那里的妇女也有在家里生孩子的习俗，人家也活下来了。"过去说话一向娇滴滴的蔡威廉，此时突然变得坚强起来，坦然一笑，安慰她的丈夫。

"没想到，这些年你跟着我，吃了那么多的苦……"作为一个男人，这时的林文铮面对妻子很愧疚。

"别说了，这是国难，大家都在艰难度日……和在杭州不能比了，可是中国还有那么多的人，过得比我们现在更艰难。这算不了什么……”蔡威廉伸手轻抚着丈夫的脸颊。

“威廉，我不能没有你……”这时的林文铮有些冲动。

“放心吧，绿度母会加持我们的。”

也许天下男人都有他最脆弱的那一瞬间，蔡威廉刚到杭州艺专的时候，林文铮才和他的法国女友分手，沉浸在失恋的情绪中不能自拔，感情上自然会显得很迟钝，犹豫不决。那时的蔡威廉，在张道藩和林文铮之间，几乎是毫不犹豫地选择了后者，那个时候，女追男还是少有的现象，更何况她的父亲那时位高权重，蔡家大小姐主动追求一个穷书生，这种事儿几乎只有在戏台子上才会发生。

为了安慰一筹莫展的丈夫，蔡威廉踩响家里那个仅有的管风琴，为丈夫唱起那首关于《少年维特之烦恼》的歌曲。那是林文铮在欧洲留学归国后，因思念法国恋人所写的一首相思曲，后来被他们的一个法国同学谱成了曲子。那曲子悠扬婉转，有一种披肝沥胆的忧伤：

> 少年歌德莫披肝，
> 维特千秋骨未寒。
> 莱茵逝水长流碧，
> 恨海斜阳红豆瞰。
> ……

蔡威廉既然打定在家中生育的主意，也就不再去医院检查，她像过去一样，每天在家中照料几个孩子，心情好的时候就作画。邻居沈从文看见，直到临产的前几天，蔡威廉还在狭窄的楼道上给孩子们做饭。

正好这个时候，林文铮的母亲逃难来到昆明，老母亲原本不相信在洋人的医院生孩子，会比在家中生孩子更安全，老太太到了昆明后，很快就认识了一帮逃难过来的广东同乡，经过广东同乡帮忙，找到一位以前做过接生婆的妇女，而且也是广东人，生活习俗非常相近，价钱自然比住医院低得多。

由于有了老母亲的支持，林文铮再忧心忡忡，也成了家里的少数派。蔡威廉为了省钱，还把这事儿瞒过了在昆明当商检局局长的哥哥蔡无忌。

到临产那一天，老母亲一大早就把接生婆叫来了，两人忙出忙进，一直忙到下午，蔡威廉果然开始分娩，喊叫声一声高过一声。这个时候，产婆突然从包袱里拿出一把硕大的剪刀，这可把林文铮吓坏了，急忙阻止，搬来一个煤炉，临时把大剪刀还有银针等工具，拿到火炉上去消毒。

再然后，林文铮被产婆赶出屋子，再也帮不上任何忙，只好搬了把椅子在院子中央坐下，手执铃杵，一遍又一遍地念诵藏传佛教中的《金刚萨埵百字铭》。

……整整两个小时过去了，孩子依旧没生下来，蔡威廉的喊叫却一声比一声凄厉，听到这种异乎寻常的喊叫声，住在隔壁的沈从文预感到事情不妙，他想跟林文铮说话，可是这时的林文铮因为紧张，除了自己的念诵声，什么都听不见了。沈从文知道，林文铮经常会出现这种状态。

沈从文骑上自行车冲出院门，不由分说直奔北门街尽头的五华山省政府，找到省商检局办公室，把蔡威廉的情况告诉了她哥哥蔡无忌。蔡无忌听说妹妹在家里生孩子，也大吃一惊，急忙打电话给在医院当院长的老同学杜棻名医。可杜棻那天正好出去了，电话根本打不通。

蔡无忌手足无措，他突然想起前几天下乡检查工作时，还带了一个兽医用的急救包，回来后放在汽车库里。于是不顾一切地冲进汽车库，找到那个急救包，骑上沈从文的自行车，直奔妹妹居住的北门街而去。

……等沈从文步行回到北门街住处时，蔡威廉的孩子已经生下来了，正在嗷嗷哭叫，是个女孩，蔡威廉本人已经昏厥过去。沈从文始终搞不清，这究竟是蔡无忌的功劳，还是他到达时产婆已经把孩子取出来了？

林文铮这时已不再念诵，脸色煞白地瘫软在椅子上，几乎已经不省人事。

三天后，沈从文从学校下课回家，妻子张兆和悄悄地告诉他，隔壁蔡威廉已经死了，死因是产褥热……

沈从文走进林家的时候，蔡威廉已经被抬走，据林文铮说，蔡威廉醒来以后状态起初尚好，就是疼痛难忍，为了缓解痛苦，蔡威廉还用红铅笔在墙上画了一幅小女儿出生时的肖像，肖像刚刚画好，就开始血崩，根本无法抢救。蔡威廉临终之前，用手指沾着自己的血，在小女儿肖像的左下方，写下了：国难！家难！四个字。

小女孩的肖像和“国难家难”这四个字，成为一代女画家最后的绝笔！沈从文亲眼看见，“国难家难”四个字的最后一笔，突然顺着墙壁一直下滑，滑到床褥那个位置……可见蔡威廉最后写那一笔时的痛苦状态。

蔡威廉死后，林文铮彻夜难眠，为悼念亡妻威廉，他写下了很多的诗篇，后来集成《苍茫楼诗稿》出版。

蔡威廉病故后，林文铮一个人无法抚养六个孩子，除了最大的两个孩子由母亲照看，其余的孩子被分散到教授们家里，由其他的教授夫人抚养，长大成人。他的大女儿后在云南参加了中共地下党，三女儿随养父叶公超去了台湾，后任职于比利时，其余的孩子在新中国成立后参加工作，兄弟姐妹从此天各一方！

最可怜的是小女儿林征明，这个孩子从生下来就没有吃过一口母奶，她那学兽医出身的舅父，在乡下为她买了两头大奶羊，拴在圆通山的山坡上，这个孩子靠喝羊奶长大，后来也被当年的留法同学领养了。

蔡威廉逝世后，林文铮每天按照藏传佛教仪轨，为她念诵，20 年不曾间断。60 年代初，林文铮任教于南京大学，当地居民因不熟悉藏传佛教仪轨，曾告其为反动会道门误被收监，林文铮在狱中给友人写信，陈词坦然："我的入狱，想是威廉来告诉我，她在那边已然解脱，不需要我给她诵度了。她既解脱，余生便无欲无求，随遇或而可安……"

而那首关于《少年维特之烦恼》的如诉如泣，一直在杭州西子湖畔回荡，陪伴林文铮终生！

林文铮故去若干年后，他在杭州马岭山的房产发生纠纷，媒体这时才发现，蔡威廉的骨灰一直被林文铮保存在家中没有安葬，整整半个世纪……

蔡威廉故去的时候，蔡元培已经病得很重，林文铮和蔡无忌无法把这个噩耗告诉父亲，每次写信时，仍附蔡威廉的问候。

然而几个月后，蔡威廉遗作展在昆明隆重举办，也惊动了香港的记者，蔡元培从香港报纸上，得知女儿已经仙逝，伤心不已！

第二年，蔡元培在香港病故，临终前一直呼喊着女儿的名字。

为了抗战，蔡元培几乎捐出了自己所有财产，这位国民党中常委没有给子女留下任何遗产，病重期间反欠医院医疗费用一万多元。后来由王云五先生组织募捐，替他还清了医疗费。

在当时的副国级中，蔡元培同样是绝无仅有！

第十七回

走街巷夫人定胜糕

今天很多写民国大师的文章，把大师们描绘成不食人间烟火的圣人，其实是文人自己吃饱了在书房里想当然，所谓饱汉不知饿汉饥是也！

话说由于物价飞涨，教授们的生活从蒙自办学那天开始，就一直在走下坡路，那时的教授不是为了发财，仅仅是为了生活，在外面兼差那是很普遍的事儿。理科教授们在外面办小工厂，生产肥皂、墨水、自来水笔，以及花肥农药（那时叫肥田粉）都是很普遍的。最牛的是物理系王守竞大教授，他教会郊外农民敲手工汽车卖钱，直接把中国的汽车工业史提前了 14 年！法商学院在外面给人当顾问、当律师那也就不用说了，很吃香。

文科教授比较惨，肥差都让别人抢去了，即便吴宓、刘文典这样的清高大师级人物，也不得不靠给人写媚文、写墓志铭挣钱，不可谓不痛苦。

那时候昆明市各行各业都兴成立公会，比如白药创始人曲焕章就是云南中医公会的会长。于是，有些做猪毛生意的人也成立了个猪毛公会，这个猪毛公会缺个秘书长。于是就聘请西南联大某大师出任，某大师觉得猪毛公会太难听。把自己的名片和门口的招牌，擅自改成了个昆明猪鬃公会，获称一字之师。

沈从文在 30 年代已经是赫赫有名的大作家了，除了当教授，他其实什么都不用做，继续写文章就是。到了昆明，沈从文很快兼任了两个报社的专栏作家，小两口在家专心写作，小日子过得不错。可是到了后期物价涨得太快，他的稿费不顶事儿了，最后他就带着一帮教授去和报社谈判，重新签协议，把过去的货币稿费推翻了，改用大米做计量单位，一千字一斗米，所谓斗米千字是也。可即便这样，再后来也不顶事儿，报社发出来是一斗米的钱，晚几天再去买米就变成了半斗。

闻一多家里孩子多，而且一个个都到了吃长饭的年龄，最困难的时候，家里炸油辣椒的菜油都买不起了，改吃干辣椒面。

某中学久闻闻一多大名，附庸风雅，请闻一多去学校教国文课。闻一多年轻时演过话剧，口才出众，说话抑扬顿挫，逻辑重读特别准确，和那些老夫子们不一样，他的课大学生能听，中学生也爱听，无论在大学还是中学，闻一多都是一个深受学生喜爱的老师。

然而这天早晨发生了一件意外的事儿：学校的井台边发现一具尸体，查验身份，是一个被饿死的中国远征军士兵，看骨骼估计尚未成年。闻一多见状悲愤不已，上课的时候，他拍着桌子厉声斥责："我们的士兵没有死在战场上，饿死大街上，这到底是谁的责任？这样的政府、这样的军队，有什么资格领导中国的抗战？"

这事被学校当局知道了，于是学校暗中安排人收集闻一多的课堂言论。第二个学期开学的时候，闻一多因向学生宣传赤化的罪名被中学停聘。

停聘后的闻一多一家，又开始吃干辣椒面……

闻一多学美术出身，多年来精于篆刻，于是业余时间在五华山下摆摊，为人篆刻，学校当局看不下去，又把他劝回来。然后由朱自清、罗庸、唐兰等11名教授在报纸上，联名推荐闻一多为人篆刻，这样闻一多就不必到大街上摆摊了，可以在家里接活儿。广告称闻一多经学名家、文坛先进、学贯中西云云，并为他制定了金石润例：石章1200元，牙章3000元。

对于没有兼职的教授而言，卖书是个比较好的选择，“月支双俸尚忧贫”的双薪教授陈寅恪，在南渡时，很多书籍不幸遗失，后在香港略有补充。眼下老先生贫病交加，也开始卖书，不过因为那是陈寅恪的藏书，卖出的价格都比较高。这时期的陈寅恪，不管怎么说，倒也还能勉强过下去。让陈寅恪想不到的是，抗战胜利后，北平冬寒，陈寅恪的身体更加虚弱，为了买炭取暖，他卖掉的书竟然比西南联大更多。北平解放时，陈寅恪借口出国，与胡适同机飞往南京，然而就在胡适去见蒋介石的当天，陈寅恪带领全家集体蒸发，悄悄去了广州，从此再也没有回过记录他成长的北方大都市。

都说北平那个冬天，饿死了朱自清，冻跑了陈寅恪，这是后话。

梅贻琦作为西南联大的执行常委，长期值守在昆明。西南联大校常委会最初商定的是安排三个校常委每年轮值。可是张伯苓那时已经是国民参政会的副议长，议长是汪精卫和蒋介石，张伯苓虽然只是个名义上的副国级，但他必须长住重庆候咨，同时管理撤往重庆的南开中学和西南联大叙永分校。蒋梦麟那时在国民政府也有兼职，常驻重庆，特别是宋子文上任行政院长后，蒋梦麟就成了宋的内阁成员，不得不辞去校常委职务，由傅斯年接替。

只有梅贻琦一人长住昆明。梅贻琦不是西南联大的校长，但许多西南联大人后来都称他是校长，而且是永远的校长！称另外两位为常委。

滇缅公路通车后，滇西沿线开始繁华起来，许多人在公路边摆起了小吃摊和修车铺，急需大量的铁皮屋顶。这个时候西南联大已经极度贫困，几乎发不出工资了，梅贻琦情急之下，把学校里仅剩的几幢铁皮屋也给掀了，把铁皮屋顶拿到滇西去卖钱。此后，西南联大除了图书馆，所有屋顶一律用茅草覆盖。

为了补贴生活，梅贻琦利用学校的技术资源和人力，开办了服务社，承接建筑、勘测、交通、水利、咨询等业务，但服务社挣到的钱，梅贻琦、蒋梦麟、张伯苓三人历来分文不取。

当贫困也同样走进这个中国第一大学的校长家时，梅贻琦为了省钱，只好把自己的早餐也戒了，每天吃两顿。再后来夫人和大女儿也把早餐戒了，留给弟弟妹妹吃。

学校要开运动会，儿子梅祖彦还穿着一双通了洞的破跑鞋，儿子是班上的旗手，他想让爸爸给他买一双新跑鞋在运动会那天穿，梅贻琦已经身无分文，他看着儿子的破跑鞋非常无奈地说："祖彦，等爸爸下个月拿了薪水，一定给你买新的。"可是等梅贻琦下个月领薪水的时候，运动会已经过了，梅祖彦是借了别人的跑鞋去当旗手的。

梅贻琦的夫人韩咏华虽然是专业幼教出身，但那个时候同样找不到工作，梅贻琦夫妇信奉基督教，韩咏华闲来没事儿时，也常常去基督教女青年会帮忙，做一些慈善。

有一段时间，基督教女青年会活动频繁，活动完了以后，大家轮流做饭，从龙云夫人顾映秋开始排起，凡是家里有点身份的夫人们，都要轮流给大家做饭吃。终于有那么一天，轮到韩咏华做饭了，可这时家里已经拿不出更多的钱请大家吃饭，怎么办？

韩咏华收罗了家里仅有的首饰，还有小孩的玩具、童装，打了一个大包袱，拿到大西门下摆了个地摊，出售这些家什。摆了好几天才卖完。

大西门距离西南联大只有一里路，距离南院、北院更近，师生们经常从这里来来往往，很多人那时都看到了校长夫人在那里摆地摊，但人们难以想象的是，校长夫人摆地摊，只是为了基督教女青年会一顿简单的工作便餐。

不过还是有一个人发现了这个秘密：她是龙云的大儿媳妇，正在西南联大社会系读书的郑琳！她回去把这件事儿告诉了自己的婆婆顾映秋。

几天后，韩咏华靠摆地摊的钱，如愿以偿地为基督教女青年会奉上了那顿可口的便餐。但从那次以后，顾映秋不敢再让韩咏华请吃饭了。顾映秋一直很敬佩韩咏华的为人，但她确实没有想到，西南联大的校长夫人有这么艰难。

为了生活，有几个教授夫人在外面接了活，帮人搞刺绣，也约上了韩咏华。可是已经奔五十岁的韩咏华发现自己的眼力已经衰退，大不如以前。搞了一段刺绣以后发现这活儿已经不适合她，只好放弃了。

偶然有一次，韩咏华在教授夫人们聚会时，显露了自己做糕点的手艺，她做出的一种甜米糕，松软可口，几乎是色香味俱全，很受教授夫人们的欢迎，教授夫人们纷纷来向她讨教做糕点的手艺。其实，这门手艺韩咏华也是跟一个上海老太太学来的，糕点的名字叫定神糕。

有人建议韩咏华把这种糕点拿到市场上去卖，言者无意，听者有心，于是，韩咏华和潘光旦教授的夫人、袁复礼教授的夫人，真的开始做起了定神糕。潘光旦夫人有个弟弟在西南联大总务处工作，先是潘夫人让弟弟帮忙把糕点推销给学校各膳团。可那时学校的师生也很困难，无钱消费，于是潘夫人的弟弟就帮他们把糕点送到冠生园餐厅寄卖。

梅贻琦的家，那时又兼清华办事处，因此梅贻琦不同意夫人在清华办事处院子里做糕点，于是三个教授夫人分了工：神通广大的袁复礼夫人通过神通广大的丈夫，去找市场上廉价的碎米，然后把碎米送到潘光旦夫人那里磨成米浆，把赤豆洗成豆沙，写上红字。潘夫人是一个做食品的高手，任何烹饪一学就会，照韩咏华教她的方法加工烹饪。韩咏华每天把糕点从郊外的潘光旦家取回，放在西仓坡的家中，第二天一大早送到城南的冠生园寄卖。

韩咏华每天从乡下取回糕点，再到冠生园，单程大约 7 公里，往返加起来就是 14 公里，她不辞辛劳，风吹日晒，脸很快就被晒黑了。

夫人们为了给糕点卖个好价钱，还给糕点取了个新名字，叫定胜糕，预示抗战必定胜利。

韩咏华没有学过骑自行车，昆明城里也不可能再有其他交通工具供她往返，每天从西仓坡到西郊大河埂潘光旦家把米糕取回，往返就是 10 公里，再从西仓坡送到冠生园也将近 2 公里，每天步行往返共 14 公里，这些路程完全靠步行！

当年长沙临时大学西迁昆明，步行团每天行进速度多半也就 30 多公里，但时间只是两个月。韩咏华每天几乎要走步行团一半的路，但时间是很多年，直至抗战胜利。

很长一段时间，高跟皮鞋已经和她绝缘了，最初韩咏华穿的是女儿留下的方口旧布鞋，再然后方口布鞋也穿坏了，只好换上市民的圆口布鞋，脱去旗袍，换上短小精干的姐妹装。那时的韩咏华除了口音，几乎和一个官渡区大妈没有什么两样了，没有人会把她和校长夫人联系在一起，更没有人会把她和西南联大的校长夫人联系在一起。

果然，第一个月脚就被磨破了，生起了水泡，小腿也开始水肿，韩咏华跟医生学会了挑泡的技术，要了些治脚伤的药，第二天脚上包了纱布继续走。后来越走脚上的老茧越多，也就不容易起泡了。

定胜糕的生意越来越好，韩咏华装定胜糕的篮子也越来越大，最初是小菜蓝，后来是大菜篮，再后来生意最火的时候，只有改用背篓了。为了减轻重负，每天下乡接货时，韩咏华不再携带其他多余的东西，渴了在路边喝一口机器水，饿了吃半块定胜糕。乡下的路难走，就找一根坚硬的竹棍，做平衡身体和防身之用，过去大家闺秀的韩咏华，如今变得粗粝了、坚强了。否则我们无法想象，她 70 岁以后在美国打工的那段日子是怎么过来的。

昆明冬春两季道路还算好走，可是到了雨季就完全不一样了，大雨说来就来，防不胜防。不下雨的时候，道路泥泞，踩下去也是一脚的泥，一不小心就滑倒，这些对于韩咏华早就是家常便饭。

定胜糕这东西很娇气，保鲜期最多只有两天，由于掺了糯米，第三天不吃就开始干燥发硬，每次从乡下取货回来，韩咏华总是用一块白族人的扎染布，小心翼翼地覆盖在篮子上头，而不敢用油布，怕吃的时候串味儿。

可到了下大雨的时候，扎染布很快就湿透了，扎染的花纹印到糕点上那都是小事儿，有时候直接把糕点淋得稀巴烂，不能再食。那个时候，韩咏华真是叫天天不应、叫地地不灵！

韩咏华和梅贻琦早年都是天津严氏家塾的学生，当时的严氏家塾在天津很有名气，系由晚清翰林严范孙所办。严氏家塾事实上是一个大花园，花园后面有一个小操场，男女生共用。那时候男女生之间相互不来往，说话很少，出于好奇，女生上体育课的时候，梅贻琦和几个调皮的男生躲在花园的树上偷看，而他万万没想到，胆子大一点的女同学，居然也敢偷看男生上体育课，其中就有韩咏华。经过几次偷看，他们互相都记住了对方的模样。

若干年后，梅贻琦从美国留学归来，邂逅韩咏华，两人提起当年偷看那档子事，相互脸一热，不久以后就做了夫妻。韩咏华如愿以偿嫁给了她少女时代经常偷看的那个英俊男孩，可等待她的却是吃不完的苦。

韩咏华自从嫁给梅贻琦20多年，没有享过几天官太太的福。开初的时期，梅贻琦每个月的工资，要拿出三分之一来赡养父母，另外三分之一供弟妹读书，夫妇两人及孩子们，只能从最后剩下的三分之一中开支，韩咏华既要管好这个家，又要照顾老人。梅贻琦当了校长之后，弟弟妹妹也大多工作了，家里的日子这才松活了一些，有了一些闲钱和积蓄，然而很快又遇上了这场战争……给梅贻琦做妻子，确实不容易，首先必须学会吃苦，也许韩咏华已经苦惯了。

韩咏华每天风里来雨里去，梅贻琦看在眼里当然心疼，可是他每天要处理很多的校务，常常是深夜才能回家，家里的事儿几乎顾不上。

只有这天，昆明城突然下起了暴雨，韩咏华很晚才回来，进屋的时候，衣角和发梢全都滴着雨水。手中的篮子里，还放着几块头天没有卖完的定胜糕。一向沉默寡言的梅贻琦，看到夫人这副模样，目瞪口呆了很久，却不知道自己该说什么，最后从门上拿了一块干毛巾递给妻子，再然后又是长久的沉默。梅贻琦的嘴唇依旧紧紧闭着，抿成一条直线。

“哦，又回来晚了……”看到丈夫不说话，韩咏华心里似有几分内疚。

“以后把糕点交给饭馆就行了，谁让你又自己上街去卖？”过了半晌丈夫说。

“可是……可是我只是想多挣一点。”妻子说。她到大街上卖糕的事，本想瞒着丈夫，可现在看来是瞒不住了。

梅贻琦接过盛糕点的篮子，把里面那些被雨水浸得稀巴烂的剩米糕舀进一个碗里：“看来，明天早上我们又可以恢复吃早点了。”

“那些糕已经被水泡烂了，不知还能不能吃。”妻子担心地说。

“只要拿到炉子上去蒸一蒸，高温消毒，怎么会不能吃呢？”丈夫笑了，看得出他笑得很勉强，“只是甜味差了点儿，好在吃夫人做的东西不用花钱。”

梅贻琦说这句话，本是想让妻子一笑，可妻子听了这句话，鼻子一酸，什么都说不出来。如今的梅贻琦，每天依旧必须西装革履地上下班，风度翩翩地去发表各种演讲。当他手提文明杖，出现在那些热闹的交际场合的时候，人们永远不会相信，这位中国第一校长，国民政府参政大员，家里也有断炊断粮的时候，并且是因为经济原因。梅贻琦为了节省，已经整整两个星期没有吃早餐了，这件事只有妻子的心里最清楚。

“月涵，这段时间你瘦了。”妻子总是看不见自己憔悴。

“可是，你什么时候又见梅贻琦胖过呢？”丈夫自嘲地一笑，他手里使劲摇着一个已经生锈的旧电唱机。

“这电唱机已经生锈了，不知还能不能用？”他说。

生锈的留声机终于还是转动了，不过转速时快时慢，那首老掉牙的《教我如何不想她》跑调跑得一塌糊涂：

天上飘着些白云
地上吹着些微风
哦——
微风吹动我的头发
教我如何不想说
……

这首歌属于梅贻琦和韩咏华那个年代，这首歌会让他们不约而同地想到自己的青少年时代，想到他们还对异性充满好奇，相互偷看对方的那个岁月，后来他们都学会了这首歌。再然后又与这首歌的作曲者赵元任，同在一个清华园里共事，可是一转眼，他们都是快50岁的人了。时间过得真快啊！

他们都想从这段歌声中，找回失去的东西，然而，人生当中，有很多东西永远也找不回来了……

在阴暗的灯光下，梅贻琦发现妻子的鬓角上，悄悄添了几根白头发。他的眼眶渐渐地有些湿润了……

“咏华，答应我，以后不要再到街上去自己叫卖了。”丈夫说

“放心吧，我已经上了年纪，打扮起来，还真像个官渡老太太，我不会让别人知道我是校长夫人的。”妻子说。

“我是怕你太辛苦了。”丈夫说，“其实，知道了你是校长夫人又有什么关系呢？梅贻琦没有当亡国奴！”

那时的广播里传来消息，他们的老朋友周作人在北平当了教育总监。

然而，梅贻琦的妻子第二天依旧挎上竹篮去走街串巷，当一个受人白眼的小摊贩。明天也许还有暴雨，也许妻子还会被淋得浑身湿透，可这一切都挡不住她要与自己的爱人共赴国难！

韩咏华在昆明住得久了，自然会有自己的社交圈子。当时的南屏电影院是昆明市最时尚的电影院，该影院直接与美国好莱坞的一流公司签约，比如米高梅公司，片档几乎与美国同步，当时国内很少有哪家影院能有这么快的速度。南屏电影院的女老板，大革命以前嫁给了一位将军，这位将军后来被人暗杀了。女老板22岁逃到昆明开始创业，后成为云南省最显赫的女企业家，又嫁给卢汉手下的另一位将军，可谓两度将军夫人。

这天女老板的汽车坏了，雇了一辆人力车准备回家，正好遇见韩咏华挎着篮子在路边行走，尽管韩咏华当时换了老百姓的衣服，但还是被女老板认出来了。女老板赶快下车，把人力车让给了韩咏华，自己步行。身边的人非常不解，女老板一时间跟那些人也解释不清楚，就说："论官位，我们家军长也只有他们家一半呢。"

大学校长的官位和军长怎么比？谁也说不清楚，那时西南联大的张伯苓是国民参政会副议长，副国级，梅贻琦是参政大员，西南联大的参政大员还不止他一个，西南联大的顾毓秀出去就是教育部次长，还有叶公超、陈雪屏、徐继祖……后来出去不都是部省级吗？

但不管西南联大走出了多少部省级、副国级，他们的校长夫人那时确实穿着蓝布姐妹装、挎着竹篮在大街上卖过定胜糕！

女老板对梅夫人肃然起敬！

若干年后，女老板把自己的女儿嫁给了梅贻琦的儿子，两人成了儿女亲家，这是后话。

新中国成立前夕，梅贻琦为了一笔清华基金去了美国，后又在中国台湾开办清华大学。那时韩咏华的侄女已居中共要职，受中共方面委托，梅贻琦看望了自己的连襟、困居香港的国民党高级将领卫立煌……

1949 年 10 月 1 日中华人民共和国成立，第二天，卫立煌在香港向中央人民政府致以贺电，此举标志着卫立煌与蒋介石集团的彻底决裂！ 1955 年卫立煌将军正式回归，曾任中华人民共和国国防委员会副主席。

1962 年，著名教育家梅贻琦在台湾新竹病逝，他临终前依旧执掌着巨额的清华基金，但由于台湾当局阻挠，韩咏华没有从梅贻琦那里获得一分钱遗产。这时已经 70 岁的韩咏华生活无着，被迫到美国的医院当医工，给病人跑单、拿药、推轮椅。

卖过定胜糕的女人，都活得非常坚强！

1958 年，潘光旦夫人赵云瑞任清华大学居委会主任，白天工作，晚上带着清华园的家属大炼钢铁，因高血压累死在钢炉前，也算那个时代的女汉子了。

1993 年，历经人间沧桑的袁复礼夫人廖佳姗，在北京地质学院家中无疾而终，终年 94 岁。

1978 年梅贻琦夫人韩咏华回归祖国！ 1994 年韩咏华在儿女家中无疾而终。终年 101 岁。

第十八回

华罗庚牛圈不等式

话说这个华罗庚自从挨了炸弹，一板车搬到陈家营，和闻一多家挤了一段时间，后来实在挤不下去了，闻一多最初答应给他找房子，可后来一打听，附近几个村能住的地方都住满了。

华罗庚住在陈家营那块，确实非常痛苦，别的不说，这里距离西南联大少说也有 8 公里，别人勉强能走，可华罗庚是个瘸腿，他的残腿每次伸出去，都要先在地上画个半圆圈，然后才能站稳，换另一条腿。同样的路程，华罗庚花费的功力至少是别人的两倍，速度那就更不用提了。

闻一多告诉华罗庚，附近几个村子，能住人的地方都住满了，可数学家华罗庚开始用他自己发明的排除法思维算计，有没有别人不能住而华罗庚能住的地方？

嘿，你别说，用这样的思维找住处，还真找到了：

华罗庚在西南联大和陈家营的中点上，果然找到了一个住处，不过确实不是人居之地，而是一个牛圈！云南有些经济条件好的农户，把牛圈也盖成了楼撑，下面拴牛，上面用来堆草料或农具，然后加个茅草顶挡雨用。

于是华罗庚就把小屯村农户牛圈上的楼撑租了下来，用篾席把四周遮挡起来，一家人就在这里安家落户了。这里距离昆明城和西南联大，只有陈家营一半的路程，上课方便，孩子们上学也方便，村子旁边就是小山坡，空袭警报时往山坡下的小树林一蹲依旧方便。

华罗庚对这个地方很满意，甚至认为这空间是上帝赐给他的。

不过住牛圈和住民房就是有那么多的不一样，到了夏天，各种各样的蚊虫纷至沓来，根本就没法遮拦，已经营养不良的身躯，每天还要付出一定的鲜血来喂蚊子。再就是老牛，体重有四五个人重，一旦被蚊虫叮得不耐烦了，就靠在柱子上使劲擦痒痒，瞬间，楼撑上的华罗庚一家地动山摇，像坐了海盗船似的。

就是在这样的条件下，华罗庚开始他人生中最重要的一部著作《堆垒素数论》的写作。这是华罗庚继当年哈代门下华陵－哥德巴赫猜想之后，在数论方面的又一全新突破！

有人说，除了华罗庚一家，住在这幢小楼上的，还有两个重要的神秘人物，这两个人物是谁，他们就是世界数学皇帝哈代和他的学生、华罗庚的老师利特伍德！小屯村那个地方天黑以后，很快就夜深人静了，农民们没有娱乐生活，晚饭后即便不睡觉，也只能围着炉子喝茶或者款白（聊天），除了几声狗叫，村子里便再无声音。华罗庚这个时候便在一张小方桌上点上一盏油灯，铺开草稿纸，开始进入数论的世界。

1938 年，华罗庚在导师哈代、利特伍德对华陵问题研究的基础上，将哈代、利特伍德证明的 $G(K)\leqslant(k-2)k-1+5$ 这个公式，改进为：$G(K)\leqslant 2k+1$，并随即证明了另一个渐进式的成立。

1940 年，是华罗庚成果最丰硕的一年，他在证明了华陵问题的一个新渐进式之后，又直击哥德巴赫猜想的核心，对 EM 莱特的结果进行了改变。接着又对人类数学史上的长期难题高斯估计有了出人意料的突破。

1941 年的华罗庚证明了一个有关不完整三角和的公式。1942 年，华罗庚又连续在特征估计式、维诺格拉多夫关于威尔积估计式和无穷极分割法方面连续突破，证明了哈代、拉马努迪、利特伍德之前想证明而没能证明的公式。以至于伦敦剑桥大学的数学家们惊呼：要么是哈代、利特伍德去了中国云南，要么是华罗庚又回到了剑桥，否则这一切成果是完全不可思议的！

在取得以上突破之后，华罗庚开始正式进入他的第一部专著《堆垒素数论》的写作。

有人初步估算，华罗庚在牛圈里完成的这些工作量，是今天一个成熟数学家在计算机面前 20 年的工作量，而华罗庚在牛圈里连电源都没有，完全凭借一灯如豆，完成了这么大规模的计算。

是的，那个时候，华罗庚把英国的哈代、利特伍德，印度的拉马努迪都带到了云南！带到了昆明西北郊的小屯村，陪伴华罗庚一起，完成那一个又一个世界级难题，推动哥德巴赫猜想、华陵问题、高斯估计、威尔积估计式等数论核心难题，去迎接世界数学史的新黎明！

也许是苦难的中国感动了大洋彼岸的数学皇帝，他们一直在小屯村的这个牛圈楼撑上，陪伴年轻的中国数学家，让他用自己的数学天才，去证明这个东方民族的智慧和实力！那段日子，无论生活多么艰苦，只要夜幕一旦降临，他们就会出现在华罗庚的脑后上方，帮助他用自己的大脑，去完成计算机 20 年都完不成的连续计算。

华罗庚在牛圈里完成这些世界级难题时，家中越来越贫困，为了一家人能够吃饱，华罗庚把自己的香烟也戒了。有一次别人问华罗庚，抗战胜利后你第一件事儿要做什么，华罗庚毫不犹豫地回答：抽烟！

孩子们的管理，继续沿用着从陈家营就开始的军事化办法，依旧是每天早晨吹哨子集合，排队到河边洗脸、漱口。

华罗庚最小一个儿子出生时，家里的钱全部花光了，连他姐姐家里的钱也花光了，妻子吴筱元问他给孩子取个什么名字，华罗庚脱口而出："就叫华光吧，华光华光，全部花光，哈哈！"

但后来华罗庚还不得不庆幸钱全部花光了，否则后来物价飞涨，那些钱搁在箱子底下可能一转眼就成了草纸？

1938 年，华罗庚在华陵－哥德巴赫猜想方面有重大突破，于是他把二儿子的名字改成了华陵，从华陵到华光，只有两年！

华罗庚年轻的时候遭遇过一场瘟疫，那时他已经奄奄一息，家里觉得他彻底没救，要把他仍垃圾箱里，抬人那一刻，吴筱元突然横躺在卧室门口，不让别人把丈夫抬走。那时候，只有妻子吴筱元没有放弃丈夫，为他求医问药，终于把华罗庚从死神手里拉了回来，她和华罗庚可谓是生死夫妻。

到了西南联大以后，吴筱元最担心的还是丈夫的身体，在贫困和疾病中，有些教授们年纪轻轻就倒下了。看着丈夫这样没日没夜地工作，吴筱元的担心那就更没法说了，所以无论家里贫困到什么地步，吴筱元都要保证丈夫每天吃一个鸡蛋。那时的乡下什么都没有，就鸡蛋比城里便宜，可华罗庚却常常把鸡蛋分给孩子们吃。

这年中秋，华罗庚家里没有月饼，甚至华罗庚可能压根就不知道今晚是中秋，他的《堆垒素数论》一旦开篇，就一发不可收拾。

吴筱元在家里也实在找不出第二个鸡蛋，于是把家里唯一的一个鸡蛋煮得圆圆满满，端上楼撑，放在华罗庚写《堆垒素数论》的那张小桌上。

华罗庚却给妻子出了一道简单得不能在简单得数学题：一个鸡蛋重 40 克，平均分成 4 份，每份多少克？

“每份 10 克，这还用算吗？”吴筱元诧异地看着数学家丈夫。

于是华罗庚拿起小餐刀，把鸡蛋平均分成了四份，他和吴筱元一人一份，剩下的留给住在家里的两个孩子：华陵和华光。

那天晚上，吴筱元哭了！

在别人眼里，丈夫是教授，是数学天才，可在妻子眼里，丈夫是一个身体脆弱的男人。现在又变成一个在中秋节吃不上完整鸡蛋的男人。作为妻子，怎能不伤心呢？

华罗庚安慰妻子说，他小时候母亲找人帮他算过命，说他这一生虽然多病，但寿命还长着呢……

然而命运之神在这个时候，偏心这个中秋节吃不上完整鸡蛋的男人，命运之神让这个男人后来成了巨人！

1942 年，《堆垒素数论》全部完稿，之前的部分初稿经熊庆来、杨武之等评审推荐，该书曾获国民政府教育部学术评奖自然科学类一等奖。

也许是这个奖项来得太早，等华罗庚全部书稿写完，寄给中央研究院之后，却石沉大海、杳无音讯！

华罗庚多次去信追问手稿下落，皆无答复，后来曾昭抡去重庆中央研究院工作，华罗庚委托他查问手稿的下落，对方告知曾昭抡，华罗庚的手稿确已遗失，请曾昭抡代中央研究院向作者致歉。

这 30 万字的手稿，几乎是华罗庚用性命换来的，在当时的国民党统治下，竟然说遗失就遗失了，这岂是一个道歉能解决的？华罗庚听到这个消息后大病一场，病得最严重的时候，连睡三天不醒，嘴里胡话连篇，仔细一听，竟然都是数学公式，不过没人能够知道那些公式代表什么？有时候Σ就连用了好几个，没法算！面对丈夫的病情，吴筱元茫然不知所措，每天到庙里去烧香磕头。

可是华罗庚大睡三天之后，突然从床上跳起来，连喊三声：“睡不起了，再也睡不起了……”然后又投入了新的工作。

幸好苏联方面早就听说华罗庚在数论方面的成就，请华罗庚将他的英文手稿拿到苏联去翻译出版。华罗庚把英语手稿寄到苏联科学院，然而苏联方面提出要用俄文出版，由于苏德战争和翻译人才方面的原因，此书的俄文版于 1947 年才正式出版。

1957 年《堆垒素数论》的中文版终于在北京出版，然而世界科学日新月异，这时候的《堆垒素数论》已经不能代表数学科学的最新成就，因此成了一本普通的数论专著。

有人说，如果《堆垒素数论》早几年出版，数学皇帝哈代的衣钵继承人将是中国的华罗庚！

命运之神让华罗庚成了巨人，但同时也和他开了个极其残酷的玩笑！

《堆垒素数论》寄出后，华罗庚开始写他的第二部著作《数论导引》，因此手稿遗失后，华罗庚并没有忙着重写《堆垒素数论》，在大病初愈之后，仍按原计划写完了《数论导引》，然后又进行其他领域的研究。

1944 年，以数论成就举世瞩目的华罗庚，突然出人意料地走出数论大师哈代之门，闯入全新学科矩阵几何学领域，为世界矩阵几何学的学科创立，画上圆满的句号。从此矩阵几何学作为一个独立的学科在地球上正式诞生，他的最后一个创始人来自中

国云南！自阿基米德开创几何学以来，几何数学的学科创始人寥寥，这是一个数学皇帝哈代也不曾有过的荣誉，

华罗庚也由此成为中国矩阵几何学的学科开创者！

拖着一条残腿从法西斯弹坑里爬出来的华罗庚，成了数学巨人！

西南联大应该成为巨人的，远远不止华罗庚一人。与华罗庚同一办公室的陈省身，对于世界拓扑学的贡献，亦不亚于矩阵几何学的创立，从嘉当到陈省身，再到后来的王宪钟，世界拓扑学日益走向成熟。

物理系王竹溪教授与生物系汤佩松教授，在考察云南热带雨林植物之后，用物理学领域的热力学方法研究植物生长，这在全世界也绝无仅有，他们的论文《离活体细胞水分关系的热力学论述》，对过去传统的渗透压理论提出了挑战。这篇文章发表后，在生物界引起轩然大波，长期以来一直被当作异端邪说，直到40年后，西方学者重复了汤佩松和王竹溪的实验，证实了他们的理论具有科学依据，世界生物学界才正式为两人平反。或者也可以说，王竹溪和汤佩松比世界科学超前了整整40年！

后来有位参与其事的西方生物学家透露，王竹溪和汤佩松的肤色让他们受到了更多的压力！因为西方生物学界根本不相信，两个黄种民族的年轻科学家，有能力推翻传统的渗透压理论。

这位敢于超前于世界科学的王竹溪，后来培养了一个同样超前于世界科学的杨振宁！杨振宁和同学密尔斯的那个非阿贝尔规范场理论，同样被世界科学界误解了整整18年，杨振宁和密尔斯，也超前了世界科学整整18年！

他们居住在中世纪的贫民窟里，甚至是居住在牛圈顶上，但

他们的大脑那时已经提前进入了21世纪！

住在联大背后猪圈新村草棚里的骆驼祥子，能够用陈寅恪先生那混合型的南方方言，准确无误地背诵他每个学期开学第一堂课的开场白：中国人讲过的我不讲，外国人讲过的我也不讲，古人讲过的我不讲，现代人讲过的我也不讲，我自己讲过的我不讲，我只讲从来没有人讲过的！

西南联大，首先是一所走在人类前头的大学，而不是一所踩脚后跟的大学！

“可是老师，世界上人那么多，您怎么知道哪些是前人没有讲过的？”有一次在课堂上，祥子困惑地问陈寅恪大师。一般陈寅恪讲课是没有人敢插嘴的，对他有一种神一般的敬仰，可祥子在其他老师的课堂上随便惯了，引得众目睽睽。

“问得好！”陈寅恪使劲把手杖往地上一顿，他每句话最后一个字总是异乎寻常的响亮，近乎咬牙切齿：“看你读了多少书！思考了多少别人没有思考过的问题！学而不思则怠！思而不学则罔！说前人没有说过的话！比重复前人说过的话更难！”

“原来是这样？导师这营生真不好做！”祥子寻思着，陈寅恪这样的人果然是一般人不可以随便做的，也难怪人家是教授，只有他是导师！？导师和教授果然还有点不一样。但导师的思维又无时无刻不在影响着那些教授和学生们。

这时的祥子已经脱离了西南联大，因为学校的经费越来越紧张，梅贻琦不得不大量解雇校工，把学校的工勤岗位交给勤工俭学的学生。可是学生白天要上课，守不住那么多的板车，所以祥子被解雇了，工资不发了，板车还得照样守着，学校每次用车临时计价。

由于祥子手里依旧管着那么多的板车，他被解雇以后日子反而过得更好了，学校每次用车都要单独给钱，学校不用车的时候，他就把车租出去，收入全归他。梅贻琦压根没想起来，学校的车还可以这么使用。

这年叶公超调马来亚使馆工作，把家里的猪全卖了，于是祥子打扫干净一格猪圈就住进去了，猪圈外面还有个圈栏，可以生火做饭煮蚕豆吃，他的草棚也很快被早晨上第一节课的教授们给占据了，作为临时宿舍。再然后和他一起守车的蒋姑娘考上了西南联大物理系，她的草棚也被教授们占据了。这个时候的祥子才发现，他现在居然住得比教授们更好了，他可以住猪圈，教授们却只能住草棚。

祥子闲着没事儿的时候，经常到学校里听课，理科、外语和他无缘，他喜欢听钱穆、郑天挺、吴晗说历史，后来学得深了，偶尔也听一听陈寅恪的课。再后来祥子也开始自己学着当讲师，最初是讲给工友们听，然后是讲给附近村子里的人听，钱穆的《国史大纲》出来以后，祥子有时竟然能倒背如流。一旦讲起来绘声绘色、添油加醋，一部国史大纲竟然被他说得神神鬼鬼。但有几件事儿他从来没说错过，一是关于清朝的起源历史，二是关于伪满的来历，他说这是国家大事儿，万万说错不得。

工友们对于祥子说的这些历史将信将疑，去找吴晗求证，吴晗觉得好奇，跑到猪圈新村亲自听他讲了一节课，吴晗不得不惊讶于祥子历史知识之丰富，已近渊博，但他那个说法显然是自己发明创造的，吴晗最后下了个结论：这不是历史，应该是评书，祥子应该去街上说书，研究历史不是他的事儿。

祥子刚进北京城的时候，给人抬过棺材，那时节学过数来宝和哭丧，这是北京抬棺人的基本功，练得口齿伶俐，将说将唱，后来泡书场泡得多了，说书这一行他丁点儿不生疏。

过了一段时间，凤翥街有家茶馆要找一个说书的，祥子竟然就去应聘了，茶馆主人得知祥子没有登台经历，又是外地人，没把握，只答应他试试，没答应给工钱，说是等有了茶水钱再分成给他，人数不够那就没办法了。

茶馆里倒有一个《三国演义》的老话本儿，可是这段三国史和吴晗讲得不一样，怎么办？祥子当时没想那么多，拿过一个桃园三结义，懵着那些不认识的字儿，胡乱看了一遍，然后就去茶馆抡了一晚上，很多新鲜玩意儿是祥子从钱穆和吴晗那儿搬来的，甭管是否符合情节逻辑，先生拉活扯塞进去再说。听书的那些人本来是来喝茶的，对于逻辑性并不十分在意，只要他讲得精彩，有噱头，人家就鼓掌。

第一晚上终于应付过去了，老板答应让祥子先说着，但必须找一身体面的衣服换上，这可难坏了祥子。

祥子说书的时候，有两个年轻人一直在下围棋，看样子是西南联大的学生，祥子觉得他们对自己说书不感兴趣，心里起初还有些不高兴，可是出来的时候，个子稍高的那个年轻人拦住了祥子："兄弟，你今晚说的是哪门子三国啊？"

"是话本上的啊？"祥子觉得对方来者不善，有些警觉。

"如果我没有说错，关羽的丈八长矛可不是话本上的。"年轻人很睿智地看着他。

"那是……那是钱穆老师说的，他说关羽的长矛和话本上的不一样！"祥子企图辩解。

"话本就是话本，历史就是历史，各是各的，你搅一块儿干什么？"年轻人不由得笑了。

"如果话本说的不是历史，那我说它干什么？"祥子反问。

"这个问题你得问那些听众，不是你为什么要说，而他们干吗要听？三国演义已经流传几千年了，人家听书是来审美的，不是来上历史课的。”年轻人笑了。

“审美？”祥子一头雾水，不知道对方在说什么。

“哦，就像女人穿衣服，不仅仅是为了保暖，只要条件允许，总想穿得更好看一些，这就是审美和保暖的区别。”年轻人解释道。

祥子想起来，他在钱穆老师的课堂上见过这个年轻人，但只来过几次，次数很少，肯定不是历史系的。经过交谈，祥子知道了这个年轻人是中文系的，名字叫马识途！

马识途每天都固定坐在凤翥街那个茶馆里，祥子每次说书时早到半个小时，然后马识途向他面授机宜，哪些该讲，哪些不该讲，哪些地方要下扣子、埋伏笔？马识途还借了一套灰布长衫给祥子。使他有了相对体面的衣服。老板在水牌上写了个：西南联大著名说书人，钱穆大师高徒邓祥子。

如此包装一番，祥子的书场就正式开张了。

后来钱穆大师的家属看到这个水牌，提出抗议，老板只是把高徒改成了学生。此后，钱穆大师曾亲自来听书，他很惊讶祥子竟然能把他在课堂上说的那些事儿，如此添油加醋地融到一部虚构小说里，于是大笔一挥，把水牌上的学生二字，改成了“已听”两个字。

此后，茶馆老板灵机一动，每次有大师们光顾茶馆，都让他们在钱穆大师名字后面，签上自己的名字，写上“已听”二字。久而久之，先后有十几个大师在水牌上签名，祥子一时间在云南书场名声大噪！

唯一没有在水牌上签过名的大师是马识途，因为那时他还没有让子弹飞！

祥子每次上台，依旧是那段很牛的开场白："各位看官，中国人讲过的我不讲，外国人讲过的我也不讲，古人讲过的我不讲，现代人讲过的我不讲，我自己讲过的我也不讲，我只讲从来没有人讲过的！"

祥子有了钱以后，不好意思再穿马识途借他的旧长衫，第一件事儿就是把陈寅恪穿旧的长衫买了下来，然后又用自己新买的饭碗，交换了陈寅恪家的另一个饭碗。不久以后，陈寅恪离开昆明一去不回，祥子就穿着陈寅恪的旧长衫，展出陈寅恪家的饭碗，称陈寅恪衣钵，但故意巧妙地避开继承人三个字，让人浮想联翩。

那天晚上回到猪圈，祥子突然哭了："娘，儿子今晚终于穿上了大导师的衣服……"

那个眷顾了华罗庚，眷顾了陈省身、王竹溪、汤佩松等无数东方青年的命运之神，此时似乎也眷顾了骆驼祥子，让他穿上了大师的长袍。

但祥子从来没有学过商业炒作，至于这主意是谁出给他的，您就自己猜吧。

第十九回

挂披毡情圣朱自清

话说在西南联大的教授中，朱自清是独特的一个！

朱自清，字佩弦，名字不独特，独特之处在于，这个姓名和表字，都是他自己给自己起的！这在那个时代是比较独特的。

在很多女同学眼里，朱自清是清华园里的情圣，看上去眉清目秀、年轻潇洒，其实他比那个胡子拉碴的闻一多还大一岁。说他是情圣，当然是因为他作品的那种至情至美，同时代作家几乎没人能比。

朱自清大学毕业后，先当作家，后当教授，最后才去国外留学，在清华园的教授当中，他的经历属于少有的逆生长。

西南联大作家很多，和其他人不同的是，朱自清的作家之路始于鲁迅、茅盾门下，既不是胡适门，也不是新月派，更不是学衡派。像这样一个人，能够做到清华园里的中文系主任，似乎是个奇迹！

朱自清的作品后来能够大量成为教材，可能和他从事文学的经历也有关系，同为革命烈士闻一多就缺少这样的荣幸。

朱自清到云南后，或多或少还要兼些行政事务，要么是中文系主任，要么是文学院的教务管理，理工科的国文教学也是由他负责。和一般教授相比，确实要操心更多一些。

到了这年冬天，西伯利亚寒流席卷整个红土高原，寒风一阵紧似一阵，天上连日飘着夹雪的小雨，春城也不再姓春了，翻脸不认人。过去都说昆明这地方四季如春，教授们原本逃难就没带更多衣物，一旦口袋里的钱花光了，就把箱子底下那些狐皮貂裘送进当铺。可现在，那些把狐皮貂裘卷进当铺的教授，知道后悔已晚，要想把那些送进当铺的寒衣再赎出来，几乎已经不可能了。

也就是在这年冬天，联大校园里出现了一个怪人，此人衣着打扮过于标新立异，没法不令人刮目相看。此怪人身上披着一件云南赶马人才用的羊毛毡子，毡子顶端开了两个洞，用一细麻绳拴起来，套在颈子上，脚上穿一双可能是深黄色的而事实上已辨不清本色的破皮鞋，披毡里面是一件穿得很旧但依然笔挺的黑色西装。领带打得一丝不苟。他鼻梁上还架着一副很有水平的玳瑁眼镜，再配上那凌乱的头发，让人猜不透他究竟是个什么人。既不像赶马的，也不像教书的，更不可能是坐机关的，或者工厂里做工的，往黑社会、袍哥这一类身份上去想也挨不上，说是个疯子，可他偏偏不疯。

这个身披毛毡，而又西装革履的怪人，就是那时的西南联大中文系主任、教授兼散文大家朱自清。

在许多人心目中至情至圣的散文大家朱自清，在1941年的冬天，卖光了家里所有能够过冬的衣服，在凛冽的寒风中，唯独以抖瑟这种不自觉的肌肉运动，来产生微弱的能量，抵抗寒冷。朱自清那时候和所有的教授们一样穷得叮当响，他赎不回搁在当铺里的冬衣，也买不起新的衣服，口袋里仅剩的那几个零钱全部凑在一块，刚够从赶马人手里买一件别人已经用旧了的破毛毡，把自己武装起来，以此和寒风做斗争，抢夺身体内发出的那一点少得可怜的热能，用以维持一个散文大家的生命。

当朱自清走进教室的时候，学生们最初是惊讶，继而有人私语或者窃笑，还有的人可能是因为自己寒冷，一旦笑起来就止不住，直到笑得浑身都抖瑟、产生了热量才觉得身体舒服些。

望着那表情怪异的一张张脸，连朱自清自己也差一点笑起来，不过幸好他趔趄了一下，所以精力很快被分散，来不及笑，站稳之后，朱自清开始了他那每天惯常的开场白：

“呃，同学们，我们现在开始上课……你们都觉得我披这件毛毡很奇怪是吗？其实，你们可别小看了它，这种毛毡是云南赶马人穿的，在我住的那个龙头街就能买到，前几天我看到有人在卖这毛毡，质地相当厚实，一问价钱还挺便宜，今年昆明的冬天不是特别冷吗？我就买了这样的一件毛毡御寒，披了几天，觉得真不错，告诉你们吧，这东西的优点还真不少，第一，便宜；第二，厚实耐穿；第三，特别耐脏，不用你洗；第四，一物多用，白天能御寒，挡风挡雨，晚上睡觉的时候压在被子上，暖和；还有第五嘛，从村子里来上课，走路走累了，还可以垫在田埂上坐一坐——防潮！”

朱自清平时并不喜欢这种一板一拍，一二三四的书生气，他措辞多半比这个生动得多，可是今天偏就遇上这样的事儿了，他索性就用一种比老夫子们更刻板得夸张的语调，来讲述这段原本不该那么严肃的事儿。

朱自清用一种夸张的语调说完这段话之后，教室里反而没有人笑了。朱自清趁这个机会，用粉笔在黑板上工工整整写了个标题，开始讲魏晋南北朝时的诗人阮籍和嵇康。

当朱自清讲到阮籍行车遇穷途而哭的时候，竟然讲得忘乎所以，动了感情，不过那是为了一千多年前的阮步兵，而不是为自己现在的遭遇。这时的朱自清已经完全忘记了穿西装讲魏晋南北朝，和穿着云南赶马人的披毡讲阮步兵，究竟有什么不同?

著名散文大家朱自清，就披着那件赶马人的披毡，挨过了那个震惊世界的大冬天。因为在那个冬天，日本袭击了美国在太平洋上的重要军事基地珍珠港，第二次世界大战进入了最白热化的那一刻。

有人看见朱自清披着那件赶马人的“怪大衣”，对人高叫：“告诉你们一个大好消息，太平洋战争已经爆发，中国的抗日战争已经成为第二次世界大战的一个组成部分！”

然而就在那个冬天快要结束的时候，朱自清终于还是病倒了!

和怪大衣没有多大关系，朱自清本来就是个老胃病，这次又染上肠胃感冒，上吐下泻，痛苦得不得了。朱自清年轻时与国外一位著名作家见面，两人畅谈了整整两小时，据说谈话内容与文学完全无关，全是关于医治胃病的，因为两个人都是老胃病!

不过那时朱自清的胃病还是轻的，这次才是他一生中最严重的一回，一夜拉稀三十多次，基本上就没有睡觉。可是第二天是学生的作文课，朱自清不顾自己的病痛，把所有学生的作文全部批改完了，天亮以后撑着病体，在半路上拦了一辆进城的马车，愣是按时赶到了学校，把学生的作业和批语全部发了下去。

作为一名教师，朱自清没有让他的学生失望!

可是赶了一上午的路程，朱自清一直腹中空空，昨晚上连黄疸水都拉空了，今早任何东西都吃不进去，刚刚下课，朱自清就昏倒在讲台下面。

学生把朱自清抬到校医那里抢救，校医室也穷得叮当响，连吊瓶都有不起，校医随便给他开了两副止泻药，然后给朱自清冲了一碗红糖水喝，朱自清那惨白的脸上终于恢复了些血色。朱自清坚持要回家。学生们不放心，但又雇不起人力车，只好跑到学校背后找板车队长帮忙，可祥子这时外出了，替他守板车的蒋姑娘听说朱自清晕倒，不由分说操了一辆板车赶到校医那里，可朱自清却一个劲地摇头，说是要个男的。

各位看官，您以为情圣朱自清这时候还害羞呐？当然不是，他昨晚拉了三十几次，他担心今天回家的路上，万一又急了，有个姑娘在旁边多不方便啊？所以朱自清坚持要个男的拉板车。

好在这时祥子也出车回来了，把自己手里的车掉了个个儿，然后让学生把朱自清抬上车，一蹬脚就直奔莲花池方向去了。

你别说，拉朱自清真的很轻松，因为他那时的体重几乎都排泄光了，回去也不用棉被，把披毡往车上一垫，人躺上去，小腿伸在车外，再找一件厚点的夹衣盖上，祥子就可以出发了。

朱自清起初一路上昏睡，可是车过莲花池以后，进入农村，道路坑坑洼洼不好走，把朱自清重新给颠醒了。仰面朝天，望着昆明上空湛蓝的天穹，他过去很少用这样的视点仰望天空，所以竟然觉得有些新鲜。

“昆明的冬天竟然蓝得这样干净……我以前怎么就没注意到？”朱自清自言自语。

“先生，您躺好了。”祥子听到说话声回头看了他一眼。

“小伙子，来昆明几年了？”朱自清欠了欠身子问。

“快四年了，打北平出来四年多了。”祥子长叹。

“和我一样……娶媳妇了吗？”

“没有，我是逃难来的。没地方娶。”祥子一面说着，一面心想，大教授干吗也问这种老婆娘的问题。

“爱情这东西什么时候发生，那可说不定。有地方没地方，说来就来了。”朱自清像是跟祥子说话，又像是自言自语，“不过爱情没来也不能硬娶……平时喜欢读书吗？”

“读啥呀？斗大的字儿不识半马桶，不过我喜欢看小人书，西游记，还有苏三起解……”祥子说。

“哦对，那也是书。”朱自清不点头也只好点头，“不过……你要再多认识些字儿，就可以读更多的书，懂更多的道理。人不读书是很悲哀的。”

“先生，您读过的书有多少？拿我这个板车，怕是几大车都装不下吧？可您现在怎么会活得这么惨？这世道太不公平。”祥子直言不讳。

“你是说学富五车？这我可不敢。”朱自清笑了，“至于活得惨不惨……每个人的评价都不一样，今天我虽然是睡在板车上，可我看到了昆明湛蓝的天空，别人却没有看到……有时候贫穷会让我们看到一些以前看不见的东西。”

祥子抬头看了看蓝得毫无争议的天空，却又似乎什么名堂都没有看出来，他不太明白这个睡在板车上的读书人究竟在说些什么，这世道为什么要让一个说话如此高深莫测的读书人睡在板车上，而不是睡在别的什么车上，祥子想，大概是自己读的书太少，真的什么都说不清楚。

祥子一直把朱自清拉到昆明东北郊的司家营家中，朱自清要付他车钱，祥子坚决不要，这么大个教授睡板车，已经够寒碜了，收什么钱呢？祥子说着说着，不由得感觉到鼻子发酸。

朱自清见祥子坚持不收钱，就送了他一本小学生识字课本，那是朱自清亲自审定的国文教材，家里多得是，不要钱。

朱自清的女儿听说父亲病得很重，也从城里赶到司家营，朱自清让女儿和祥子一路回城，以免路上再发生意外，祥子从他们父女谈话间隐约听出，朱自清的女儿前不久回家路上遭遇刺客，有可能是对她某次抗日演讲的报复。此后，朱自清便不再让女儿一个人回家。

祥子拿了朱自清给他的识字课本，心满意足地带着朱自清的女儿回城去了。

也正是在那个冬天以后，我们看到的是朱先生留下的另一种文字：

东亚病夫居然奋起了，睡狮果然醒来了，从前只是一大块沃土，一大盘泥沙的死中国，现在是有血有肉的活中国了……新中国在血火中成长了！

在从司家营回城的路上，朱自清的女儿告诉祥子，上次在回家的路上遇刺，有可能是上层的原因。

云南十万健儿在前线抗日，这是不可否认的事实。可是也有人企图通过和汪精卫讨价还价，减少日机对昆明的轰炸，因为这个原因，抗战最坚决的滇军将领高荫槐将军被褫夺军权，高被迫避居省外，不敢再回云南，他有个女儿原本在读西南联大，后来怕被报复，被迫转学去了贵州。朱自清的女儿那次抗日演讲，为高荫槐将军仗义执言，两个星期后即遭人刺杀。凶手往她身上捅了两刀之后就逃走了，一直没有破案。看下刀的深度和部位，倒也不像是要她的性命。

朱自清的女儿要祥子今后多加小心，不过她说现在好了，第二次世界大战爆发，美国正式参战，蒋介石和龙云抗日的决心就比过去坚定多了！

祥子这趟拉完了朱自清，过了不久又去拉了一趟刘文典！

两人一样的毛病：肠胃炎拉肚子，刘文典拉得比朱自清更厉害，而且此人有烟瘾，一旦遇到这种事儿搞不好就要送命，很多人都不知所措。

刘文典是西南联大唯一顽固坚持上课用校役侍候的教授，无论西南联大穷到何等地步，也无论梅贻琦已经辞退了多少校工，刘文典一直有校役侍候他，不仅仅是端茶倒水，还包括拿旱烟管、点火之类。可这回跟他的校役倒霉了，手里拎着一个大马桶，到了办公室把马桶往办公桌前一搁，然后刘文典就一直坐在马桶上阅卷。

放学的时候，校役见刘文典实在没有力气回家了，只好向骆驼祥子求助。

奈何这个刘文典和朱自清完全不一样，一副士可杀不可辱的模样，坚决不坐板车，认为祥子的板车以前拉过猪，坐板车有辱斯文，于是和校役大吵起来。

所有人来劝他都没有用，刘文典就是不上车，有人说系主任朱自清也坐过祥子的车，可刘文典原本就不把朱自清放在眼里，这一说就更不坐了。

祥子下午还有事儿，时间耽搁不起，他被刘文典吵急了眼，不由分说把刘文典按倒在办公桌上，把他双手反捆了，严严实实裹了床毯子，像裹婴儿一样裹了扔在车上，惹得刘文典杀猪般号叫！

好在刘文典这人忒爱面子，车子一上大路他的号叫就停止了，耷拉着个脑袋装死人，那跟他的校役也没辙，只好提着个大马桶屁颠屁颠地跟在车后面。

这回骆驼祥子在西南联大可算是又出大名了！

这刘文典何许人也，论革命资历，刘文典的资格比蒋介石还老，他给孙中山当秘书的时候，蒋介石还是个跑腿的。有一年蒋介石跑到安徽，要清查学校里的共产党，身为校长的刘文典坚决不让，两人吵翻了脸，蒋介石勃然大怒，扬言要把刘文典捆起来，但最后也没敢真捆。

如今连蒋委员长都不敢捆的刘文典，却被一个板车夫给捆了，这可不是西南联大的惊天新闻吗？很长一段时间，祥子在学校里，总有人向他摘帽敬礼，还有的人见了他，专门要跟他握手。

祥子心里知道，这些人并不是真的尊敬他，但也不完全是恶意，只是又一次拿他当茶余饭后的笑料而已。

刘文典病愈后，气势汹汹地找校方交涉，要求开除骆驼祥子，可学校里告诉他，祥子早就不在校工花名册上了。刘文典只好作罢。

刘文典这时不得不哀叹，他这一生就被一个人打过，被一个人捆过：打他的人是北京的一个和尚，打他的原因是因为他读佛经的姿势不恭敬，还弄脏了寺院里的佛经；而捆他的这个人便是学校的板车夫骆驼祥子。

不过对于祥子来说，这事儿他还真不敢张扬，去书场说书的时候也没跟人提过，后来是其他人把这事儿传到了校外。

刘文典家人后来过意不去，说是要把车钱付给祥子，可祥子就是不收，这一点刘文典倒是比较敬佩祥子，后来有一次刘文典在学校见到祥子，还专门摘帽向他行了个礼。

话说和骆驼祥子在一起的蒋姑娘，自考取西南联大物理系以后，便搬进了南院女生宿舍，睡上了高低床，比当初在猪圈新村睡草棚那是神气多了，也拥挤得多，可是家里一直都联系不上，经济无着，除了七元贷金作为饭钱，几乎一文不名，所以放学以后经常到学校背后的猪圈新村帮祥子拉板车，挣几个零花钱。

不知不觉两人在一起已经三年多了，那时猪圈新村只有他们两人居住，孤男寡女的，免不了会有人开他们俩的玩笑，尽管祥子把自己的草棚让给蒋姑娘以后，自己又修了一个棚子，离她远远的，但可能是因为蒋姑娘生得太漂亮，随便在街上捡一件破衣烂衫穿着，都能让人注意好半天，特别是她那双炯炯有神的猫眼睛，有时竟能让陌生人不寒而栗，所以祥子被人取笑也是难免的。

这些闲言碎语其实蒋姑娘早就知道了，看那些坏小子和祥子说话的神态，就知道他们不怀好意，可那时蒋姑娘没有别的去处。再后来在猪圈新村那儿睡草棚的人多了，男男女女也就谁都不在乎谁了，再然后蒋姑娘就住上了女生宿舍。

当猪圈新村只有他们两人的时候，祥子一直保护着蒋姑娘，不让男人们随便靠近她的草棚，一旦有人进来，总是祥子先开口大声问对方要干什么。如果有人不怀好意想接近蒋姑娘，祥子就会把他们轰走。当然，轰不走也不怕，蒋姑娘腰间那把军用匕首也不是假货！

别人问祥子和蒋姑娘是什么关系，祥子只说她是来帮他守车的。可是学校总共就那么几辆破车，用得着两个人守吗？

直到蒋姑娘快搬走的时候，有一次祥子和几个工友出去喝酒喝醉了，冒冒咋咋闯进蒋姑娘的草棚，被蒋姑娘扇了一耳光，那事儿以后，两人几乎一直没有再说过话。但蒋姑娘出车，祥子一分工钱没有少给过她。

蒋姑娘上学后不再住草棚，只是放学以后帮着拉拉板车，像这样的联大学生当时并不在少数，很多都是从沦陷区来的。蒋姑娘和祥子之间，也一直维持着这种公事公办的关系。

这天晚饭之后，祥子正对照着朱自清给他的识字课本，学着补话本上的生字，蒋姑娘突然风风火火地进来了，祥子告诉她明天没有活计可以不用来了，可是蒋姑娘不由分说，拉着祥子就往猪圈外面走，说是要祥子陪她去看电影。祥子完全没有思想准备。

“看什么电影啊？天都快黑了。”祥子似有些不情愿地被她拉出了猪圈门。

“你要多看电影，要不你大字不识几个，你咋个说书啊？”蒋姑娘最初觉得祥子居然去说书，实在不可思议。

“可是那需要很多钱呢。”祥子犹豫地道。

“我请你！”蒋姑娘说。

两人走到马市口附近的电影院时，天已经黑了。进场的时候，蒋姑娘要祥子靠她近一些，两人挽着胳膊就进去了。祥子第一次和一个女孩子靠得这么近，非常不习惯，几次想挣脱蒋姑娘的胳膊，可她像蛇一样把祥子紧紧缠住，让他挣脱不得。

“我们这样不好吧，被人看着呢。”祥子很紧张。

“妈的，你一个臭拉车的，姑奶奶挨近你，你还吃亏了不成。”蒋姑娘突然扇了祥子一耳光，一双炯炯有神的猫眼睛狠狠瞪着祥子，直瞪得祥子两腿发软，然后蒋姑娘就把他强拉进了电影院。

散场的时候，蒋姑娘照旧挽着祥子的胳膊，挽得很紧，根本不给他挣扎的机会，两人就一直这样挽着，直到祥子把蒋姑娘送到南院的女生宿舍门口，两人这才正式分手。

那一晚祥子浑身燥热，几乎没有入睡，尽管春城的三月天还有些凉飕飕的，已经快二十八岁的祥子，第一次和一个女孩挨得这么近。在众目睽睽之下被一个女孩强挽着胳膊，这在当时的昆明城，可谓最大胆的举动。更让祥子不明白的是，蒋姑娘究竟为什么要这么做，说蒋姑娘就是小说里那个虎妞，祥子一万个不相信，那明明就是小说家瞎掰的，怎么可能？虎妞就一车行老板的女儿，可人家是堂堂大学生，而自己连小学识字课本都没识得一半，咋个会？

可你说蒋姑娘不是虎妞，她挽祥子挽这么紧又要干吗？总不会是人家说的三月快到了，患桃花热吧？

第二天祥子觉得头很疼，一直睡到中午有人来要车了，他才迷迷糊糊地起了床，给那人办了登记，也不煮水煮蚕豆了，怔怔地望着猪圈栏发呆。

此后的一段日子，蒋姑娘经常来找祥子，不是约他看电影，就是陪他一起去茶馆听书，有时候还帮他看识字课本。

这天晚上，祥子又去凤翥街的茶馆说书，蒋姑娘要参加学校的篝火晚会，没有陪他。说书结束后，茶客们还在那里打牌消遣，祥子早早就离开了茶馆，刚刚走出凤翥街口还没来得及进西南联大校门，突然从旁闪出一群彪形大汉，气势汹汹地用手电筒直射祥子的脸，刺得祥子睁不开眼睛，祥子正要回避。其中一人已经冲了上来，狠狠揣了祥子一脚，接着，那些人开始轮番攻击祥子，猛击他的腮帮和后脑勺，祥子防不胜防，很快被那些人打倒在地。

“凭什么打人？”祥子在地上挣扎着说。

“臭拉车的，我让你拉车！”为首那厮说罢，抄起铁棍朝祥子的腿部猛击，祥子大惊，急忙躲闪，这一棍打虚了，疼得祥子在地上一边滚一边嗷嗷直叫。

这时一道电光射过来，一辆人力车从西南联大校门内驶出，车上人厉声娇喝：“什么人？”

为首那厮见有人来了，狠狠砸了祥子一棍，吆喝同伙逃之夭夭。

这时西南联大的篝火晚会刚散，参加晚会的学生从校门里拥出来，将祥子从地上扶了起来，祥子觉得自己双腿疼得厉害，但还能自己行走，说明没伤到骨头。

“他们为什么打你？”人力车上的那个女人走下来问道。

祥子这时才看清楚，从人力车上下来的是社会系的女生郑琳，龙云的儿媳妇！可对方问他为什么被人打，他确实回答不了，唯有一脸茫然。

第二十回

困香港五月陈寅恪

话说祥子在西南联大门口被人打了，但他确实想不起来他到昆明这些年，究竟得罪过什么人，要如此置他于死地。于是被龙云的儿媳妇郑琳问得一头雾水，只能茫然摇头。

“这些年你没得罪过什么人吗？”郑琳还在追问。

“我……我拿过几个人的饭票，一直没有还。”祥子实在无话可说，陈芝麻烂谷子的事儿想了一大堆。

“不用问了，我知道打人的是谁！”人群里，蒋姑娘突然站了出来，那双炯炯有神的猫眼睛怒视着前方。

蒋姑娘身边那几个男生一听到这话，像是已经明白了什么，悻悻然地一哄而散：“走啦，回去睡觉啦。”

原来，有个富家子弟看上了蒋姑娘，答应支付她上学期间的全部费用，可蒋姑娘并不喜欢这样的花花公子，为了摆脱富家子弟的纠缠，蒋姑娘推说自己已经有男朋友了。

可是那个富家子弟在昆明有钱有势，谁都惹不起，同班的男同学都纷纷拒绝装扮蒋姑娘的男朋友，包括平时玩得最好的那几个男生都不敢，蒋姑娘急了，只好去找祥子，让他陪她去看电影、逛街。这下更把对方惹恼了，蒋姑娘竟然为了一个臭拉车的，拒绝了一个阔少爷，这可是让对方丢人丢大了。

蒋姑娘知道这回把祥子惹大了，躲着不敢去见祥子，让一个男同学带了一小瓶治伤的药酒给祥子疗伤，同时向祥子道歉。可祥子一直很困惑，蒋姑娘为什么放着学校里那么多男生不找，偏要找他？他像那么个人吗？

“药酒是用七叶一枝蒿泡过的，只能外用，千万别喝了。”男生戴着一副眼镜，所以说话的时候，那眼神总是含糊其词。

祥子打开酒瓶闻了闻，皮笑肉不笑地说：“你告诉她，她要是不来，指不定哪天高兴，我就把这当二锅头喝了。”

男生愣了一下：“你的话我一定带到，可她来不来，还得看她自己。”

男生见话不投机，随便聊了几句就走了。祥子下午闲着没事儿，抓了一把蚕豆搁锅里慢慢煮着，开始念他的识字课本。

几天以后，蒋姑娘硬着头皮还是来了，祥子没有理她，自顾埋着头看晚上要说的话本。

蒋姑娘看了看酒瓶里的酒，揶揄地：“哟，我给你的酒还没喝呐？”

祥子没好气地乜斜了她一眼：“留给你的。”

蒋姑娘不由分说，狠狠踢了他一脚，把酒瓶塞到他嘴边：“你吓唬谁呢，有本事你当着我的面喝呀？喝！”

“你干吗打人？难道这事儿你还有理了不成？”祥子的火气也上来了，拧着脖子吼道。

“反正我做也做了，你想怎么样吧？”蒋姑娘索性双手一抱，摆出一副豁出去的样子。

那天在猪圈里，祥子和蒋姑娘大打出手，猪圈狭窄，祥子手脚施展不开，反被小巧机灵的蒋姑娘打得没法还手，最后被蒋姑娘按倒在床上，狠揍一顿。那一场架明明是蒋姑娘打赢了，可最后她竟然一屁股坐在地上号啕大哭。

“喂。你别哭了，别人不知道还以为我欺负你。”祥子战战兢兢地说。

“我怎么那么倒霉？”蒋姑娘那天差点儿哭岔了气儿。

“世道就这样，谁不倒霉啊？”祥子自言自语地说。

两人打完架一直呆若木鸡地坐在屋子里，谁也不先说话，但谁也没有离开。直到最后有陌生人在院子里闲逛，祥子这才起身出去……

又过了几天，蒋姑娘带了一小包大米来看祥子，还亲自给他煮饭，两人这就算是正式和解了。

“这里是昆明，你得学会吃大米饭，你看见昆明哪个说书的像你这样，天天吃水煮蚕豆？”蒋姑娘说。

“吃不饱嘛，这不是……”祥子喃喃地说。

珍珠港事变的第二天，日军开始进攻香港，第五天整个九龙半岛就被日军全面攻占，驻港英军与日军隔海对峙 13 天后，大英帝国香港总督杨幕琦打着白旗，到九龙的半岛酒店，向日军投降。

这事儿原本和地处云南的西南联大关系不大，可是西南联大的陈寅恪那时被困在香港，从此杳无音讯，如此一来，后果就大不一样了。

杨幕琦向日本投降的当天，国民政府派出最后一架飞机，接应当时居住在香港的国民政府要员和著名文化人。然而，行政院长孔祥熙的家属行李过多，据说还有洋狗和马桶，占用了飞机过多的空间，使更多的政府要员和著名文化人无法登机，在机场发生了冲突。

国民党中常委、陆军一级上将陈济棠强行登机，结果被孔祥熙的二小姐用手枪抵着脑袋，逼下了飞机。显赫一时的南天王陈济棠尚且如此，其他那些文化人更拿孔家二小姐没办法。

飞机载着孔祥熙一家和少数要员飞走了。飞机起飞后两个小时，日军接管香港启德机场，国民政府的飞机从此无法降落。陆军一级上将陈济棠、军界元老许崇智、廖仲恺夫人何香颖、著名文化人茅盾、陈寅恪、邹韬奋、柳亚子、宋之的等被迫滞留香港。

事情发生的时候，国民党正准备召开五届九中全会，鼓吹修明政治。飞机到达重庆的时候，很多党国要员涌到机场，准备迎接脱险而归的同僚们。然而飞机舱门打开后，没有中常委陈济棠，没有监察院的许崇智，没有何香颖，只有孔院长一家和他们家的老妈子。这事儿让许多在场者愕然。

事情发生后，陈寅恪彻底失联，不知去向！

由于影响太过恶劣，孔家的丑行终于见诸报端，此事激怒了西南联大的师生，于是在 1942 年年初，很快酿成西南联大的倒孔事件。

那天上午，历史系教授吴晗在讲南宋历史时说了一句：历史上有个蟋蟀宰相，今天又出了个飞狗院长。这话激怒了在场的一些学生。当天的壁报上，首先刊出了历史系学生写的《悼念陈寅恪》。

这篇文章登出后，联大校园内群情激奋，饥寒交迫的西南联大师生，对于此等劣迹愤怒无比，部分学生开始串联，酝酿第二天的倒孔游行。

由于国民党内部的派系矛盾，在这次倒孔运动中，西南联大的部分三青团员格外活跃，他们草拟了倒孔的声明，请西南联大三青团负责人陈雪屏签名，以三青团的名义发表，被陈雪屏拒绝。于是这些人就转而策动其他学生上街游行："国民党员，三青团员们，此时此刻若不能有所表示，你们人格何在？"

第二天上午课还没结束，一部分同学已经在写标语、挂横幅，准备上街游行，中午放学时，学生们举着横幅冲出校门，高喊着："爱国的站拢来！"其他同学放学看见，也跟着上了街，很快形成一支上千人的游行队伍。

学生上街后，傅斯年等部分教师公开表态支持学生，此举又影响了更多的师生参与其间。

倒孔事件发生时，皖南事变的反共高潮刚刚过去，学校里的许多中共党员被转移到外地，西南联大党支部也进行了改组，党支部负责人换成了低年级新生，党的活动处于低谷时期。倒孔事件发生时，党组织几乎毫无准备。

游行队伍冲出学校后，几个党员学生临时开了个碰头会，一致认为此事虽然有三青团的人参加，但倒孔是西南联大师生的正义之举。他们如果不参与，广大师生会对党员们有看法，不利于团结学校里的进步力量，但贸然参加很可能暴露自己的身份，怎么办？

几个党员同学经过商量，担心同学们仓促上街游行，准备并不充分，于斗争形势不利，决定成立倒孔后援会，组织尚未参加游行的师生，在学校里做好后勤、服务、援助和安全保卫工作。

这些党员学生的想法，正好与曾任学生会负责人的郝诒纯等人的想法不谋而合，尽管这些低年级的党员同学，完全不知道郝诒纯的真实身份，但凭借郝诒纯平日在学校里的威望以及学生会的程序，倒孔后援会很快成立。

当天晚上，出去游行的师生们回到学校时，倒孔后援会已经为他们准备好了茶水和可口的饭菜。游行队伍进校时，受到在校师生的夹道欢迎。滞留在街上的同学也很快被后援会劝回。

几天后，日军在缅甸毛淡棉登陆，中国远征军正式出兵缅甸作战，校园内的倒孔壁报和标语，很快全部换成了支持中国远征军出征缅甸的内容。

倒孔运动在全国造成了一定的声势和影响后，很快鸣锣收兵，蒋介石派康泽来昆明查办倒孔事件，几乎无从查起。康泽只好先从自己可以控制的三青团下手，举办三青团训练营，整顿西南联大的三青团，可是为了让这些人继续掣肘西南联大的共产党人和进步力量，康泽也只好对那些参加游行的三青团分子从轻发落。

事情发生后，西南联大没有一人被逮捕关押，只有车夫骆驼祥子被刑讯，后来也很快被释放了。到底怎么回事儿?

倒孔事件发生的时候，祥子还在外面拉板车，看到同学们游行，他也和工友们写了个支持倒孔的声明，贴在壁报栏上，每个人都签了名字。

但几天后，部分三青团的学生为了替自己开脱，声称工友们起草的这份支持倒孔的声明，出现了俄文图章，系有共产党背景，于是立刻成为康泽追查的重点。

可是祥子他们哪儿来的俄文图章?

经康泽严厉追查，几个大字不识的工友一口咬定，声明书上的俄文图章是祥子盖上去的，具体是什么意思他们也不清楚。

于是康泽下令昆明市警察局深更半夜潜入西南联大猪圈新村，逮捕了车夫祥子。祥子对于俄文图章事件困惑到了极点："我连中文都认不全，我要俄文图章干什么？"

于是祥子被劈头盖脸地暴打了一顿，打完以后身上还被泼了一桶大粪。一直吊在刑讯室里，直到第二天下午。

警察见祥子死不招认，出示了那张从壁报上揭下来的声明书原件。祥子一看差点自己先乐起来。

原来那天声明书起草之后，有个工友建议盖个公章再去发表，可是学校谁也不会把公章借给他们，于是祥子就拿上蒋姑娘给他的药酒酒瓶，找了个有红印泥的地方，盖了个印在上头。蒋姑娘给他的那个药酒瓶底，有一大圈密密麻麻的小圆圈组成的花纹，由于盖印泥的时候不匀称，很多小圆圈缺了角，看上去很像俄文字母，难怪被人抓了把柄。

警方再次搜查祥子居住的猪圈，找到了那个酒瓶，警方发现祥子还在读小学识字课本，估计连中国字都认不全，于是俄文图章事件也只好不了了之。

可惜祥子被警察泼了一身大粪，那身衣服一直洗不干净，怎么洗都有股味儿，最后只好扔了，这事儿让祥子破费了好大一笔钱，好不心疼："姥姥！"

且说香港沦陷时，陈寅恪等人因为没能登上飞机，滞留香港，此事震惊了全国。西南联大的倒孔事件刚刚平息，其他地方又不断发生倒孔游行，行政院长孔祥熙此时成了老鼠过街，人人喊打。

陈济棠是显赫一时的南天王，统治广东多年，现在仍挂名陆军一级上将，珠江口一带到处是他的势力，陈上将很快脱离日军控制下的香港，去了重庆，照常参加国民党的五届九中全会。许崇智被日军控制，软禁在九龙的半岛酒店，每天酒肉侍候，长达两年之久。

大批文化人滞留香港的消息传到重庆，中共南方局周恩来指示八路军香港办事处设法营救，八路军香港办事处和珠江三角洲一带的东江游击纵队经过反复磋商，很快形成了一个包括文化名人家属在内800人的营救名单，省港大营救就此拉开了帷幕！大多数文化名人在东江纵队的掩护下，分批分路撤往宝安和惠阳的抗日游击区，然后从那里回到大后方。

省港大营救时，中共方面曾派乔冠华来联系过陈寅恪，商量秘密转移的事儿，乔冠华在清华大学读书时，曾经是陈寅恪的学生，后来由陈寅恪介绍到德国留学。可是陈寅恪的妻子心脏病时好时犯。更严重的是，陈寅恪的小女儿当时正患有百日咳。昼夜尖咳不断，夜间行动随时有可能暴露目标。因此，营救陈寅恪的行动只好推迟。

陈寅恪这次去香港，是受英国牛津大学的邀请，去那里讲课并治疗眼疾。可是陈寅恪在香港办完签证，准备启程时，由于受欧战影响，地中海的航线全部中断，他只好在香港等待。陈寅恪滞港期间，曾受香港大学邀请，出任客座教授，在那里讲课，因此知道陈寅恪在香港的人很多。

日军占领香港后，对于滞留香港的这批文化名人也很重视，日军曾在报纸上登出启事："请茅盾、柳亚子到九龙半岛酒店一叙……"甚至日军在电影院放电影时，也打出字幕广告："请蔡楚生、梅兰芳见字后到酒店一叙，共同为大东亚共荣圈效力……"

昆明发生倒孔事件后，日军也更进一步确证了陈寅恪滞留香港，报纸启事上也出现过他的名字。

好在从西南联大开始，由于经济贫困，陈寅恪在香港的家人曾多次搬家，越搬越小，最后就住到贫民窟去了。陈寅恪到港后也搬过一次家，所以很少有人能找得到他住在哪儿？除了乔冠华在香港办报纸时，曾向陈寅恪约过稿，后来也和他联系过之外，更没有人知道陈寅恪的住址了。自己人找不到他，敌人也找不到他。

日军占领香港后，没收了英国政府库存的粮食，导致香港物价飞涨，很快陷入了饥饿的恐慌，陈寅恪失去了工作，生活很快变得极度贫困，全家人吃了上顿无下顿，有时只好跟乡下人买红薯藤、红薯叶子充饥。为了防止日军的暴行，家里三个女儿全部剪去了头发，换上了男装。

这一天，一支日军部队包围了陈寅恪居住的那条小街，在街口架起了机关枪，扬言要征用这条街上的房子，引起街上的居民极度恐慌，有人知道陈寅恪是读书人，央求他去和日本人交涉，宽限些时日。

当时整条街上也只有陈寅恪一个人会说日语，为了大家的安危，陈寅恪只好沉着地走向街口，去和日军指挥官交涉，陈寅恪以流利的日语，向日军据理力争，最后日军答应把限期宽限到一天半时间，撤掉了街口的机关枪。但把陈寅恪扣作人质，街上居民撤走以后，日军也只在这条小街上住了几天。由于太平洋战争形势变化很快，这支日军部队被上级调防，空出的房屋无人接管，因此搬出去的居民陆陆续续又搬了回来。陈寅恪从此受到街坊们的高度尊重！

但此举却让陈寅恪自己暴露了身份！

正当香港普遍缺粮，街上已经出现饿殍的时候，这天早晨陈夫人起床，突然发现有人在家门口搁了一袋大米。此事立刻引起了陈寅恪的警觉，由于大米的来路不明，陈寅恪一直拒收，全家人宁可继续吃红薯叶子煮的粥。

又过了一段时间，日伪终于按捺不住了，先是华北伪政府教育督办周作人，让陈寅恪的一位弟子带来他的亲笔信，邀陈寅恪到北大文学院任导师，陈寅恪不为所动。对方无功而返。

汪伪中央宣传部部长林柏生见周作人说服不了陈寅恪，又派自己的秘书蒋守廉带着一张40万元的上海中国银行支票，去香港面见陈寅恪，商谈中日合办东方文化学院的事儿，由陈寅恪主持。支票上赫然盖着中国银行的公章和宋子文的红印。

蒋守廉是陈寅恪在清华的弟子，又是罗隆基的亲戚，林柏生终于找到一个最适合与陈寅恪打交道的人选。蒋在陈寅恪面前完全毕恭毕敬，左一个恩师，右一个恩师。

“……我历来的主张你是知道的，独立之人格，自由之精神，如若背叛了这个精神，你们也不必再说是我的学生。”陈寅恪很蔑视地看着学生手里的这张支票。

“当然当然，恩师说得很对，可眼下也是权宜之计，战争总是短暂的，可中华民族的精神源远流长，更需要恩师这样的大家来主持和传承。”对方说话的时候脸上一阵红一阵白。

“你回去告诉林柏生先生，你们如果能让日本军队全部退出中国，我一定当仁不让。来为你们主持这个大计！”陈寅恪的态度很坚决。

双方沉默了良久，蒋守廉很沉重地向陈寅恪鞠了个躬，动情地说：“恩师……重庆那个政府，为了他们的私家马桶和洋狗，将您丢弃在这个孤岛上，是为不义；黄河难塞黄金尽……这是恩师的诗句！为了区区几万日军，置百万人性命于不顾！是为不仁，这个政府您还能跟他们多久？”

陈寅恪冷冷一笑：“日本发动太平洋战争，可谓犯了众怒，与他们的合作，又能持续多久？”

对方无言以对，双方很长时间都没有再说话……

蒋守廉走后，陈寅恪明白自己在香港已经彻底暴露，香港已经不再是他们的久留之地。

五月间，陈寅恪带着妻子和三个女儿，混在香港的难民队伍里，从东码头登上了一艘法国商船，商船横跨南海，抵达湛江，陈寅恪一家就在这里登陆，摆脱了日军的监视，开始又一次长途流亡。

湛江当时名义上由法国维琪政府统治，其实成了中日双方两不管的中间地带，法国当局表面上臣服于日本，其实骨子里和日本矛盾很大。当时的湛江大街上，到处都是难民，郊外盗匪横行，法国当局事实上已经无力控制这里的局面。

到了湛江之后，陈寅恪一家混迹在难民队伍里，同时陈寅恪通过法国人开设的电报局，给重庆的中央研究院发电报，表示已到湛江，请求给予援助。

陈寅恪那时是中央研究院的评议委员，中央研究院接到电报后，很快汇了一笔路费给陈寅恪。待中央研究院的汇款到达后，陈寅恪通过当地秘密传阅的国统区报纸，找到了乔冠华在桂林的地址，取得了联系。乔冠华与湛江地下组织联系后，安排陈寅恪一家以法国洋行的业务员身份作为掩护，穿越日军和法军的一道道封锁线，辗转两个月，到达广西省会桂林。

至此，历时五个月的省港大营救画上了最后的句号，营救名单上的三百多名著名文化人和家属，除女作家萧红病故外，全部安全到达抗日大后方。

陈寅恪一家，经历了抗战以来的第二次大逃亡。一路上历经饥饿、贫困、露宿街头、穿山越岭、毒蛇猛兽……这些都是第一次大逃亡没有经历过的遭遇，此行比第一次大逃亡更令人心惊肉跳和身心疲惫。陈寅恪到达桂林后，陈夫人的心脏病再次发作，于是全家定居桂林，陈寅恪受聘于广西大学。而这个时候，陈寅恪的眼疾更加严重了！

一年后，日军下达一号作战令，占领广西省省会桂林，陈寅恪一家又开始了第三次艰苦的大逃亡，从桂林到达四川成都后，陈寅恪双目失明！

第二十一回

演话剧黑字二十八

话说西南联大在昆明刚刚站稳脚跟，就上演了德国名剧《马门教授》改编的话剧《祖国》。该剧由外文系教授陈铨翻译改编、孙毓棠导演。除著名演员凤子主演外，其余演员全是西南联大的师生。

西南联大到昆之前，大多数昆明人尚不知话剧为何物，尽管从 30 年代开始，昆明金马剧社的戏剧家们竭力向昆明人推广话剧文化，但毕竟力量有限，很多习惯了滇剧、花灯的昆明老观众看话剧时总在问，为什么还不开演？按照他们的标准，只有开锣唱戏才叫正式开演，之前那些对话只能叫开场白，而话剧这个品种，常常一个开场白就干掉了两小时，观众当然难以接受。

《祖国》的演出由于正是在民族危亡的紧要关头闪亮登场，所以很快引起了观众的强烈反响。特别是剧中男主人公牺牲时，高呼：打倒日本帝国主义！祖国万岁！观众也被这种情绪感染了，跟着剧中人高呼口号，整个剧场沸腾了！

第二年，西南联大剧社和云南本地的金马剧社，邀请著名剧作家曹禺、著名演员凤子到昆明，联合排演《原野》《黑字二十八》两台话剧。师生们在紧张的学习之余，仅用半个月的排练时间，就正式演出，《原野》和《黑字二十八》这两出话剧轰动了昆明戏剧舞台，第一轮演出结束后，剧场一再要求加演，形成久演不衰的盛况。

对于清华研究院刚刚毕业两年的曹禺而言，这个结果完全出人意料！

《原野》系曹禺的第三部戏剧作品，剧本出来后，不仅反响平平，而且引来一大堆争议。令曹禺完全没有想到的是，他的《原野》突然在昆明空前火爆，继而走向全国，至今在中国的话剧舞台和戏曲舞台上久演不衰，昆明成了这部曹禺名剧的全新起点！

曹禺、宋之的谍战大戏《黑字二十八》虽在重庆已由赵丹精彩演绎，但西南联大为曹禺提供的演员阵容，也同样不弱于重庆！曲折的剧情、紧凑的结构和紧张的戏剧张力，再次征服了春城的戏剧观众。

《黑字二十八》之后，西南联大各个剧社，先后上演了《夜光杯》《野玫瑰》《风雪夜归人》《夜未央》《雷雨》《雾重庆》《阿Q正传》《刑》《潘琰传》等多部大型话剧，话剧小戏不计其数。西南联大的话剧，虽然是从校园的业余演出开始，但因为《原野》等优秀剧目的上演，为中国话剧史写下了新的篇章！

西南联大没有戏剧表演专业，但西南联大却培养了许多优秀的戏剧导演、演员和编剧：孙毓棠、汪曾祺、王松声、黎锦杨、从硕文、张定华……

昆明发生一二·一惨案的时候，西南联大三天之内就拿出了《潘琰传》等十几个关于惨案的演出剧本，其中最快的剧本两小时写就！这些剧本都表现了广大学生的创作才能。一个名叫《告地状》的街头剧，通过李鲁连烈士的母亲到昆明街头告地状，控诉了统治当局，演出结束后，街上的观众误把演员当作烈士的母亲，给了她很多捐款，然后叫上人力车把演员送回了西南联大。

还有一个名叫江景彬的西南联大学生，因为在一出街头剧中扮演日本军官，演得太逼真，结果在大街上被围观的群众殴打致伤。幸亏在场的其他人员把他救了出来，否则差点发生恶性事件。

西南联大的话剧运动，共产党人起了骨干带头作用，对于抗日救亡宣传产生了重要影响，因此也引起敌人的嫉恨。1940 年，西南联大剧社在前往杨林演出途中，因遭人为破坏，导致翻车事故，剧团的主要骨干和领导重伤，此事惊动了云南省主席龙云，龙云夫人顾映秋亲自到医院探望受伤学生。

翻车事件后，由于剧社部分领导骨干重伤不能工作，西南联大剧社发生分裂，一部分人开始鼓吹艺术至上，一时间西南联大校内出现多个话剧社，相互打擂，争夺观众，甚至发生拉电闸等恶性事件。话剧作为一种文化，也更进一步走向了多样化。每个剧社都形成了一批忠实的粉丝团，这些粉丝团又因为各自艺术见解和崇拜对象的不同，后来走上了不同的人生道路。

自《祖国》演出成功后，中共党组织非常重视话剧艺术在群众中的影响。那时，西南联大存在多个党员团队并存的情况，其中中共长江局青年特派员王亚文的团队，对于校园话剧演出介入得最多。他手下的党员们，很多都成了西南联大剧社的领导和骨干成员！

王亚文虽然是西南联大社会系学生，但他 14 岁参加革命，15 岁入党，16 岁考入黄埔军校，17 岁参加领导了秋收起义，是一个经验非常丰富的老革命。新中国成立后，王亚文成为我国著名经济学家。

哲学大师汤用彤的长公子汤一雄，在北平读中学的时候，就参加了党领导下的民先组织，是学校里的骨干成员。抗日战争爆发时，汤用彤正在南京开会，父子联系中断，为了抗日，汤一雄和一批进步同学南下长沙，考入了长沙临时大学。父子俩见面的时候都颇多惊讶。

汤一雄随学校到云南后，经王亚文介绍加入了中国共产党。在王亚文的帮助下，汤一雄进步很快，不久就成为王亚文的得力助手。

汤一雄身材魁梧、五大三粗，是个标准的硬汉形象，也是西南联大剧社最优秀的演员之一。

《原野》《黑字二十八》演出成功后，西南联大的话剧社开始排练于伶先生的谍战大戏《夜光杯》。这出戏讲述上海舞女郁丽丽中学毕业后精神空虚，以卖笑为生，用寻欢作乐掩盖自己精神上的痛苦，后在地下工作者启发下，投身抗日行列，到北方刺杀汉奸政府头目应尔康未成，壮烈牺牲的故事。这出戏对于唤醒民众投身抗日，显然是一种很好的宣传。

汤一雄在《夜光杯》这出大戏中，扮演地下工作者耀华。这个角色虽然后来在文学界备受争议，被认为是个概念化人物，但他对于女主人公的性格成长具有关键作用，他的许多台词对于台下的观众来说，依旧充满舞台激情。

可是就在公演后的一天，汤一雄刚刚来到剧场，就觉得一阵腹痛袭来，而且来得很猛。汤一雄忍着腹痛，坚持化完了妆，准备着开演登台。然而就在这时，腹痛更进一步加剧，加上舞台后面非常凌乱，连坐的地方都没有，汤一雄一只手紧紧抓住一片后台的景帘，痛苦地支撑着自己的身体，一直坚持到自己上场。

第一幕结束后，汤一雄已经脸色苍白，瘫软在化妆间的长椅上不能动弹，豆大的汗珠从额头上滚滚而下！

舞美总监闻一多首先发现情况不妙！按理，该剧的第二幕、

第三幕都没有汤一雄的戏，一直要到最后一幕才有他简单的几句台词，汤一雄今晚的演出，事实上已经完成了一大半。闻一多先生的身材和汤一雄有相似之处，摘了眼镜也看不出脸型有多大的差别，闻一多让汤一雄把衣服换给他，最后那几句台词闻一多半小时之内就能背下来，过去的日常调度作为舞美总监的闻一多也早就熟悉，闻一多甚至还模仿了汤一雄的台词方式，可汤一雄觉得这样对不起观众，坚持要自己演。

中间候场一个多小时，对于汤一雄来说，是痛苦而漫长的等待！

终于，舞台监督开始催汤一雄上场了，汤一雄强忍着剧烈的腹痛，上场演完了最后一场戏，然后以一个地下工作者的敏捷隐身后台。可是他下来之后，就昏倒在后台！

汤一雄当晚被送往医院抢救，被诊断患了急性阑尾炎，值班医生很遗憾地告诉剧团负责人，医院因夜间无法手术，恐怕已无法抢救！几天后，汤一雄因医治无效，在医院病逝。

汤一雄病逝时，汤用彤正好到北平接家属去了，不在学校。校长蒋梦麟也在重庆，西南联大担心今后无法向汤用彤先生交代，请张伯苓代表学校到医院看望。

张伯苓可谓中国话剧创始人之一，从当年春柳社算起，迄今35年，他也不曾见过如此坚强的话剧演员，顿时老泪纵横。

"张校长，一雄生前说，不要用眼泪和他告别，送葬时候就用《夜光杯》的主题曲……"有位女演员哽咽着对张伯苓说。

张伯苓也同样用哽咽的声音，为故去的学生唱起了话剧《夜光杯》的主题曲：

葡萄美酒夜光杯

劝君饮一杯

劝君饮一杯

醉卧沙场在今朝

热血征战不言回

……

汤一雄病逝的时候正值假期，汤用彤北上北平，准备将家人从北平接到昆明，而日伪这时也在加紧做汤用彤的策反工作。汤用彤到达天津的时候，突然遇到路上发大水，铁路中断，汤用彤担心在天津滞留的时间太长，会被日伪发现，只好写了一封信给自己的夫人，寄了些钱，让他们尽快离开北平去昆明。

也有人说天津发大水是菩萨保佑这位佛学大师，否则他一旦回到北平，很可能落入日伪之手。

待汤用彤回到昆明的时候，再也见不到他在昆明唯一的亲人了，其悲痛欲绝可想而知。

而汤用彤夫人接到丈夫来信和汇款之后，很快动身离开了北平，带着儿女们还有邓以蛰教授的一双儿女邓稼先、邓仲先，从天津乘船来到云南海防。汤用彤闻讯急忙到河内迎接，汤夫人发现只有汤用彤一人，不由得起了疑心："一雄怎么没有来？"

汤用彤不忍把这个噩耗告诉毫无准备的妻子，支支吾吾地推说汤一雄正在四川的叙永分校读书，不在昆明。

然而，汤一雄的死在西南联大太轰动，几乎人尽皆知，毕竟纸包不住火，汤夫人很快从西南联大的同事和学生那里，得知了汤一雄身故的噩耗。都说儿子是母亲身上掉下的一块肉，自从卢沟桥事变，汤一雄离开北平快三年了。这三年，母亲没有一天不挂念儿子。然而，母亲这回不辞千辛万苦辗转到了云南，却再也不能和儿子重逢。

汤一雄为宣传抗日救亡而牺牲，成为西南联大戏剧人永远的丰碑！

据见过汤一雄的老同志回顾，汤一雄聪明好学，富于哲理思辨能力，且多才多艺、知识渊博、口才出众，如果今天还活着，至少应该比他那个当国学大师的弟弟更出色！

然而历史毕竟是不能假设的！

在汤一雄的影响下，他的弟弟汤一介大学读书期间加入了中国共产党，后来成为新中国屈指可数的国学大师。

西南联大的话剧演出，引领了西南联大的话剧原创。

外文系教授陈铨是位多产的剧作家，他的谍战大戏《野玫瑰》《蓝蝴蝶》在文学史上争议极大。

陈铨、雷海宗、林同济编剧的多幕话剧《野玫瑰》，讲述军统女特务夏艳华潜入汉奸政府头目家中锄奸的故事。该剧1942年由西南联大青年剧社首演，并在《战国策》杂志发表，在全国造成很大影响。该剧由于宣扬了战国策派所倡导的尼采超人哲学，被一部分左翼作家指责为法西斯文化。

这场有关政治与哲学的争论，已经结束大半个世纪，我们无意重新评价其思想意义。剧本虽然是锄奸题材，但在有人鼓吹一个领袖、一个政党、一种思想的背景下，引起一些民主人士的愤怒也可以理解。

围绕这部戏剧作品的题材来源，社会上的种种猜测，反倒更有戏剧性！有人猜测陈铨、雷海宗写这部作品，素材和于伶的《夜光杯》有关，一年以前西南联大正好上演过这出戏。然后三位编剧添油加醋，按自己的超人哲学理念，重新做了加工改造。

但这个说法疑点很多！

左翼作家于伶的《夜光杯》，来自编剧在上海滩多年的社会生活，并没有明确的原型人物。无独有偶，《夜光杯》上演一年多以后，发生了舞女出身的军统女特务郑苹如，刺杀汪伪特工头子丁默村的事件。由于《夜光杯》上演在前，郑苹如事件在后，所以《夜光杯》不可能成为《色戒》的原版。

而《野玫瑰》这出戏应该有明确的艺术原型，这个原型人物，就是后来成为毛人凤夫人的军统女特务向影心！当时军统组织派遣女特务向影心、周志英（剧中小昭原型）潜入殷汝耕伪政府内部，伺机刺杀殷汝耕未遂，周志英逃走，向影心被捕，后来戴笠利用卢沟桥事变殷汝耕失权的机会，亲自到北平组织营救，向影心这才安全脱险。

但向影心的事迹若干年后才被军统解密，向影心本人先嫁军统头子毛人凤，后夫妻反目，被毛人凤送进精神病院，晚年嫁给蒋介石的侍卫长俞济时。周志英则因追求戴笠不可得，也被送往精神病院。由于向影心、周志英皆命运坎坷，军统即便小范围内公开过此事，很长一段时间也不可能大肆宣扬。

那么 1937 年就随长沙临时大学离开北平的陈铨、雷海宗，是从什么地方得到这个素材的呢？

这让我们想到了西南联大的另一个神秘人物。

自从七七卢沟桥事变以后，原本还在清华园里打壁球的 15 岁少年邓稼先，参加了北平的抗日组织。可是很快，北平的民先组织遭到了日伪的破坏，郝诒纯、黄元镇等民先骨干，都转移到了天津，邓稼先那时因年纪太小，没有被通知转移。

后来，北平的一个无政府主义组织，收编了邓稼先这样一批抗日青年，从事反日活动。邓稼先跟随着这个抗日组织出生入死，开始了一段惊险的地下工作者生涯。

然而，由于抗日战争爆发后，中国的无政府主义者分化得非常迅速，邓稼先所在的抗日组织很快就解体了。邓稼先为了照顾病重的父亲，被迫回家继续学业。这段抗日经历没有成为邓稼先的光荣，由于后来特殊的身份，很长一段时间反成了他的忌讳，极少被人知道。

每年的4月29日这天，是日本裕仁天皇的生日，学校里被要求举行为日本天皇庆生活动。邓稼先非常愤怒，当着众人的面，撕碎了手里的日本国旗，踩在脚底下，校长非常害怕，扬言要开除邓稼先。

父亲邓以蛰知道日本人不会放过邓稼先，他让姐姐邓仲先带着弟弟赶快离开北平，姐姐的未婚夫郑华炽当时在西南联大物理系当教授，邓仲先这年也到了该出嫁的年龄。适逢汤用彤夫人也准备去昆明，邓家姐弟便与汤夫人同路离开了北平，一路艰辛，辗转来到昆明。

邓家姐弟到达昆明的时候，汤用彤夫妇正沉浸在失子带来的悲痛中，没法再管其他事，便委托父亲的另一个老朋友雷海宗安顿邓稼先姐弟。姐姐与郑华炽举行婚礼之前，姐弟俩有很长一段时间与雷海宗同住，邓稼先与雷海宗详细讲述过他在北平从事地下工作的那段经历，其中很可能就包括刺杀殷汝耕这件事儿。

当然，雷海宗是个充满书卷气的历史学家，论戏剧方面的创作才能，自然不如他的搭档、外文系才子陈铨。

邓稼先刚到昆明的时候，西南联大还没有开始招生，为了生活，邓稼先四处找工作，最后找到西南联大背后的板车队长骆驼祥子。虽然三年多不见，邓稼先已经长成了一米八的壮汉，可骆驼祥子还是很快认出了邓稼先："嘿，你不就是当年那个邓小胖吗？不记得了吗，在赵忠尧老师那里，是你送我们离开北平的。”

邓稼先见有人这样称呼他，起初有些吃惊，但也很快想起来了，那是邓稼先刚刚参加抗日工作的时候，组织上让他护送赵忠尧离开北平。据说赵忠尧身上带有重要的实验器材，千万不能落到日本人或土匪手里，但具体赵忠尧教授带的是什么器材，邓稼先反而没有祥子知道得多。

“祥子哥，是你？你还在昆明啊？”

“走不了啦，家让日本鬼子给占了。”祥子很无奈地摇摇头，突然问：“哎，我的车呢？你把我的车搁哪儿了？将来回北平，还得靠他吃饭呢。”

“你的车……我还给你弟弟了。”邓稼先回想着送走赵忠尧之后发生的事儿：“哦，对了，去年赵忠尧老师还委托我去看过你娘，她身体挺好，日本人来了以后，抢走了他们的粮食，逼着他们吃橡子面，那东西吃多了对身体是不好的……不过你娘现在还行，还能下地干活，她说叫你别牵挂，在云南找到合适的人就自己成个家。”

“这些该死的日本人……”祥子一想到自己的娘，鼻子就不由得一酸。

祥子在猪圈里招待邓稼先吃了一顿水煮蚕豆，还奢侈了一把，弄了两个鸡蛋，一人一个，就着蚕豆一起吃。

邓稼先起初对于祥子这种独特的伙食感到不可思议，可是两人说着说着话，祥子一旦想到自己的老娘连水煮蚕豆都吃不上，又不由得唏嘘。而邓稼先想到，当初他是可以和赵忠尧一起南下的，但由于年纪太小，还舍不得离开父亲，这才让祥子做了自己的替身，害得人家那么多年不能回家。一想到这些，邓稼先也不由得恻隐起来。

“祥子哥，我在北平也参加过抗日，其实日本人也不像有些人说得那么可怕。说到底，还是有些人没有把心思花在抗日上。”邓稼先很自信地说。

“因为那些人的亲娘没有在北平吃橡子面，可俺娘……”祥子长叹。

“所以这一次我一定要考上西南联大物理系，我要为这个国家造最好的飞机、最好的军舰、最大的炸弹，把日本鬼子都炸出去！”邓稼先说得很坚决。

“江西南昌撤退的时候，我和郑天挺老师一起，护送学校的飞机发动机。从那天起，我一直在等盼着，中国能有比人家更好的飞机！”

祥子向邓稼先讲述了自己南下以后这些年的经历，作为回报，邓稼先也向祥子讲述了自己这些年在北平的那些出生入死的经历。从那天以后，祥子和邓稼先成了很要好的朋友，邓稼先跟着祥子在西南联大拉板车，又从这里认识了很多人。

邓稼先在北平那些出生入死的经历，后来至少对于西南联大的两部艺术作品产生了影响，一个是陈铨、雷海宗的多幕话剧《野玫瑰》。另一部作品是后来祥子自己创作的评书《侠女三刺殷汝耕》，当然，祥子嘴里的侠女向影心，已经不是历史上那个真实的向影心了，是祥子自己编出来的，居然讲得有鼻子有眼，绘声绘色，于是茶馆里听书的人也越来越多，茶馆老板笑得都合不拢嘴了。

马识途听过祥子创作的《侠女三刺殷汝耕》。不由得击节鼓掌：“对呀，评书还能像你这么说！不光能说那些古老故事，还能宣传抗日，你的故事比《野玫瑰》讲得好，《野玫瑰》是哲学家写的，老百姓看不明白，你的评书老百姓爱听！”

祥子第一次听人说，他的评书比教授们的话剧更好，差一点就哭了，可后来冷静一想，这话光马识途一个人说不行，还是悠着点好，所以没哭。

当然，祥子那个时候不会知道，他已经在不知不觉中，成了马识途和他的同志们的考察对象。那么马识途除了是西南联大中文系的学生、后来那个让子弹飞的大作家，他还有什么身份呢？且听下回分解。

第二十二回

泡茶馆才子汪曾祺

话说昆明这地方老茶馆很多，当然，昆明今天茶馆也很多，但价钱大不一样。那时的昆明老茶馆，几分钱就可以在茶馆里蹲一天，有事儿出去了只要把碗盖一翻扣在茶碗上，老板就知道你一会儿还要来续水，不收你的茶碗。

今天的昆明茶馆不一样，一壶茶几十元，上点档次的百元以上，换成吃米线那可是满满一大猪食桶呢！

西南联大的学生，估计没人能消费几十元一壶的熟普洱，那时一个月的伙食费才七元，一壶茶几角钱都消费不起，但一杯茶一分钱他们还可以承受。有些人每天也就一杯茶到底，只要不换茶叶，老板一般不会加你的钱。

昆明的老茶馆五花八门，有法院门口专门侍候那些打官司的人的茶铺，衙役要传人到庭，只要在茶铺门口吆喝一声就行，挺方便。也有说书的、唱曲儿的、斗金鱼的、打麻将的……那时的昆明老茶馆，还有专门讲茶的。讲茶不是专门和你说茶，而是类似今天的人民调解员，专门帮助别人调解各种纠纷。当然，也不乏专门供富人品茗的高档场所。

联大附近的凤翥街、文林街、府甬道、青云街等，有许多规模并不太大的茶馆，茶馆的收费十分便宜，是市区平民常去的消费场所。抗战初期，一杯茶水只收一分钱，是那时穷学生唯一能经常光顾的地方。

西南联大的学生为什么爱蹲茶馆?

因为他们那时的宿舍太拥挤，四十几个人一间，光线昏暗，嘈杂，没法看书。而图书馆毕竟座位很有限，不是人人都能抢到座位。所以附近的茶馆就成了他们课后的好去处。

联大学生平时看书、复习功课、写论文、写剧本、做作业都是在城北小茶馆里找地方。写累了，看累了，几个人凑在一起，来几圈桥牌或者麻将，或者遇上高手，车马炮厮杀一番，便是休息娱乐。同学们休息于斯、学习于斯、作文于斯、娱乐于斯，有的同学白天没课，可以在小茶馆里泡上整整一天，中午饿了在附近小摊上买个烧饼，此外便一步不离开板凳，生怕别人把他的地盘占了。

写到大学生活，似乎总离不开沙龙，而世界上几乎每一所名牌大学，都有那么几所和名人成长紧密联系的社交沙龙。牛津、剑桥的沙龙在咖啡屋里，普林斯顿和芝加哥大学的沙龙在酒吧，早稻田的沙龙在艺妓苑。而西南联大的学生沙龙，也许只有清茶一杯，和抽老草烟的昆明市民厮混在一张桌子上，从大西门的豆花米线到嘉宝的电影到 Π 介子衰变到司马相如登徒子，都是这儿沙龙里的常态话题。

有个西南联大学生甚至把自己的漱口缸和洗脸毛巾都放在茶馆里，每天起床后第一件事儿是跑到茶馆里将就着那里的热水洗脸、漱口，然后泡一杯茶就可以坐一天。深夜茶馆关门，又回宿舍睡觉。

总的来说，男同学泡茶馆比女同学多，一是女生住宿条件比男生稍好，南院毕竟还有几幢小楼；二是女生抢图书馆多半比男生手脚麻利，如果因为图书馆抢座打起来，那多半也是女生。即便抢不到图书馆的座位，随便找个树荫坐下也可以看书，有的人甚至坐在女生宿舍门口的梅花桩上读书，反把练武的女生赶走了。女同学泡茶馆多半喜欢成群结队，叽叽喳喳，敢于一个人泡茶馆读书的比较少，而男同学显然没有这些顾忌。

中文系有个男生名叫汪曾祺，江苏那边过来的，还在报刊上发表过小说。这人泡茶馆泡出了名儿，后来又因为写他泡茶馆的这些经历，名气更大了，本来泡茶馆就泡茶馆呗，可这个汪曾祺泡完茶馆，还要用理论家的视点，总结一套关于大学生泡茶馆的ABCD：

泡茶馆对联大学生有什么影响？答案：

第一，可以养其浩然正气。那是一个污浊而混乱的时代，学生生活又穷困得近乎潦倒，但是很多人却能自持清高、鄙视庸俗，并能保持绿意葱茏的幽默感，用以对抗恶浊和穷困。并不颓丧真心，这和泡茶馆是有些关系的。

第二，茶馆出人才。联大学生上茶馆，并不只是穷泡，除了瞎聊，大部分时间都是用来读书的。联大同学上茶馆，很少不夹着一本或者几本书的，不少人的论文、读书报告都是在茶馆里写成的。联大八年，出了很多人才，研究联大校史，搞“人才学”的不能不了解联大附近的茶馆。

第三，泡茶馆可以接触社会。我对各种各样的人，各种各样的生活都感兴趣，都想了解了解，跟泡茶馆有一定关系。如果我现在还算是一个写小说的人，那么，我这个小说家是在昆明的茶馆里泡出来的。

这个汪曾祺说什么都振振有词，仿佛在那个年代，不泡茶馆就是不革命似的。你汪曾祺倒是真的泡成了作家，可是西南联大还有那么多没有当作家的，那他们泡茶馆岂不是泡亏了吗？

“来的都是客，全凭嘴一张，相逢开口笑，过后不吱应，人一走，茶就凉……”你们看看汪曾祺给革命样板戏写这些唱词儿多溜？把个茶馆的人情世故看得如此透彻，而且短短几句词儿居然概括得如此完整。虽然后来法院裁定那剧本是改编别人的，可是写茶馆老板娘的唱词，还真是非汪曾祺莫属。

汪曾祺那时也是个穷学生，原本家境殷实，可是抗战爆发后家里破产了，父亲带着全家躲在一个小寺院里，那段生活成就了汪曾祺后来的另一部作品《受戒》。再后来汪曾祺只身来到云南，考入西南联大。那时的汪曾祺估计和沦陷区来的大多数同学一样，生活来源断绝，虽然他的老师沈从文很赏识他，把他的小说推荐到巴金那里去发表，但估计那也不顶什么事儿。

汪曾祺说他泡茶馆是为了了解社会生活，为了看各种各样的人，所以他后来当了小说家，真的是这样的吗？其实生活中的汪曾祺，看他的同班同学马识途就根本没有看准！

在那时汪曾祺的眼中，马识途是一个不读书、不写作，整天泡茶馆研究围棋的那么一个衰人，他没有激情，没有文学才能与谈吐锋芒，对革命和正义不感兴趣，而且多年不谈恋爱！？就那么一个老家伙（马识途年纪比一般同学大），在汪曾祺眼里，这个马识途整个一根老倭瓜似的。

真的是这样吗？

翻开马识途的档案我们才知道，马识途 1938 年在重庆南开中学读书时，就加入了中国共产党。

1941 年皖南事变后，昆明也掀起了反共的浪潮，蒋介石派得意门生康泽到昆明来清党，西南联大成了康泽清党的重点。为了保护已经暴露的中共党员和进步学生，中共党组织将 100 多名党员和进步学生撤离了西南联大，转移到各地隐蔽精干、以待时机。

不到一年，西南联大发生倒孔运动，康泽再次到昆明。表面上是整肃西南联大的三青团组织，暗地里仍在清查共党分子。

至此，西南联大的党员师生越来越少，很多留在学校的党员都改成了单线联系，不再参加组织生活。高年级的老大哥、老大姐撤离以后，西南联大的党组织转移到了马识途、齐亮这些低年级同学手中。

知道马识途那时的真实面目了吧？

当然，这时的马识途和他的上几届完全不一样了，为了避免引起特务的注意，他甚至连一般的集体活动都很少参加，除了上课，几乎整天都泡在茶馆里，不谈政治，只谈围棋，泡到最后连同样天天泡茶馆的汪曾祺都看不起他。西南联大的共产党头目，至少有很多年被怀疑成曾昭抡或者池际尚，没有任何人会想到一根倭瓜似的马识途。

马识途果然隐蔽得非常成功！

但其实那时马识途的社会交际，远远比西南联大一般学生广泛得多！西南联大学生泡茶馆，一般交往最多的还是和自己一样泡茶馆的大学生，马识途那是三教九流，什么人都和他有来往。

汪曾祺说他泡茶馆是为了看人，其实真正看人的高手是马识途！汪曾祺仅仅是看人，马识途看准了人就开始交往。

也难怪，汪曾祺的作品常常有些小机智、小幽默，而马识途的作品，总是充满那么多的神秘和不可思议！

马识途对于《三国演义》的解读，在西南联大学生中是无人能及的，甚至在教师中，专门研究《三国演义》的专家那时也不多，西南联大如果允许马识途开课讲授《三国演义》，那在西南联大肯定也是一流的。也难怪祥子的评书一开张，就得到马识途的高人指点。

顺便说个鲜为人知的事儿，马识途的《夜潭十记》从西南联大那会儿就开始动笔了，第一篇是《破城记》，然后写到第三个故事叫作《盗官记》。这个《盗官记》也就是后来大名鼎鼎的电影《让子弹飞》，在马识途 96 岁那年开机。但由于马识途后来的经历坎坷，工作调动频繁，还受过通缉，所以《夜潭十记》的手稿三次遗失，又第四次重写，直到改革开放后才全部结集出版。

那时的马识途不是汪曾祺说的不革命，也不是汪曾祺说的不写作，只不过他的革命手段和写作方式不为人知。若干年后，汪曾祺和马识途在北京开会邂逅，汪曾祺得知马识途在西南联大的真实身份和经历后，不由得大吃一惊！

经常和马识途一起下围棋的，除了南开中学一起过来的齐亮，还有一个特殊而神秘的人物，叫作李承华，是西南联大聘用的校警。

李承华出身很苦，小时候只读过几年私塾，由于文化低，考不上大学，李承华 16 岁就参加了抗日，打过台儿庄和武汉会战，复员回滇后，受聘为西南联大校警，也在西南联大听课。

李承华对于马识途来说，最重要的是他能在第一时间，知道那些对地下党组织有利或者不利的消息。

每次上面有人来学校清查共党分子，训导长查良钊都会在第一时间通知校警队的人配合清查，其实很可能是为了保护这些人。

然后李承华又会把这些消息告诉马识途，这种时候，马识途往往只是点点头说一声知道了，然后又继续下他的围棋，仿佛什么事儿都没有发生。而事实上，马识途只需要利用上厕所或者买烧饼的机会，串几条巷子，就可以把这些消息通知给另一个茶馆里的齐亮或者其他同志，然后再由这些同志去进行安排。

除了齐亮和李承华，马识途平时交往的人那可就太多了，学生、教授、三教九流、白道黑道、卖猪毛的商贩、唱小曲的乞丐……

加上马识途平时说得一口流利的四川话，吹起牛皮来都是一板一拍，跟个袍哥大爷似的，所以同学们给马识途起了个绰号，叫作马烂王。

这一叫不要紧，还真有人以为他是袍哥烂王，昆明当地的袍哥也来请他喝茶、吃饭，想从他嘴里探得个虚实，别人问他在哪儿拜的堂口，马识途总是含糊其词地回答："清水……清水……"

别人都搞不懂马识途说的是啥意思，又不好问，越搞不懂，便越觉得这个马识途深不可测，其实马识途说的这个清水，在四川袍哥的黑话里，就是不违法乱纪、靠正当生意混饭吃的那种人。

由于龙云、邹若衡年轻时都参加过袍哥，民国后期昆明的袍哥也开始有了一些地位，势力超过了昆明的其他帮会。那时节，昆明的袍哥逢年过节，都要给唐继尧的儿子唐筱蓂送红包，其实就是保护费。唐筱蓂也经常大宴宾客，请这些袍哥吃饭，马识途一个西南联大的穷学生，据说后来居然也混过唐筱蓂的饭局。唐大公子当然不会注意这个穷学生，但是通过这些饭局，马识途认识了许多唐筱蓂的身边人。有了这层关系，昆明地面上那些人有什么事儿，也乐意给马识途这边透个风，做个顺水人情。

作为国民党政府驻云南的高级情报官，唐筱蓂常常可以第一时间得到高层的相关动态。唐筱蓂最初以青年党的身份加入了民主政团同盟，后来又秘密加入了新的民盟，成为西南联大和许多民主人士的保护伞。但唐筱蓂的民盟关系，由楚图南与他单线联系，不与其他盟员发生横向的联系。因此，马识途也正在用自己的方式，试图悄悄地靠近唐赓蓂那个圈子，为保护党在云南的活动、保护进步师生的安全，探索新的路子……

西南联大的学生泡茶馆，成为他们了解社会的一个重要手段，这个话儿汪曾祺确实没有说错。

久而久之，凤翥街的茶馆，也成了同学们的职业介绍所，要求职的、要兼职的、要勤工俭学的，都可以在茶馆里找到自己所需要的信息，有些时候直接就在茶馆里把工作谈成了，甚至把合同签了。

联大学生那时在外面兼职，那可谓是五花八门，有门道的可以做生意，而且是和军队联手，把越南的红糖、茶叶用卡车倒到昆明，再和滇缅公路上的司机联手，把这些货物运到全国各地。战争时期，这些可都是紧俏物资，非常抢手，学生只要在流通过程中赚一个零头的佣金，那也是非常可观的。

没有门道的同学，在外面当家庭教师是最多的。自从西南联大到了昆明，请西南联大的学生做家庭教师，成了昆明上层的时髦，所以这方面的需求几乎天天都有。后来只要家境稍微殷实一些的人家，也开始到西南联大请家庭教师，因为西南联大的学生，都是高校竞争中的佼佼者。

龙云的小儿子考西南联大只差一分没有考取，顾映秋找梅贻琦夫妇开后门，可梅贻琦认为这是原则，不能违反，于是就请了一个大教授到龙家做家庭教师，龙家公子第二年便考上了西南联大。

请不起大教授的那些普通人家，便开始在学生们身上打主意，这些联大学生很多是从国统区来的，断绝了经济收入，只要有人家愿意请，一般价格都很低，只要能给他们几个买书或者泡茶馆的钱就行。

没有当上家庭教师的人，那就各行各业、五花八门了。有当秘书的、当邮递员的、送电报的、送牛奶的、修电灯的、画广告的、电影院里当场务或者配音演员的，收猪毛的、修自行车的……

物理系的朱光亚那时的兼职，就是给人送信、送报纸，当邮递员。从凤翥街到莲花池这一块，他都跑熟了，很多人都认识他。每天一大早起床，先骑着自行车到小西门的邮局取当天的邮件，然后从南向北走，挨家挨户把信件和报纸送到居民手中，大约两个小时以后，正好可以送到西南联大门口，然后把车锁在教室外面，进去听课，没有送完的信下午下课以后再送。上课、送信历来两不误。

后来朱光亚被人介绍到东北郊的小坝教中学，人生地不熟，反而有很长一段时间不能适应。

西南联大刚到昆明的时候，生物系有个名叫李长之的好事者，写了一篇文章，形容昆明人的慢生活和懒散，引起很多老昆明人的不快。其中最独特的表述，是关于昆明人的时间观念问题，省图书馆要求职员早晨 9 点上班，12 点下班，于是图书管理员无论到达有多晚，第一件事儿先把闹钟指针拨回到 9 点整，什么时候想下班，又把闹钟指针拨到中午 12 点那个位置。

由于李长之的文章用了一种动物形容昆明人，惹得云南省主席龙云龙颜不悦，最后被迫离开了西南联大。

其实昆明人的时间观念，并不仅仅是体现在图书管理员身上，更要命的是穿心鼓楼上每天点炮报时的滇军老兵，也同样的不准时。这些老兵都有烟瘾，什么时候抽够了、睡足了，就去城楼上点一炮，根本没个准。好在昆明人早就习惯了这种不准时，也没有人敢提出抗议。

这回可就不是李长之那篇文章的问题啦，这一年老蒋任命他的学生宋希濂为昆明城防司令，宋总司令从来没见过城楼上这样点炮的，非常恼火，特别是遇到日机空袭，搞不好非出大事不可。

可是宋希濂虽然名义上是城防司令，城楼上点炮的老兵，却是滇军的编制，龙云不发话，他一下子撤换不了这些人。而龙云有意不让中央军入驻昆明城楼各制高点，否则对他不利！

宋希濂为了城楼点炮的事儿，与龙云政府协商多次，湖南人的骡子脾气也没少发，可是龙云似乎没有换人的意思。而宋希濂也没法把城楼上那些点炮的老兵撤了，换上自己的部队。因为那时的宋希濂和后来接替他的杜聿明可不一样，宋希濂任城防司令那些年，日军已经登陆缅甸，大敌当前，前方吃紧，宋希濂必须首先稳住云南王龙云。从隶属关系来讲，龙云那时是名义上的滇缅战区总司令，虽然这个机构很快就被撤销，但至少从名义上说，龙云还一度是他的上级，更何况那时昆明附近的中央军部队很少，老蒋还不得不倚重龙云来稳定昆明大后方。

宋希濂用自己的部队来替换城楼上的滇军老兵几乎不可能，这对于龙云来说实在太敏感！而且宋希濂的中央军也从来没干过这种活计。于是宋希濂想到了用西南联大的学生来替换城楼上点炮的老兵，而守城部队的番号不便。这样既可以稳住龙云，又可以把矛盾转嫁给西南联大，让西南联大与云南省政府之间有隙，可谓一举两得！

于是宋希濂派人找到了西南联大的军事教官，要军事教官帮他挑选学生。军事教官觉得这事儿没有通过校方，不好办，而梅贻琦最怕的就是学校里有人介入军队的调动，这事儿和校方说很可能会搞黄，于是军事教官建议，以支持学生勤工俭学的名义，把城楼点炮的活计承包给学生。此说正中对方的下怀，于是双方一拍即合。

不久以后，宋希濂以前线兵源吃紧为由，撤下了城楼上点炮的那几个老兵，宣布城楼上点炮报时不再占用军队编制。点炮的业务移交民间，由西南联大土木工程系部分同学承包，经过短期培训后正式上岗。

联大学生承包鸣炮报时后，大家每天轮流登城鸣炮，克服了上课与点炮的时间冲突，每天不误。而且联大的学生每天点完炮就走，从来不在城楼上逗留，令龙云也没话可说。而梅贻琦确认学生登城点炮纯属商业行为，与军事无涉，也乐得不管！

西南联大学生接手城楼点炮的工作后，除偶尔几次大炮故障，很快实现了零秒点炮。后来他们精确计算出导火索燃烧的时间，又从零秒点炮变成了零秒鸣炮，分毫无差！

由于联大学生接手鸣炮报时，慢生活中的昆明人正式进入了战争计时状态！

第二十三回

电工包天才邓稼先

邓稼先考入西南联大物理系后，来祥子这里拉板车的次数就越来越少了。不是说他阔气了，而是他有了一份别的工作：当电灯匠，帮人修电灯。

邓稼先这辈子或许就没阔气过，他最阔气的时候，是在原子弹爆炸后的庆功会上，国家为了奖励这位功臣，允许他把开会剩下的糖果瓜子全部带回家，给孩子们吃！那时候孩子们高兴极了，说胖爸爸给他们带了好多好多糖回来！

邓稼先在西南联大则没有过这样的阔气，因为那时他不是核功臣，他只是一名普普通通的西南联大物理系学生兼电灯匠。

从北平到昆明，邓家姐弟一直生活无着。这时的邓稼先，长成了一米八的大小伙，再不是北平清华园里那个邓小胖了。他长大了，而且饭量比他的个子还大，西南联大学生每月七元的贷金，根本不够他吃饱饭。直到晚年的时候，一旦回忆起西南联大的那段生活，邓稼先都会被一种低血糖的感受困扰。

邓稼先的姐夫郑华炽是个老胃病，每顿只能喝点稀饭，家里的粮食据说都省给这个小舅子吃。但尽管如此，饥饿依旧威胁着这个刚刚长大成人的壮小伙，毕竟那时的教授本来就是越教越瘦，更何况教授的小舅子乎？

导师吴大猷从美国带回一个很精致的电工包，自己都没舍得好好用一回，可是看到学生饿成这种状态实在不忍心，于是就把那个精致的电工包送给了邓稼先。邓稼先背上吴大猷送他的电工包之后，成了一个很专业的电灯匠，据说挣钱比过去拉板车要多一些，比朱光亚当邮递员少一些。

其实在邓稼先当电灯匠那个年代，电灯坏了多半是没法修理的。所谓电灯匠，其实就是今天的电工，哪家的电灯不亮了，先检查电路，如果电路没问题，那就换灯泡。昆明的老居民都搞不清电灯不亮究竟是线路出问题还是灯泡出问题，所以就把邓稼先干的这一行称作电灯匠。那时的电灯匠除了管电，还要负责回收废旧灯泡，至少电灯灯头上那个金属环是很值钱的。所以电灯匠换了灯泡以后，都说是废旧灯泡要拿回去修理。老居民对于其中的奥妙多半似懂非懂。

如果是其他家用电器坏了，比如收音机、缝纫机、留声机、榨油机，那就不归邓稼先管了，高年级专门有修无线电、修缝纫机的师傅，邓稼先只管电灯，所以叫电灯匠，不叫电工！即便一家人的电灯和收音机同时坏了，邓稼先也只负责把电灯那条线接好，收音机响不响与他无关，如果不响重新找高年级同学来修理——邓稼先得给别人留着饭碗！

转眼到了 1942 年，这年邓稼先已经读到了大二。

年初的时候，日军从缅甸登陆，截断了滇缅公路。中国远征军出国打了不到半年，起初打得很好，可后来英国人带头开溜，曼德勒会战就没法打了，日军精锐五十六师团是专业热带丛林山地部队，一夜之间突然出现在曼德勒后方的腊戌，截断了中国远征军的退路，导致我军缅北战场大溃退。

自从日军在缅南毛淡棉登陆后，西南联大就开始乱着迁校的问题。马来亚大使叶公超一回到昆明，就对梅贻琦说，英国人没有决心守东南亚，马来西亚守不住，缅甸同样守不住！于是人心惶惶，那时叙永分校刚刚建好，有人建议全体搬迁到四川叙永，也有人主张去西藏。

也就在这时，西康省主席刘文辉到处宣传，云南 1922 年就有东陆大学，而西康至今仍没有高等教育，西康人民欢迎西南联大到西康办学。

日机对昆明上空的轰炸，也一天甚于一天，一度被陈纳德飞虎队压制的昆明制空权，又被日军重新夺回！西南联大又恢复了躲警报的日程安排。

然而就在腊戌失守的当天，梅贻琦在西南联大校务委员会的会议上斩钉截铁地宣布：日军不占领安宁，西南联大绝不迁校！

5 月 5 日，国军炸断怒江上的慧通桥，阻挡了日军东进，迁校之议彻底平息！

然而，就在慧通桥被炸断的第二个月，西南联大物理系与黑龙潭的核物理研究所，秘密启动了一个代号为“黑字二十八”的计划。

这个所谓的黑字二十八计划，取自曹禺、宋之的同名话剧，他的内容说出来，也许有很多人都不相信，这是一个和原子物理以及加速器有关的计划！

什么是加速器？

有一部名叫《无问西东》的电影，说加速器有北京的清华园那么大，我们只能说，电影里那个加速器设计得太小！

1919 年，卢瑟福博士用天然放射性元素中的 α 射线轰击氮原子，从而揭开了原子核的秘密，发现了原子核与质子的存在，证实了他自己提出的原子核行星模型假说，人类科学走进一个崭新的领域！

1930 年，美国科学家劳伦斯设计了世界上第一台回旋粒子加速器模型，并进行了表演。回旋粒子加速器通过永久磁铁中的交变电场，将原子粒子加速到极高速和极高能级，所以这种加速器又被称作原子粉碎机。

加速器是现代物理揭示微观物理世界的一只眼睛，没有这样的设备，中国的现代物理，将永远停留在理论阶段。

那时的中国物理学所缺少的，绝不是现代物理的头脑，而是设备和资金！当时仅联大物理系，就有来自英国剑桥卡文迪许实验室的卢瑟福门生赵忠尧、张文裕、霍炳权，福勒的门生王竹溪，美国芝加哥大学康普顿的副手吴有训，德国莱比锡大学的斯塔克门生饶毓泰、郑华炽，还有师出无门的哲学博士吴大猷……这些现代物理头脑结合在一起，足以重新组合一个中国的卡文迪许。然而在那个年代，中国的卡文迪许连一个加速器模型都没有。中国的卡文迪许不再满足于一个永远只有理论的现状了！

抗日战争初期，赵忠尧从清华园里带出了 50 毫克氯化镭，一直藏在他随身携带的那个黑铅筒里，从北平一直带到昆明。而在此之前，一位美国飞行员为了把这 50 毫克镭盐运到中国，途中因核泄漏献出了生命！

镭是当时世界上最优质的放射源，他的放射性比原子弹材料铀强 900 倍！当年居里夫人从 10 吨沥青铀矿中，才提炼到 100 毫克氯化镭，而纯镭的提取则是在居里夫人获诺贝尔物理学奖 10 年以后。足见其宝贵。

那时的中国总共只有 60 毫克氯化镭，其中 50 毫克是清华大学委托美国科学家冯・卡门购买的，美国飞行员刚刚把镭盐运到中国就发生了卢沟桥事变。另外 10 毫克镭盐系由科学家王淦昌收藏。

西南联大有粒子加速器最优质的放射源——镭！长期不用就会衰变！

卡文迪许出身的张文裕、赵忠尧两位卢瑟福高徒，首倡粒子加速器的研制，吴大猷、王竹溪、郑华炽、霍炳权立即响应，外有严济慈、王淦昌等一群科学家为联大物理系的大师们鼓与呼。于是，理学院院长吴有训、叶企荪架不住同行们的鼓动，明知不可为而为之。于是有了中国科学界进军现代物理学领域的第 次会战——黑字二十八！这次会战发生在云南昆明。它的策划者，是昆明城北莲花池畔联大物理系的一群穷教授和北郊黑龙潭边高能物理研究所的一群穷研究员。

他的参与者，则是西南联大物理系里那群一无所有的穷学生。

1942 年 6 月，日军距离昆明的直线距离只有 400 公里，日机对昆明市区的轰炸，进入了第二个高潮期，日军占领下的芒市机场，距离昆明市区飞行距离不足 500 公里！

而西南联大一群衣不蔽体的穷学生和穷教授，正在筹划中国的第一台回旋式粒子加速器！

制造加速器必然需要大量的钢铁，慢说他的机械部分和接收部分，光是那个高度真空化的粒子通道，都是以千米计算！

而战争时期，最紧缺的物资也是钢铁。市场上买不到，也买不起！

物理系最初动员高年级的同学到大街上去收集废钢铁，后来发现人手不够、力不从心，又扩大到部分低年级同学。收集到的废钢铁统一交物理系管理员陈芳允登记、保管，然后在白泥山顶上建了两个炼钢炉，按照加速器所需的钢铁材质进行冶炼！

然而几个月过去了，同学们把整个昆明市都蓖了一遍，收到的废钢铁还不足一吨，与数以千米的真空粒子通道相比，还不及一个小小的零头！

有人说盘龙江里有废钢铁，立刻就有人下水了，可是把整个盘龙江都走遍了，也只捞到几块马口铁罐头盒。

那时节空战激烈，敌我双方都扔下了一些废旧的副油箱，有人开始打这些废油箱的主意。可是昆明那么大，废油箱散落在郊外山间、野地里，如同大海里捞针，有时你明明看见油箱落地，可是走到落地的地点去找，却发现根本没有，有时这种视觉误差很可能在3公里以上。

杨振宁突然想起，前不久他看到一个飞机油箱从飞机弹出，最初看去像是要落在他头顶上似的，杨振宁吓得不知如何躲避。最后终于轰隆一声，油箱落地，砸在玉案山的山脚底下，距离杨振宁住的海源寺惠家大院不远。

杨振宁估计那个废油箱还在那里，没有人动过，于是约上邓稼先，两人设法把那个废旧油箱拖回去。

到了星期天上午，邓稼先和杨振宁起了个大早，两人带着绳子等工具，到玉案山脚下，开始寻找废油箱，他们从海源寺附近开始搜索，走了两个多小时，终于在去筇竹寺路口不远处的桉树林里，找到了那个废油箱。

邓稼先用绳子把废油箱拴住，两人使劲把油箱的一侧抬起来，慢慢往山下滚，滚到山脚底下之后，油箱失去了惯性，滚动不了。于是邓稼先抓紧了绳子，使劲把油箱往前面拖，杨振宁找了根木棍插在油箱的空隙里，使劲抵住了油箱，把它往前面猛推！

由于废油箱的重量，两人走得很慢，走到黑林铺与黄土坡之间的运粮河时，太阳已经西斜，运粮河上没有桥，必须从水上过去。两人把废油箱滚到河里，等把油箱拖过河后，却再也没有力气把油箱推上河坡。一连试了好几次都没有成功，还差一点砸了邓稼先的脚。

杨振宁知道两人的能量已经耗尽，于是坐到河坡上，从书包里掏出两个纸包的烧饵块，递给邓稼先："没力气了，先吃点东西吧。"

邓稼先接过杨振宁手里的烧饵块，狼吞虎咽，三下五除二就吃了个精光。邓稼先吃烧饵块的时候，杨振宁一直坐在旁边看着，自己没舍得吃，等他吃完了，杨振宁又把自己手里那个烧饵块递给邓稼先："我这里还有一个，你把他消灭了。"

邓稼先一愣："振宁哥，这一块是你的。"

"我现在不饿，你一起吃了吧。"杨振宁言不由衷地一笑。

"咋会？你一大早出来到现在都没吃东西，怎么会不饿？"邓稼先推开了杨振宁的手："正好两个烧饵块，一人一个。"

"我真的不饿，你吃吧，吃饱了才有力气。"杨振宁执意又把烧饵块递给了邓稼先。

"振宁哥，你说谎……"邓稼先一屁股坐到地上，像是生气的样子。

杨振宁愣了片刻，突然把手中的烧饵块撕成两半，把其中一片递给邓稼先："别争了，一人一半，被你一说我倒真有点饿了。"

杨振宁觉得鼻子有些酸酸的，他把手中的烧饵块塞到嘴里，使劲咬住，用一个怪异的表情，抑制住眼中的泪水，强作欢笑说："稼先，我就要毕业了，等我找到了工作，有了钱，一定请你饱饱地吃一顿。今天都怪我……"

邓稼先知道，杨振宁一个星期的零花钱，总共就只够买这两个烧饵块，如果要买第三个，那就得借账了。邓稼先突然从河坡上站起来说："别说了，只要能把我们的加速器建起来，少吃两个烧饵块又能怎么样呢？"

邓稼先说罢，一个人抄起飞机油箱的底部，猛地一使劲，把油箱推上了河坡："我们走吧，太阳落山前，把这个大家伙送到学校。"

杨振宁发现，这时的邓稼先不仅个子长高了，而且骨子里有了一种过去没有见过的韧劲！邓稼先已经不是当年清华园中和杨振宁一起打壁球的邓小胖了！

29 年后，杨振宁穿越冷战时期东西方世界的铁幕，访问中国，在一次欢迎他的宴会上，杨振宁见到少年时期的朋友邓稼先，见面寒暄后的第一句话竟然是："稼先，今天你可以痛痛快快吃个饱了！"

很多在场的人都不明白，一个世界著名大科学家和另一个大科学家见面，竟然开了这么个粗俗的玩笑。然而只要是在过西南联大的人，都不感到惊讶，因为饥饿曾经是他们共同的记忆！

饥饿中长大的邓稼先，1950 年在美国普渡大学获得物理学博士学位，八天以后，邓稼先登上威尔士总统号客轮的旋梯回归祖国。那时，一穷二白的祖国能够给他们的最高待遇，是每月 300 斤小米，而美国给他们的待遇当以黄金计算。然而在黄金和小米之间，邓稼先几乎是毫不犹豫地选择了后者！

八年后，邓稼先受命主持中国第一枚原子弹的理论设计，隐姓埋名，走进茫茫大漠。令人意想不到的是，邓稼先这时的工资，再也买不到 300 斤小米了，国家进入了三年困难时期，粮食实行定量供应，党和国家领导人到人民大会堂吃饭，都要自己交粮票。饥饿威胁着共和国的第一个核工业基地，有的科学家患上了浮肿病！

有一次，聂荣臻元帅通知核基地的科学家们集中到北京开会，等大家都到齐后，聂帅宣布，今天的会议只有唯一一个议程：请大家吃肉！

今天的人们很难相信，新疆大漠里的科学家们为了吃一顿肉，要从新疆乘飞机到北京！？

然而，大漠里的科学家们没有让聂帅失望，大饥荒结束的第二年，中国的第一颗原子弹在新疆罗布泊起爆！

西南联大造就了邓稼先坚强的品格、不屈的意志！西南联大成就了邓稼先超人的毅力和强健的体格！西南联大为中国留下了一位困难压不倒、饥饿打不垮的中国原子弹之父！

很多人难以想象，中国的原子弹之父大二那年，正在饥饿中悄悄地开始了他们的加速器工程！

飞机上扔下的那些废油箱，可不是每个人都有运气捡到的，有的你明明看见它落地就是找不到，有的落在农民地里，被农民扛回家剖开当猪槽了。乡下人洗澡难，也有人把废油箱拿回家洗干净当洗澡盆用。每当这种时候，废油箱就成了人家的私有财产，收回来是要出钱的！

于是又有人打那些飞机炸弹的主意，带着锄头、铁铲去把落过飞机炸弹的地方挖开，把弹片一片一片拾掇起来。然而在西南联大的学生之前，昆明街上已经出现了专门捡弹片卖钱的小孩，容易找到的弹片早已被那些小孩先捡了一遍。

日本飞机还经常扔下一些没有爆炸的炸弹，那个谁也不敢动，可是西南联大的废钢铁，距离一台加速器还差着十万八千里，于是也有人打起了这些炸弹的主意。可那时的西南联大没有人学过拆炸弹，所以尽管有人打主意，却没有人敢真的动手。

西南联大背后的白泥山上，就插着一颗这样的飞机炸弹，已经整整两个月了，显然不是有定时装置的那种，而且这两个月昆明已经进入雨季，应该是淋过很多次雨了，炸药的烈性正在衰减。

这颗炸弹插在一面很陡峭的斜坡上，一般人靠不近它。这颗炸弹一旦爆炸，山体就会大滑坡，阻断昆明市区通往北校场的公路。所以很早就有人想拆掉这颗炸弹，但谁来拆弹？一旦遇到这个具体问题，大家又只有大眼瞪小眼了。

蒋姑娘当兵的时候，倒是认识过一个部队的拆弹专家，听了他一个半小时关于炸弹结构和拆炸弹的讲课，比她的同学们显然更专业一些。

由于学校一直找不到拆炸弹的专家，蒋姑娘决定自己动手！

这天傍晚，蒋姑娘带着几个女生，拎着绳子和老虎钳、扳手等工具，悄悄摸到白泥山下，有几个女生还带着棍棒在山脚下警戒，以防有男生介入。因为蒋姑娘认为，男生毛手毛脚，拆炸弹这种细活不适合男生做。所以她吩咐山脚下那几个女生，一旦看见男生就乱棍轰走！

几个女生眼看着蒋姑娘要往坡顶的大树上拴绳子，战战兢兢地劝她不要去了，可蒋姑娘似乎胸有成竹，不断安慰她的同伴："放心吧，那炸弹悬在山坡上两个月都没炸，说不定早就废了。"

可就在蒋姑娘要往山坡上走的时候，突然从土坎后面窜出一个人来，拦住了她的去路："不能去，危险！"

蒋姑娘被那人吓了一跳，定睛一看是骆驼祥子，这才故作镇定地一笑："祥子哥，你干吗呢？不就是颗废炸弹吗？何必这么紧张？”

“你不能去！危险。”祥了很激动，张开双臂拦住对方，“要去我去，你不能！”

“祥子哥，别开玩笑，你什么时候学过排炸弹？飞机炸弹的引信在哪儿你知道吗？”蒋姑娘见他一副认真的样子不由得笑了。

“反正……你就是不能去！”祥子一横心，彻底挡住她的去路。

“你走开，要不然我对你不客气了！”蒋姑娘一双炯炯有神的猫眼睛闪烁着凶光，像是在最后一次警告祥子。

“我今天说不让走就不让走！”祥子一旦犯起浑来，谁也拿他没辙。

蒋姑娘突然靠近祥子，冷不防扇了他一耳光，打得对方措手不及，祥子见蒋姑娘对他动手，也不顾一切地扑过去，拦腰抱住蒋姑娘，想让她动弹不得。

可是蒋姑娘这时已经抓住了祥子的手指，轻轻一个反拧，疼得祥子直冒冷汗，这当口，蒋姑娘根本不让对方喘息，一条腿已经伸到祥子两腿中间，一个勾绊，就把个大小伙子摔了个四仰八叉。

祥子和蒋姑娘在地上滚打的时候，其他女生也一拥而上，最初是想把两人拉开，谁知蒋姑娘已经控制了祥子的双手，她让同伴把祥子死死摁在地上。这些小女生平时多半是大家闺秀，从来没有机会欺负男生，这回见到蒋姑娘如此勇猛，便也争先恐后冲上去欲一试身手。很快用刚才的登山绳把祥子的手脚给捆了，让祥子根本没法动弹。

蒋姑娘换了条绳子，三下五除二冲上坡顶，把绳子系在坡顶的大树上，然后顺着绳子下滑到炸弹所在位置。

“不能去——！”被捆在地上的祥子声嘶力竭地大喊，女生们怕祥子乱喊影响蒋姑娘操作，索性脱下袜子把祥子的嘴严严实实堵住了！

蒋姑娘在山坡上折腾了好一阵，确认这是一枚触碰式炸弹，没有引线，于是便掏出螺丝刀，很沉着地拆卸了弹体的后盖，取出一个大大的炸弹引信抱在怀中。另一只手抓住绳子滑到坡底，然后又指挥姑娘们把炸弹内的炸药掏出来，装在箩筐里。一共装了好几大箩筐，据蒋姑娘说，这些炸药送到兵工厂里，可以造出好几千发子弹，够打一场大仗了。

最后，姑娘们把炸弹从土里挖出来，用捆祥子的那条绳子把炸弹拖走了……

姑娘们当时都忙着拖炸弹，根本顾不得被捆在地上的骆驼祥子，直到第二天中午，蒋姑娘才来到猪圈新村向祥子道歉，蒋姑娘厚着脸皮跟他一笑：“嘿嘿，祥子哥……昨晚摔疼了没有啊？”

“没见过你这么不要命的。”祥子没好气地说。

“祥子哥，要不你也打我几下？”蒋姑娘抬起祥子的手说。

“你知道那有多危险吗？那是飞机炸弹，你没见过炸弹爆炸吗？”祥子甩开蒋姑娘的手训斥道，

“所以我才叫你们男生不要靠近啊……你们男生毛手毛脚的，拆炸弹那是个细致活……”蒋姑娘轻轻地用自己的肩膀往祥子健壮的胳膊上蹭了蹭。

说完两个人都沉默了，蒋姑娘的身子半靠着祥子的胳膊，两只手不断卷着自己的衣角，祥子有一个字没一个字地看着自己手里的话本，其实根本不知道书里说的是啥。也许两人都觉得他们

像这样挨近坐着，什么都不说更好。但又舍不得分开……

“祥子哥，以后你会打老婆吗？”蒋姑娘突然问，率先打破了屋子里的沉寂。

“有事儿没事儿，打老婆干吗呀？你这不是有病？”祥子歪着脑袋不看她。

“如果老婆把你惹急了，你怎么办？”蒋姑娘故意追着问。

“惹急了再说惹急了的事儿呗。”祥子觉得蒋姑娘问得有些可笑，他突然转过头看着对方反问，“你……愿意找个爱打老婆的人吗？”

“找打！”蒋姑娘轻轻往祥子肋下捅了一拳，然后又懒洋洋地靠在他的胳膊上，“祥子哥……男人要是太老实了，以后要被老婆欺负的。”

到了这一年秋后，中国远征军走出了缅甸的那加山脉，去往印度整训。

西南联大物理系的黑字二十八计划，终因客观条件差距太大，被彻底叫停了。学生们辛辛苦苦收集的20多吨废钢铁，在白泥山被化作钢水，这可是战争时期的紧俏物质，很快就被龙云政府派车驮走了。

直到加速器计划被叫停以后，骆驼祥子才从蒋姑娘嘴里得知，他当年出生入死帮赵忠尧护送到长沙的那支黑铅筒，里面装的是50毫克氯化镭，是加速器最优质的放射源！加速器能干啥？据说能造世界上最大的炸弹，能赶走日本鬼子，还能造最大的发电厂和最好的肥皂……

一年以后，张文裕教授应美国政府邀请，去了大洋彼岸的洛斯·阿拉莫司，参加震惊世界的曼哈顿工程！

又过了若干年，那些参与过黑字二十八的孩子们，成了物理科学的巨人：郭永怀、杨振宁、邓稼先、朱光亚、黄昆、黄祖洽、于敏、张守廉……

“这个故事比书场里说得可精彩得多，可惜国家一直不让我说。”若干年以后，祥子如是说。

第二十四回

高压电博士杨振宁

话说黑字二十八被叫停后，杨振宁也从西南联大物理系毕业了。

杨振宁毕业的时候，父亲杨武之还兼着西南联大附中的数学教师，为了不让儿子毕业变成失业，杨武之正式向黄钰生递交了辞职报告，黄钰生再三挽留。于是杨武之推荐杨振宁接替他的数学教学，所谓子承父业，父子顶替。不过那时的杨武之万万没想到，几十年以后的计划经济，父子顶替几乎成为制度。

一辈子做人谨慎的杨武之，之所以敢推荐自己的儿子，心中是有底的。西南联大到昆明后，教授们的生活越来越贫困，很多人连早饭都吃不起，戒了。杨武之家里孩子多，夫人又没有工作，困难可想而知。于是杨武之每天晚上等孩子们入睡以后，就在家里的黑板上给每个孩子出一道数学题，规定第二天早晨孩子们起床后，必须先把数学题做出来，然后才能吃早饭、上学。如果数学题做不完，那就只能饿着肚子上学了。

杨振宁是家里的长子，他的数学题历来都是最难的，但也是做得最快的，所以杨振宁上学很少饿肚子。

杨振宁高中毕业的时候，父亲希望他子承父业，当个数学家。可是那时国难当头，很多年轻人更希望学一些实用科技，于是杨振宁报考了西南联大化学系，和人工胰岛素合成发明者纽经义同班，后转西南联大物理系。

据说杨振宁不愿报考数学系的理由，是因为没有诺贝尔数学奖。杨振宁很长一段时间否认这个说法，但晚年以后的态度是不肯定，也不否定，不置可否，一笑了之。其实，杨振宁回避数学系还有一个很隐秘的原因：他一度单恋父亲手下的一个小女生，几乎不能自拔，杨武之知道这个原因后，还真是没话可说。

杨振宁在西南联大物理系的毕业论文是《群论方法应用于多原子振动》。这是一个把数学群论运用于原子物理学的课题，这个灵感最初来自导师吴大猷推荐给他的一篇论文《群论及其在原子光谱中的应用》，作者是德国科学家E-wiyel。吴大猷知道杨振宁有数学方面的天赋和专长，所以重新帮他确定了论文研究方向。

为了完成这个新课题，杨振宁专门请教了在数学系当主任的父亲，但杨武之没有立刻给儿子准确答案，而是要求他重温狄克逊的《近代代数理论》，从基础的数学理论，来寻找群论的研究路径，杨振宁的毕业论文被吴大猷评为优秀。吴大猷对杨振宁缜密严谨的数学推论，尤加赞赏。

从这个意义上说，物理系毕业的杨振宁，到联大附中教数学，应该是没有大问题的。当然，杨武之当时的另外一个私心，还是希望儿子通过当数学老师，重新回到数学科学领域。

杨振宁当上数学老师后，讲课条理清晰自不用说，从小在北京长大，一口标准的国语，表述清晰也自不用说。更难得的是杨振宁语言铿锵，逻辑重读从不含糊，特别是他说到毕达哥拉斯这个名字时，总是强调得超常响亮和独特，略带欧韵，拉字后面还多出一个弹舌音。于是同学们都开始模仿他的毕达哥拉斯，久而久之，杨振宁在联大附中的绰号也成了毕达哥拉斯。

杨振宁的学生中，有闻一多的儿子闻立鹤，华罗庚的女儿华顺，冯友兰的女儿宗璞。毕达哥拉斯这个绰号，就是闻立鹤最早喊出来的，他有事儿没事儿，最喜欢用杨振宁的方式喊一声毕达哥拉斯，别人请他吃烧饵块，他一高兴就喊毕达哥拉斯！

坐在左侧后排的一个小女生，薄嘴唇，单眼皮，身材高挑，脸色格外洁白干净，几乎找不到任何瑕痕。这个小女生很少说话，但从第一节课开始，杨振宁就开始注意到了她，杨振宁后来得知，这个小女生是昆明城防司令杜聿明的女儿，名叫杜致礼。

七年后杨振宁和杜致礼在美国的一家快餐厅再次相遇，那时他们都是留美学生，杨振宁在大洋彼岸与自己当年的学生相爱，杜致礼成为杨振宁生命中的第一个爱人。不过联大附中时的杨振宁和杜致礼只是单纯的师生关系，杨振宁那时没有想过会找一个将军家的小公主，杨振宁那时更期待的是联大校园里那些衣着朴素的小女生，哪怕家境很贫寒也不在乎，因为她们更令杨振宁钦佩。

杨振宁领到工资后的第一件事儿，是给父亲杨武之买了双布鞋。因为父亲脚上那双鞋，已经破得不成样子了，父亲每天必须穿着这双已经变形的破布鞋，从海源寺惠家大院到西南联大上课。可是杨武之拿着儿子给他买的新布鞋却一直舍不得穿。入冬以后，杨武之看见理学院老院长吴有训的鞋子比他的更破，五个脚趾头有四个露在外头，寒风一吹，冻得通红，一个个肿得像水晶葡萄似的。于是杨武之又把这双布鞋送给了吴有训，也算是替儿子谢了一回师恩。

杨振宁后来在国外过上了优越的生活，他那时很想给大洋这边的父亲多买几双皮鞋，可惜已经不能了，由于东西方世界当时的冷战，杨振宁与父亲一别就是整整 27 年。

这一年，杨振宁在联大附中尚未开课，就接到西南联大研究院物理研究所的录取通知书，还有黄昆、张守廉。由于这届物理所研究生阵容强大，他们三人又被称作西南联大物理系三剑客，其实黄昆并没有在西南联大本科就读。

考上研究生以后，杨振宁必须一面教书，一面完成自己的研究生学业。好在那时理科研究院已经搬到海源寺附近，离家很近。

杨振宁在物理研究所的导师是卡文迪许出身的王竹溪教授，也是当时西南联大物理系最年轻的教授；他指导杨振宁的研究方向，主要是在统计力学方面，这是一门微观物理和宏观理论结合最紧密的学科。杨振宁日后对于场论和宇称不守恒的研究，都来自对统计力学的观察。研究生时期对杨振宁有重大影响的教授，还有更年轻的马仕骏先生等，马仕俊在量子场论方面有独到见解，而吴大猷这时又转而成为黄昆的导师。

在英国剑桥的卡文迪许、赵忠尧曾经是卢瑟福博士的助理；张文裕、霍炳权是卢瑟福的研究生，而王竹溪是卢瑟福女婿福勒的研究生，所以三人经常开王竹溪的玩笑，说他是晚辈，应该让杨振宁叫他师哥。然而，被当作晚辈的王竹溪，丝毫都不比他们逊色。

王竹溪虽然没有赵忠尧那种把别人推上诺贝尔领奖台的经历，但他不仅知识渊博，而且兴趣爱好极为广泛，他在西南联大一个人就开了 11 门新课，创造了整个西南联大首开新课之最。其中，量子力学是王竹溪最核心的课程，也是中国高校首开课程，王竹溪后来被誉为中国量子力学之父！

王竹溪的兴趣爱好有多广泛，没有人能够用文字形容，他和吴宓大师住在一间屋子里，他就对国学产生了兴趣。两人常常彻夜讨论中国国学，争得面红耳赤。后来王竹溪夫人来了昆明，他搬到了乡下，和生物系的汤佩松是邻居，于是又对生物学产生了兴趣。两人合写了一篇论文，名为《离活体细胞水分关系的热力学论述》，被国外某些权威指为异端邪说。40 年后世界科学迅猛发展，证实了他俩当初的猜想，于是只好为王竹溪和汤佩松平反。而事实上，王竹溪和汤佩松超前了世界科学 40 年。新中国成立后，为了解决日后汉字输入计算机的难题，王竹溪又改行当起了语言学家，编了一本汉语大词典，按照现代符号学原理，重新梳理中国的汉语言文化和符号系统。

总之，王竹溪属于死了以后名气不太大，但活着的时候总是充满生命活力的那种人。他的这种敢于开创、敢于超前的精神，感染了杨振宁，并且让杨振宁受益终身！

如果说本科导师吴大猷、赵忠尧，是把杨振宁引领到现代物理科学领域的指路人，那么王竹溪更多的是给予了杨振宁人文精神和思维方式。有了王竹溪这台思维加速器，杨振宁很快就能直指现代物理的核心。他从西南联大研究院毕业仅九年，就创立了自己的学术体系：杨－密尔斯非阿贝尔规范场理论！

杨－密尔斯规范场学说创立之后，杨振宁在西方遭遇了像导师王竹溪那样的冷落与批判。一位当时世界著名的物理学前辈看了杨振宁的论文后，不无讥讽地说："我不相信上帝是一个无能的左撇子，我敢花大价钱打赌，镜子内外的对称不会和相互作用的强度有关。"

杨振宁和密尔斯的学说，不理解的人说他们是异端邪说，理解他的人也只能不无遗憾地指称这仅仅是一个数学模式。

杨振宁和密尔斯被世界物理学界误解了整整 18 年，这 18 年间，杨振宁和密尔斯受到的委屈难以形容，但他们没有放弃对于自己这个理论的宣讲和进一步推导。

奇迹也正在于这 18 年间，随着大功率 2-3GEV 得考司莫加速器的诞生，杨振宁的师弟李政道，通过 θ 粒子和 τ 粒子衰变时释放 π 介子数的不同，重新推导弱互作用下的宇称不守恒规律；另一位中国科学家吴健雄通过则钴 -60 在强磁场中的超冷冻试验，发现了 β 衰变的规律，这两个发现证实了由杨 - 密尔斯规范场进一步推导的弱互作用下宇称不守恒理论，意外地把杨振宁和李政道推上了诺贝尔物理学领奖台！

70 年代以后，随着人类的科技进步，人们发现了过去不曾发现的新微粒，基于新的物理实验结果，世界物理学开始重新认识杨振宁、密尔斯的非阿贝尔规范场理论。美国原子弹之父奥本海默临终前给予杨 - 密尔斯规范场最高评价：“我们终于找到了走出黑屋子的钥匙！”

美国氢弹之父泰勒建议第二次授予杨振宁诺贝尔物理学奖，这样的荣誉继居里夫人以来，尚无第二例！

1982 年，这是杨振宁关于非阿贝尔规范场理论问世 28 年的日子，世界科学界授予杨振宁鲍威尔物理学成就奖，这是美洲地区物理学界的最高成就奖，以表彰杨振宁 30 年来对世界物理学的卓越贡献，特别是非阿贝尔规范场的理论贡献，颁奖词如下：

“杨振宁创建了一个普遍的场论，提供基本作用力的数学结构，是 20 世纪的科学杰作……在近 40 年内，它深远地重新规范了物理和现代几何的发展，这个理论模型，已排列在牛顿、爱因斯坦、麦克斯韦尔的工作行列，并必将对未来几代人有类似的影响。杨振宁先生的成就，将与富兰克林本人的科学和人道主义精神相互辉映……”

华裔诺贝尔物理学奖获得者丁肇中如是总结杨振宁的规范场

理论："杨－密尔斯规范场是现代粒子理论的基石！麦克斯韦尔理论——广义相对论——杨密尔斯规范场理论一脉相承！"

杨振宁自己评价自己的物理学生涯："西南联大培养了我对于物理学的爱憎……但诺贝尔物理学奖对我一生没有巨大影响！"

杨振宁关于非阿贝尔规范场的理论，直接来自西南联大时期，在王竹溪指导下开始的关于电荷守恒与规范不变性之间的关系研究。虽然前者的研究对象是电荷，后者进入更微观的世界，也期待于更大功率的加速器实验，但两个课题理论上有一脉相承的思维，是对麦克斯韦尔以来物理学理论的一次反叛。

赵忠尧、吴大猷带领杨振宁走进了现代物理学世界；王竹溪赋予了杨振宁现代物理学的头脑和敢为人先的精神；还有吴有训、饶毓泰、叶企荪、张文裕、周培源……西南联大许许多多引领世界物理学前沿的大师们，让年仅 32 岁、离开西南联大刚刚九年的杨振宁成了巨人！

1944 年，杨振宁完成了西南联大研究院两年的学业，获理学硕士学位。

这一年，杨振宁通过了庚款留学生的初试，即将走向大洋彼岸，开始他新的学业。

然而在办理出国护照的时候，国民政府的外交官们，对于杨振宁所学的专业一无所知。杨振宁向他们描述了现代物理，描述了粒子加速器，那些人听完杨振宁的描述依旧一头雾水，大约只听懂了真空、电荷、强磁场几个关键词，还有静电加速器必不可少的高压发生器！于是这些人在杨振宁的出国登记表上，想当然地把杨振宁所学专业，写成了高压电专业。

"是加速器，不是高压电！"杨振宁哭笑不得。

那些人推说马上要下班了，不再理睬杨振宁。

最后杨振宁不得不拿着那张写着高压电专业的出国登记表，去领取护照。

杨振宁走的时候，滇西战役刚刚结束，日军对昆明的空袭彻底停止了，昆明街头重新变得安宁祥和。但这时的滇缅公路尚未全线打通，从印度到昆明的驼峰航线，还在继续给国民政府输血，那时从昆明去印度的飞机很多，也很空。

杨振宁告别父母和弟弟妹妹后，由骆驼祥子用板车帮他拉着行李，从西仓坡家中去往昆明南郊的巫家坝飞机场。

"小老弟，这回出国留学，可算是光宗耀祖啦？"祥子半开玩笑地说。

"我不是出国留学，所以也谈不上光宗耀祖。"杨振宁不卑不亢地回答。

"你不是出国留学，那你去干吗呀？"祥子有些意外。

"我是去找费米的。"杨振宁回答。

"费米啥人啊？"祥子一头雾水。

"我未来的导师，一个非常伟大的物理学家。"杨振宁说。

"哦，拜师学艺啊？"祥子似懂非懂。

"哈哈，可以这么说吧，所以谈不上什么光宗耀祖，还不知能不能成为他的学生呢……"杨振宁不由得笑了。

"其实做数理化这营生，洋人都挺厉害的。"祥子似懂非懂地附和说。

"可我只看重费米……不看重美国！"杨振宁像是自言自语。

祥子拉着板车把杨振宁送到巫家坝机场，父亲杨武之已经骑自行车从另一条路赶到了机场，父子离别，没有更多的礼节和叮嘱，因为他们父子那时都不会想到，巫家坝机场这一别，就是整整二十年。为了避免依依不舍的场面，杨武之决定今天单独到机场给儿子送行，把杨振宁的母亲和弟弟妹妹都留在了家中，

21年前，杨武之也是这样告别母亲和杨振宁母子，去大洋彼岸留学的，那时杨振宁只有一岁，中国还没有飞机。没想到时间过得真快，这回轮到杨武之来送别儿子了。

“到了那边，替我问候当年的老同学，还有师长。20年了，很想念他们。”

“知道了，爸，您回去吧。”

父子离别还说了许多其他的事儿，但祥子听懂的只有这一句。

第二天一大早，杨振宁乘美国军用飞机前往印度加尔各答，那时从印度到美国还没有直航，因此美国政府安排杨振宁等乘坐军舰登陆于美国纽约市。

到达纽约时，杨振宁还穿着西南联大的学生装，那服装已经开始破旧，与美国人的生活实在格格不入。于是杨振宁和几个同学在纽约街头逛了整整两天，终于在一个偏僻的小街上，淘到一套便宜而又体面的西装，把自己包装起来，然后去了位于曼哈顿的哥伦比亚大学，这里是留学生们巡访的第一站，因为这所大学就位于纽约市区不远。

按照杨振宁事先知道的情况，费米原本的工作单位就是哥伦比亚大学，杨振宁走进校园就四处打听费米的消息，可是令杨振宁失望的是，当时的费米不仅已经离开了哥伦比亚大学，而且哥伦比亚大学守大门的保安直截了当回答他，没听说过学校里有费米这么个人，问了校园里的很多人，他们也没听说过费米。

于是其他同学留下了，等待哥伦比亚大学的研究生招考，而杨振宁却非常失望地走了："这不是我求学的地方，一所不知道费米的大学，没有资格教育我！"

杨振宁离开纽约之后，一直在社会上游荡，他去了很多地方，都没有打听到费米的下落。杨振宁不知道，费米当时参加了美国的曼哈顿工程，造原子弹去了，他的一切信息都是高度机密的。

渐渐地，国民政府给他的钱全部用完了，杨振宁的生活陷入了极度的窘困。

直到这年秋后，战争已经结束，杨振宁徘徊到位于新泽西州的普林斯顿大学，这是一个世界著名科学家云集的地方，爱因斯坦本人也住在学校附近，如果确实找不到费米，这是杨振宁唯一能够接受的大学！

意外的是杨振宁在普林斯顿校园里，遇到了他在西南联大时的老师张文裕。张文裕 1943 年到美国参加曼哈顿工程，曾经和费米在一起工作，现在刚从洛斯·阿拉莫斯回来，张文裕告诉他，费米结束曼哈顿工程后，有可能会受聘于芝加哥大学。

张文裕老师劝杨振宁留在普林斯顿，他可以把杨振宁引荐给爱因斯坦，但杨振宁谢绝了张文裕老师的挽留，放弃了普林斯顿大学的考试，只身去往美国中部的芝加哥，在那里等待费米的到来。

到达芝加哥后，杨振宁已经身无分文，他住在芝加哥华人区的棚户里，每天只能吃一个烤麸面包和西红柿。

那时的杨振宁为了等待费米，每天早晨到一家华人餐厅打工，帮着店里抬海鲜、洋葱、西红柿等食品，每天工作两个小时，都是重体力活，收入非常微薄。白天到图书馆查资料，准备考试。

后来经一位华侨大婶介绍，杨振宁又找到一份给人户人家教中文的工作。杨振宁的生活才算稳定下来。

同去的中国学生已经全部各就各位，开始了在美国的学习生活，只有杨振宁一个人还在社会上游荡。杨振宁的事儿把中国驻美国大使魏道明都给惊动了，不久以后，大使馆确认了杨振宁的行踪后，派芝加哥领事馆的一位工作人员找杨振宁谈话，要他尽快选校。

“杨振宁，你到美国留学不容易，你应该珍惜这个机会。”对方据说早年也是西南联大外文系毕业，大使馆派他来找杨振宁谈话，也许是觉得沟通更方便。

“谢谢，我会很好地珍惜这样的机会。”杨振宁说。

“你来美国快一年了，为什么现在还没有就学？”对方问。

“众所周知的原因，费米实验室的招生，要年后才能开始。”杨振宁回答。

“美国那么大，除了费米，难道就没有其他人适合做你的导师吗？”

“有！爱因斯坦，可他现在不招生，再说我也听不懂德国话……还有泰勒博士，他在芝加哥的考试也是年后。”杨振宁回答得不卑不亢。

“杨振宁，你不能太自以为是，我们查看了你的登记表，你所学的专业是高压电专业，美国除了他们，难道连个精通高压电的人都没有吗？”对方质疑。

“哈哈哈，是的，出国的时候，政府外交官不知道统计力学和量子力学是什么，我向他们描述加速器，他们就把我的专业填写成了高压电，其实……是两码事儿。”杨振宁实在觉得哭笑不得。

“杨振宁，你要对你的行为和后果负责。”

“是的，我一直都对自己的行为负责！我来美国是来找费米的，不是来给那些三流教授当门徒的！我在西南联大完成了自己本科和研究生的教育，那里的每一个教授都比他们优秀得多！尽管他们过的是极其艰苦的战争生活——大洋这边的人难以想象，您也许忘了，可我不能……杨振宁是他们的学生！”杨振宁说到这儿，竟然被自己的话感动了，哽咽得再也说不下去！

从那以后，国民政府再没有给过杨振宁一分钱生活费，杨振宁完全靠自己在社会上打工，等待着费米和泰勒的到来。

1946 年初，杨振宁以优异的成绩和独到的思维见解，成为美国芝加哥大学费米实验室的博士研究生。如愿以偿地成为费米教授和泰勒博士的学生。

1948 年杨振宁博士研究生毕业后，经奥本海默推荐，到普林斯顿的高等科学研究院开始为期两年的博士后工作。1950 年因恋爱的原因，杨振宁长期留在普林斯顿高等研究院工作，开始了他一生中最辉煌的时期。

1965 年，杨振宁调任美国纽约州立大学石溪分校物理研究所所长，重新再创业，直至退休。

1997 年，杨振宁定居北京清华园。他是中国年龄最大的本科任课教师，90 岁以后仍然站在清华大学本科教室的讲台上！

2017 年，杨振宁正式恢复中国国籍。

不要问杨振宁为什么成功，也不要问杨振宁为什么常被别人误解。

杨振宁的西南联大，没有任何人能够重复！

第二十五回

为抗战学子从军忙

在阴暗的树下，在急流的水边
逝去的六月和七月，在无人的山间，
你的身体还想挣扎着返回，
而头上已经开满无名的野花！
那刻骨的饥饿，那扇红的冲击，
那毒蛇的噬咬和痛楚的夜晚，
你们受不了要向人讲述，
如今却是欣欣的树木把一切遗忘，
……没有人知道历史曾在此走过！

——穆旦《祭歌》

1942 年 4 月 29 日，日军占领缅东重镇腊戌，声势浩荡的曼德勒会战彻底破产，十万中国远征军踏上艰难的北撤之路，国民革命军第二〇〇师师长戴安澜殉国，新三十八师副师长齐学启被俘。

作为中国远征军的主力，杜聿明率第五军军部和新二十二师、军游击部队进退维谷，最后陷入缅北那加山脉的崇山峻岭不能自拔，猛兽、饥饿、蛇毒、蚂蟥以及缅东北新平阳百年未遇的洪水，吞噬着这支曾经在广西昆仑关创造过辉煌的中国第一支机械化部队。

那时的云南人，习惯把那加山脉称作野人山，而部队撤退的这条线路，大体是沿着胡康河谷行进的。据一位随行的英国医生统计，在这条路上，每 1 公里就有 10 具到 30 具中国士兵的尸体。牺牲在胡康河谷野人山的中国军人，比整个缅甸战场战死的军人还多！

当时在第五军军部任英语翻译的原西南联大外文系助教查良铮，亲历了野人山的那些日日夜夜。那时的查良铮当然不再是诗人，也不可能再有任何诗兴，他那些关于野人山的诗作，是若干年后对于牺牲战友的一种追忆，并以穆旦的笔名发表，所以有“如今却是欣欣的树木把一切遗忘”这样的句子。

野人山的日日夜夜，让查良铮刻骨铭心。又若干年后，有位藏族赶马人披露，这条路过去他经常走，这条路在古代被称作蜀身毒道，并无众多惊险，第五军军部走这条路，很可能是偏离了蜀身毒道的主干线所致。总之众说纷纭、莫衷一是，但可想而知，杜聿明在走进野人山的时候，接到两个完全相反的命令：蒋介石让他穿越高黎贡山回国，而史迪威又让他去印度。部下孙立人擅自西撤，戴安澜、余韶两师根本联系不上，杜聿明和廖耀湘成了彻头彻尾的孤军。他们很可能是在内心极度矛盾的情况下，选择了一条错误的行军路线！

路上的累累白骨，至今已无法寻找，烈士们只能永远长眠异邦。因为部队到达印度雷多之后，这条路很快就被强劲的印度洋季风掩埋了，只有欣欣的树木把这一切遗忘！没有人能重新找到他们曾经走过的路。

残部到达印度后，与先期到达的孙立人新三十八师合编为中国远征军第一路，部队被史迪威实际控制，罗卓英和杜聿明均被撤职，新上任的郑洞国也没有足够的实权。

为了重组驻印度的中国远征军，实现中国军队的国际化、现代化，部队急需大批会英语、懂机械的学生兵入伍，于是在国内掀起了青年学生的从军热。那时的口号叫作十万青年十万军。

其实驻印军最初只有一个军的编制，军长由驻印军副总指挥郑洞国兼任，军权控制在史迪威手中，下辖孙立人、廖耀湘两个师，除了杜聿明的老部队，增加万把人也就差不多了。后来反攻缅北时，又扩编为两个军，孙立人、廖耀湘各领一个军，即便如此也用不了十万人。

国民政府后来把更多的从军学生，编成了青年军九个师，罗卓英任训练总监，蒋经国任政治部主任，青年军开编后，查良铮也随原第五军参谋长罗又伦去了青年师，后从那里复员。

从严格意义上说，青年军九个师装备虽然仅次于驻印军，但是还没来得及打仗，抗日战争就结束了。青年军的意义在于他成了日后蒋经国势力崛起的一支“新军”，青年军九个师长，除了罗又伦，其他人都有副军长以上的任职经历，三个军长都有集团军副职以上的任职经历，中下级军官多半是高衔低用，而且都是同级军官中最年轻的。

真正参加过作战的学生兵，主要还是在中国远征军序列，特别是从 1943 年底开始的缅北大反攻，中国远征军沿胡康河谷穿越缅甸那加山脉，从新平阳一直打到密支那，基本全歼了驻守缅北的日军第十八师团，1945 年初在缅东芒友与国内的中国远征军部队会师！

抗战胜利前夕，孙立人率新一军解放了缅甸首都仰光（今缅甸首都为内比都），参加了盟军解放仰光的入城式！

在后期近百万人规模的缅甸战场，中国远征军始终是一支战斗力顽强，能打胜仗、打硬战的部队，在国际军事合作中显示了中国军人的顽强作风，成为中国学生从军的一面旗帜！

驻守滇西的中国远征军部队，虽然学生兵的人数远不及驻印军，但在滇西攻坚战的日日夜夜，同样为世界军事史，留下了经典战例！

为了配合盟军滇缅战场作战，从 1942 年开始，西南联大多次动员学生从军，最初是从外文系大四的学生中为盟军选拔翻译，后来扩大为全体同学，梅贻琦本人的一儿一女一侄，先后都走上了战场。张伯苓的儿子张锡佑牺牲在抗日战场上！

梅贻琦的女儿梅祖彤报名参军后，去了陈纳德的志愿航空队，在那里担任翻译。当时有个仰慕梅祖彤的男生要给梅祖彤送花，但又不敢，于是给校领导写了份报告，请示是否可以给梅祖彤小姐送花。梅贻琦也照旧公事公办，在报告上批复：拟不同意！

梅贻琦唯一的儿子梅祖彦那时才读到大二，他没有来得及和家里商量，就自作主张报名参了军。梅贻琦知道以后沉默了许久后对儿子说："你要珍惜现在的学习环境，以后还有更多的机会报效国家。"

但梅祖彦这时决心已定，梅贻琦也就没有再说什么，他尊重了儿子的选择，毕竟儿子的人生道路要靠他自己走。

梅祖彦最初已被分配到美国志愿航空队做翻译，但由于姐姐和堂兄都在这里服务，梅祖彦不愿步他们的后尘，更渴望直接到战斗部队去锻炼。于是被转往驻扎滇西的中国远征军部队服役，成为一名正式的军人，陆军少尉。梅祖彦在滇西服役期间，中国远征军滇西总司令卫立煌，正在与韩咏华的妹妹韩权华热恋，但梅祖彦一直没有让卫立煌知道这层关系。直到滇西战事结束后，卫立煌与韩权华在昆明举行婚礼时，他才知道梅祖彦已经在自己部队服役一年多了。

不久以后，卫立煌改任陆军副总司令，梅祖彦在部队没有受过姨父的照顾和提拔，抗战胜利后就复员了，回到清华继续他的学业。

机电系40级的黄宏嘉是个神童，3岁识字过千，读书过目不忘，诗词歌赋样样精通，他16岁就以优异的成绩考入西南联大机电系，抱着科学救国的理想，开始了一个与他专长相去甚远的职业生涯。

黄宏嘉的父亲黄右昌是民国元老，早年在长沙时政学堂与蔡锷、杨度是同学，后因政见不同，与他们分道扬镳！黄宏嘉读西南联大时，黄右昌还在国民政府立法委员的任上，也算是那时候的官二代了。

黄宏嘉在西南联大读书期间，属于生活比较优越的那种学生，至少没缺少过吃鸡蛋和穿美式皮夹克的钱，这在当时已经算很阔气了。

大学毕业那年，黄宏嘉面临着多种人生选择，他可以到重庆去找一个更体面的工作，也可以留校继续读研究生，然而国难当头，黄家三少爷选择了投军！

黄宏嘉到部队后的第一个职务，是中国远征军的少尉接线员，当时滇缅战场正打得激烈，远征军总部每天上有千个电话，而且几乎每个电话都关系到另外一群人的生命！过去从不会喝酒的黄宏嘉，每天接班后先拿一瓶红酒，然后就开始每天的工作，累了喝两口红酒提神，战争期间必须保证每一次接线准确无误！很多人都说，像滇缅战场上那些重大的战役，接线比上战场更辛苦。

不知道是不是滇缅战场的那段战斗生活，那种高速、准确的接线员工作，让黄宏嘉后半生献身于微波通讯和光缆事业？

黄宏嘉从中国远征军部队退役后，重新回到北大深造，后与李政道、邓稼先等一起赴美国留学，仅一年时间就被美国密执安大学研究院破格授予硕士学位。新中国成立后，黄宏嘉放弃即将到手的博士学位，回到祖国，投入新中国的建设行列。

从 70 年代开始，黄宏嘉带领自己的科研团队，投入光导纤维的研制与开发，当时正处在冷战后期，西方大国的很多技术对中国是封闭的，黄宏嘉在资料设备极其有限的条件下，自力更生，几乎是与西方社会同步，开发了我国的光导纤维技术，使中国成为当时世界上的光导纤维大国。1980 年，由我国自主研制的第一根单模光纤问世。有一部名叫《新闻启示录》的电视剧，称中国将以他先进的光导纤维技术，引领世界的第三次工业革命浪潮！

由此，黄宏嘉一度被誉为世界光导纤维之父！

近几年，黄宏嘉在世界科技史上成为一个有争议的人物，他带领中国科技工作者与西方世界同步，开创了光导纤维与 IT 工业，他的思想一直走在网络时代的最前列！他的理论专著《耦合理论模式及其在微波与光纤传输中的应用》，影响了整个人类的科技进步，他开创性地提出了光纤传输的第三种模式，人类的互联网时代，曾经始于这位中国科学家足下。

然而由于商业和市场的选择，人类又开始与这位光纤传输的开创者渐行渐远，特别是 2009 年以后，受诺贝尔物理学奖的评奖影响，当另一位华裔科学家被公认为世界光导纤维之父后，黄宏嘉开始淡出公众的视野，母校西南联大纪念馆，也把他的照片从前排挪到了后排。科学和市场有时都那么残酷！

然而黄宏嘉曾经独立开创了中国的光缆事业，他在东西方几近隔绝的情况下，带领他的同胞不懈地追赶着第三次工业革命的浪潮，为了人类的科技进步做出了自己应有的贡献，世界科技史，不应该遗忘这位曾经孤独的开拓者！

好在杨振宁的非阿贝尔规范场和宇称不守恒，也不是由市场可以选择的！

黄宏嘉在中国远征军没有冲锋陷阵的机会，但是为了中国的科技发展，黄宏嘉身先士卒、冲锋陷阵了半个世纪！

黄宏嘉——西南联大最优秀的抗战老兵！

这天杨振宁正在西南联大附中给学生们上数学课，教室背后窜进一个人来，默默地坐到教室最后一排，听杨振宁讲高中的解析几何。此人长着一副圆圆的娃娃脸，鼻梁上架一副玳瑁眼镜。

杨振宁起初对此人的到来感到很意外，但后来又很快投入了讲课，忘记了他的存在。

下课以后，杨振宁才走过去，和来人握手、拥抱："钧以，你怎么来了？"

对方有些神秘地看看四周学生已经散去，这才告诉杨振宁："昨天刚到昆明，明天飞印度。"

"印度？你不是已经去重庆了吗？怎么还去印度？"杨振宁感到很意外。

"我们找个地方说话。"对方看了看来回乱窜的学生，小声对杨振宁说，"我当兵了。"

来人名叫钮钧以，在西南联大化学系的时候和杨振宁是同班同学，钮钧以是苏北人，和杨振宁口音有些相近，所以两人往来比较多。后来杨振宁转入物理系，扭钧以继续就读于化学系。平时仍保持往来。

钮钧以从西南联大化学系毕业后，已经被重庆的国立药学专科学校聘为助教，杨振宁原本以为一时半会儿见不到他了，没想分开才一个多月，钮钧以居然就出现在他上课的教室里。这让杨振宁感到很意外。

那时杨振宁刚刚拿到第一个月的工资，两人都不阔绰，杨振宁在凤翥街的烧豆腐摊上请钮钧以喝烧豆腐酒。两人边吃边聊。

毕业的时候，钮钧以原本已经报名从军了，但招兵的见他戴一副眼镜，一直没有给他办理入伍手续，重庆的国立药专却抢先一步把他聘走了。

可是到了重庆以后情况又发生了变化，国民政府决定在驻印军部队组建一个防化团，防化兵总司令李忍涛自兼团长，要从重庆药专选拔人才，学校推荐了钮钧以参加。所以钮钧以又回到了昆明，准备从这里搭乘军用飞机去印度兰姆伽。西南联大也承认他当初报名从军有效。

“你既然在重庆有了工作，其实可以不去服兵役。”杨振宁说。

“这毕竟也是报效国家的机会啊。”钮钧以很憨厚地一笑。

“中国军队，出自晚清的新军，也就是甲午战争以后，袁世凯小站练兵那个时期，他们受的教育是德国和日本的，从文化上来说，恐怕与我们格格不入。中国的抗战是不是能够依靠这样一支军队……恐怕谁也没有把握。”杨振宁说。

“哎，事情总是在发展的嘛，清华不也是庚子赔款以后的产物吗？那时候谁又能想到有今天呢？这次去印度，是美国人主持训练，很多方面和国内的部队不一样！”钮钧以似乎对于前景满怀信心。

抗战爆发后，杨振宁曾经有过和母亲穿越黄泛区的亲身经历，那个时候他对旧中国就有了刻骨铭心的记忆。考入西南联大以后，杨振宁利用暑期社会实践，到梅贻琦创办的清华服务社打工，其中就包括为军队提供技术服务，他亲眼看见旧军队打骂士兵、克扣军饷、不让士兵吃饱等种种腐败现象，所以对于这支旧军队，杨振宁在内心是有隔阂的。

“到了那边，一切就要自己保重啦，听说印度那边很热，湿气也很重。”杨振宁最后举起酒杯为钮钧以饯行，“部队比不得学校，到了部队上，特别注意不要乱说话……”

杨振宁知道钮钧以这个人口无遮拦，所以特别叮嘱。

告别杨振宁的第二天，钮均以乘飞机去了印度兰姆伽，先是接受美国人的特种防化训练，然后再分配到驻印军的防化团担任技术军士。

钮均以报名参军的时候，名字被人错写成钮经义，估计填表的是个云南人，钧和经分不清。后来他也就一直沿用了钮经义这个名字。

钮经义在美军部队接受训练的时候，最初是美军的编制，穿美军的军服，使用美军的番号。教官的训练虽然非常严厉，但除了训练之外，他们在美军部队生活、言论都很自由。生活上官兵基本平等。

印度兰姆伽有个国际军官俱乐部，各国的军官晚上都集中在这里，可以吃饭、喝酒、唱歌、跳舞、赌钱、看电影，但唯独不准中国军人进入。

训练结束的最后一天，美国教官带着钮经义等人去了兰姆伽的军官俱乐部，教官很遗憾地说：“钮，我们在这里分别吧，从明天开始你就不能来这个地方了。”

"为什么？"

"这里不许中国军人进入。"教官摊开两手耸耸肩说。

"为什么会这样？"钮经义有些愤愤不平。

"这是英国人的规定，他们也许觉得你的同胞还不够文明。"教官含糊其词地说。

钮经义那天晚上无心狂欢，他举杯谢过各位教官之后，教官找女人们跳舞去了，钮经义一直坐在吧台上喝香槟酒，钮经义发现，这家国际军人俱乐部，不仅有英国军人、美国军人，也有很多印度军人和非洲黑人，但确实没有中国军人。吧台的另一头，有一个和钮经义同样穿美国军服的中国翻译官，见钮经义一个人怏怏不乐，便过来跟他攀谈。

对方是清华大学抗战前的老学生，应该是钮经义的长辈了，是师长孙立人亲自把他招到部队的，到了印度以后，借调美军部队工作。这位清华老前辈告诉钮经义，在缅甸仁安羌，是孙立人的新三十八师浴血奋战、以少胜多，救出了包括英军总司令亚历山大在内的万名英军。那个时候，亚历山大总司令抱着孙立人，称他是自己的救命恩人。然而到了印度兰姆伽，孙立人的部队就再也进不了英军开办的俱乐部了。

"这对中国军人太不公平！"钮经义愤愤然。

"什么叫作公平，自从走出国门那一天，中国军队又得到过什么公平？"对方反问。

第二天，钮经义和同学们按时到驻印军防化团报到，从这一天开始，他们换上了中国的军服，佩戴中国军队的标志。因此也同样是从这一天开始，钮经义和他一起受训的同学，再也没有资格走进英国人开办的国际军人俱乐部。

钮经义进入防化团的第二年，由于盟军内部的日本间谍出卖，中国防化兵总司令李忍涛在回国途中，座机被日本飞机击落在喜马拉雅山南麓。李忍涛殉职后，防化团开始争权夺利，在新一轮的权力分配中，钮经义意外地被提拔为防化团的上尉参谋。

从 1943 年底开始，钮经义全程参加了盟军在缅北的大反攻，部队从新平阳一直打到密支那。缅北反攻期间，路上多次遭遇洪水和瘟疫。防化团一面行军、打仗，一面还要负责整个部队的驻地防疫工作。缅北反攻开始后，战线拉了好几百公里长，到处都有营地，防化团去的都是最危险的地方。

当时部队挺进速度很快，后勤经常跟不上，部队断粮的时候，就用水煮大蟒蛇充饥，一条大蟒蛇好大，一个连都吃不完，只好抬了大半截送给过路的部队。蛇皮被子弹打得稀巴烂，可惜了，也不知道是谁打的，当时很多人都开了枪！

也有的战友不服从命令，擅自行动，结果被大蟒蛇给吞了去。不过好在人吃蛇的概率总是比蛇吃人的概率大一些，因为人手里有枪。

这时，国内的学生运动也在蓬勃发展，有些同学收到了西南联大寄来的《国是宣言》等进步文章和书籍。

有一天，军长郑洞国到防化团检查防疫工作，突然召集部队的学生兵训话，说霍乱虽然可怕，但民主运动的危害甚于霍乱！

郑洞国训话后，部队搜查了学生兵的帐篷，从一个同学的行囊里，搜出了一份《国是宣言》，于是此人被宣布拉出去枪毙，由于发生紧急战事，其他人顾不得这位学生兵，此人才得以逃生。

这件事儿对钮经义刺激很大，事实上他也收到过国内寄来的《国是宣言》，幸而行军艰苦，没有保存。

我军攻下密支那后，部队扩编，军官们能升级的都受到了提拔，钮经义因参加缅北作战有功，被晋升为防化团少校副营长，有人开玩笑说，钮经义在部队服役仅仅两年，距当初李忍涛将军的地位，就只差一级半了。可谓前途无量，然而钮经义坚辞不就！

部队与云南的中国远征军在芒友会师后，钮经义辞职离开了部队，回到他原来任职的重庆国立药专，宁可从一名普通助教重新做起。

钮经义在回重庆的路上，搭乘国内远征军部队的军用卡车，与一群来自西南联大的学生兵同车，车上有一个身材高挑、相貌英俊的年轻人，一直坐在钮经义的对面。这个年轻人的名字叫邹承鲁，西南联大化学系四年级学生，即将毕业，滇西战役打响后，邹承鲁和同学们利用实习期到部队服务，在滇西战场上从事防化工作。

同学们向钮经义聊起日军在滇西的细菌战，钮经义也向他们讲述了收复缅北的艰苦经历。他们虽然来自两支不同的部队，一路上却谈得十分投机。

钮经义在西南联大的时候没有见过邹承鲁，邹承鲁入学的时候，钮经义已经到郊外中学实习去了，很少回学校。这次在滇西同车返回，应该是两位生化学大师第一次见面！不过那个时候他们都不知道，若干年后他们之间发生的事儿。

钮经义后来去美国留学深造，并成为大洋彼岸小有名气的年轻科学家！邹承鲁则去了英国，在那里与李四光的女儿恋爱、结婚。新中国成立后，邹承鲁夫妇回到祖国，参加新中国建设，成为中国酶学的学科奠基人；钮经义则在国外徘徊辗转了整整六年。

1965 年，中国科学家首次成功完成了人工牛胰岛素合成实验，这在世界科技史上，是一次全新的开创！一位当时在中国访问的诺贝尔化学奖评委，高度评价人工牛胰岛素合成：你们可以看着教科书造原子弹，但你们没法看着教科书合成人工胰岛素！

钮经义是人工胰岛素合成项目的执行人，邹承鲁则为这位刚刚回国的学长提供了重要的理论指导，并具体负责这次试验中 A 链和 B 链的合成实验。

西南联大学生从军名录上，镌刻着钮经义和邹承鲁的名字，人类科技史的丰碑上，同样镌刻着两位大师的名字！

1973 年，杨振宁向中国政府提议，人工胰岛素合成应申报诺贝尔化学奖；1979 年，人工胰岛素合成项目主持者钮经义，获诺贝尔化学奖提名，这是中国国内科学家首次获诺贝尔奖提名！

面对荣誉，邹承鲁则淡然一笑："我当年在英国剑桥实验室工作的时候，晚上出来散步，就可以碰到好几个诺贝尔奖得主，科学家一辈子为了获诺贝尔奖而工作，几乎什么事儿也做不成！"

好在人工合成胰岛素对于邹承鲁而言，至多只能算他科技人生的三分之一！邹承鲁晚年投入科技打假，即便面对自己西南联大时的老师、声名显赫的牛满江大师，也丝毫不留情面。

邹承鲁，这位充满军人气质的科学家，一辈子只信仰真理！

西南联大学生从军纪念碑上，有 813 个名字，这 813 人后来的命运，也许就是 813 部长篇小说！

而事实上西南联大从军学生人数远远不止这些，许多青年人穿越层层封锁线，去了革命圣地延安，投入民族解放和独立自由的最前沿！

中华民族到了最危急的时刻，那 120 亩的联大校园里，便随时涌动着无数青春与热血的灵魂！

第二十六回

青年节校场天洗兵

自中途岛海战以来，日军在太平洋战场节节失利。

1944 年 4 月，日军开始实施一号作战令，旨在打通中国中部大陆交通线，企图通过中国大陆连接越南的陆地交通线，支持东南亚地区的日本南方军作战，在印缅战场，日军出动三个师团的兵力，向印度东部的英帕尔猛扑。

一号作战令下达后，日军出动 50 万精锐，相继在河南、湖南、广西与中国军队作战，攻占洛阳、郑州、上饶、长沙、衡阳、桂林、柳州等重要城市，以前所未有的代价，打通了京广、粤汉、湘桂等陆地交通线，实现了中华派遣军与东南亚南方军辖区的陆地交通连接。这也是日本法西斯失败前的最后一次疯狂挣扎。一号作战令实施不久，东条英机内阁倒台！

日军占领广西柳州后，日十一军司令官横山勇利用中华派遣军总司令畑俊六调职回国的权力空白，纵容部队沿黔桂铁路北上，占领了贵州南部的独山等县，在西南大后方制造了一场空前的混乱！

日军袭扰黔南的行动前后只有半个月时间，由于此举已超越日军一号作战令的规定，属节外生枝，最后被新上任的中华派遣军总司令冈村宁次叫停。但在西南大后方引起的震荡难以估量。

日军袭扰黔南地区，大肆烧杀掳掠，导致近两万人死亡。日军占领独山县城后，原本已无交通线继续北进，但都匀守军遭遇民宅失火，以为是日军打进了都匀城，惊慌失措，望风而逃，临走前又纵火焚毁了都匀市区，制造了骇人听闻的都匀大火！都匀古城付之一炬！

都匀大火发生的时候，很多人以为是日军打到了都匀，引起更大的惊恐，贵阳城里霎时乱作一团！

日军占领独山的消息传到昆明，昆明城里人心惶惶，很多富贵人家开始收拾细软，准备跑路。

过去一向自负的驻昆第五军军长邱清泉这时也失去了主张，他利用西南联大学生到第五军劳军的机会，邀请闻一多、华罗庚等西南联大名教授，到第五军军部座谈时局。闻一多愤然拍案而起："别人现在都在收复失地，只有我们还在继续失地，中国的前途只有一个，那就是革命！"

闻一多语惊四座，邱清泉也只好装聋作哑，时局座谈最后不欢而散。

而自从日军占领独山那天起，贵阳到昆明的公路已经一片混乱，路上到处都是难民，汽车被堵在公路中央无法行进。横山勇中将一个节外生枝的恶作剧，闹得整个大西南不得安宁！

李政道就是在这样一片混乱中离开贵阳的，他之所以能够挤上木炭汽车，多亏同学帮了一把，抱住他的双腿，把他从车窗里塞了进去。

此后李政道一直没敢下车，他知道公路上如此混乱，一旦下去就再也上不来了。

这一年的李政道刚刚 18 岁，原本是浙江大学物理系学生，桂柳战役后，李政道随学校从广西宜山迁往贵阳。浙大原打算在贵阳复课，可是日军占领独山后，学校复课无望，他的老师王淦昌发现了李政道非凡的天赋，以及他对原子物理学的兴趣，于是推荐他到西南联大，师从吴大猷、赵忠尧学习现代物理学。

在去昆明的这一路上，连大小便都很困难，有的人没法，只好找一条旧毛巾塞在裤裆里，以防万一，而李政道这一路上所缺的，恰好就是这么一条旧毛巾！

李政道一路上忍着饥渴，不敢喝水，因为一旦喝水就免不了中途停车撒尿，而按照滇黔公路目前这种混乱状况，下去很有可能就上不来了。

汽车在山间公路上蹒跚了整整两天，一直走走停停，好不容易挨到了晴隆，司机再也走不动了，只好下车住店，睡一晚再走。李政道这时几乎是不顾一切地一个鱼跃冲出车厢，纵到墙脚的地方就开始解裤子，这种时候根本顾不了什么读书人的斯文了。

晴隆县城很小，能住的地方都住满了，太远的旅店李政道又不敢去，怕第二天汽车开走把他甩在这儿。李政道提着行李在车站附近绕了好几圈，实在找不到住的地方，他突然发现有人睡在汽车底下，于是便找了个人少的地方解开行李，睡了进去。李政道心想，这应该是最保险的办法啦，睡在这种地方，明天总不会赶不上汽车吧？

躺在李政道身边的，是一个刚从战场上下来的瘸腿老兵，拄着拐杖，嘴里一直在不停地骂骂咧咧。

李政道刚才找旅馆时，顺手在街边买了一份《贵州日报》，借着车场昏暗的灯光，随便把报纸标题浏览了一番，他这时才得知，所谓日军占领都匀完全是道听途说的谣言。

日军占领独山县城的同时，国军孙元良的先头部队也赶到了独山县城附近的深河，炸毁了深河铁桥，沿河布防，挡住了日军北上的道路。从此以后，日军没有再能往前一步，也没有再占领中国的其他任何地方，所以孙元良后来大肆吹嘘，日军侵华，始于北平卢沟桥，终于贵州深河桥。

至于都匀的那场大火，报纸指其为“居民意外失火”所致。

“日军离都匀还远着呢。这么多人跑什么呀？”李政道颇多感慨。

身边那个老兵欠起身子，乜斜着李政道手里的报纸长叹：“政府无能，半个中国都丢了，一个小小的都匀算啥子嘛？”

“日军离贵阳还那么远，跑这么急干什么？”李政道愤愤然。

“没办法，吴鼎昌先跑了，还有杨森屋头的，光金银细软就拉了好几大卡车，老百姓也是人吵，要活命。”老兵说。

“该杀！”李政道见老兵说话口无遮拦，故意问，“你知道都匀大火是怎么回事儿吗？是不是又在搞焦土抗战。”

“这还用问？几百年的古城，早不着火，晚不着火，刚说日本人要来就着火了。”老兵冷笑。

“也是，怎么会这么巧？”李政道对于当年的长沙大火记忆犹新，那时他正在江西的一所流亡中学读书，距离长沙很近。

“小兄弟，没打过仗吧？”老兵掏出香烟，递了一支给李政道。

“学生，去昆明求学的。”李政道不敢在车底下抽烟，摇头拒绝了，“车底下不能抽烟，小心起火。”

“怕啥子，现在的汽车，早就不烧汽油喽。”老兵自顾吞云吐雾。

李政道提心吊胆地看看抽烟的老兵，又看看车底的油箱，非常害怕，虽然油箱里早就没有汽油了，可酒精一旦烧起来也不是闹着玩的。

李政道战战兢兢地在车底下躺了一阵，看看车底的油箱，又看看老兵手里星火闪闪的烟头，最后只好钻出车底，斜靠到汽车后轮上，老兵跟着也从车底钻了出来："读书没啥子意思，早几年还不如跟我去当兵，可是这年头，当兵连肚子都混不饱，算了，不劝你了……"

"是呀，国难当头，做书呆子真的没什么意思……"李政道又在思考自己的前途和出路，他此去昆明，完全是一次盲目的冲动，还不知西南联大最终能不能接受他？

李政道和老兵一路忍饥挨饿，渴了只敢用很少一点水润润嘴唇，饥了啃一个车站附近买的烧苞谷，还得憋着大小便。经过六天六夜的长途跋涉，庆幸没有在半路上被汽车甩掉，他们终于到达了昆明。

李政道与老兵分手后的第一件事儿，是先找了个水井，把脏衣服好好洗了一遍，然后换上了一身还算体面的学生装，拿上王淦昌老师的介绍信，去了西南联大。可是李政道到了西南联大后，并没有找到赵忠尧和张文裕，他们那天都没在学校，李政道听说吴大猷住在西仓坡，距离联大校区不远，于是便去了西仓坡的教授宿舍大院。

吴大猷对李政道的到来感到十分意外，李政道手里那封介绍信，是王淦昌写给卡文迪许同僚赵忠尧、张文裕的，与他无关。另一封介绍信是李政道一个亲戚写来的，但此人不是学物理的，仅仅是在美国与吴大猷有过一面之交。

"真抱歉，赵忠尧和张文裕现在都不在学校，张文裕已经去了美国。"吴大猷看完介绍信，很遗憾地摊开双手，望着眼前这个长着娃娃脸、充满稚气和冒失的年轻人。

“先生，您关于原子振动和光谱的论文我都拜读过，我想跟着您学习……”李政道红着脸急忙表白。

“这个……”吴大猷很为难地看着李政道，不知如何是好。

吴大猷的妻子当时重病在床，吴大猷一时半会儿顾不得他，于是顺手拿了一篇刚发表的论文，让他阅读，自己去里间料理妻子的事儿。

待吴大猷料理完妻子那边的事儿，李政道也把论文读得差不多了，吴大猷当场出题，与李政道谈这篇论文的几个关键论述点，两人就这样一直谈到深夜。吴大猷断定李政道是个有真才实学的人，而且他思维敏捷，解决问题的方法也很独特，确实是个不可多得的人才。

吴大猷向学校推荐了李政道，可那个时候学校已经开学，无法转学，经与赵忠尧等几个教授商量，吴大猷让李政道先在二年级旁听，待下个学期开学再办理转学手续。

此后，除了白天上课，李政道几乎每天晚上都到吴大猷家里，要吴大猷给他补课、出题。李政道解题的速度非常快，而且解题的方法常常也很独特，吴大猷给他的习题做完了，李政道又向老师索要更多更难的习题。

那段时间，吴大猷夫人患有很严重的肺病，不能再料理家务，李政道帮吴大猷承担了各种家务事，悉心照顾师母，帮师母捶背、倒痰盂、收拾房间、熬汤做饭……

只有一件事儿李政道帮不上忙，吴大猷妻子病重以后，经常要喝牛骨头汤，据说牛骨头汤能治她的顽疾。可那时的教授根本买不起牛肉，吴大猷只好化装成老百姓，到顺城街的牛肉市场捡剩下的牛骨头。久而久之，顺城街的回民都认识了吴大猷，回民们得知吴大猷是西南联大的教授，为了给妻子治病才捡牛骨头，都很感动，于是常常把最好的牛骨头留给吴大猷。而李政道那时不认识顺城街的回民，帮不上这个忙。

时间长了，李政道的精神终于感动了吴大猷，师徒俩在那段战乱的岁月里，建立了一段非常的情谊。

1945年秋，李政道旁听了半年的大二物理，终于被补入西南联大物理系三年级学习。

1956年，李政道用自己的实验和研究视点，证实了师兄杨振宁提出弱互作用下的宇称不守恒，两人一同获得次年的诺贝尔物理学奖！

在世界物理学领域，李政道的兴趣爱好比师兄杨振宁更广泛。从1964年开始，李政道更加独立地走进了新的物理学研究领域。很多人既不懂得李政道的志向，又不知道杨振宁的思维，所以人云亦云，对他们俩分道扬镳做了很多世俗化的猜测……

1944年是世界人民反法西斯战争节节胜利的一年！

在太平洋战场，美军自中途岛海战以来，一路胜多败少，日本海军受到沉重打击，战线已步步逼近菲律宾境内。

在欧洲战场，苏联红军自上一年的库尔斯克战役，已从防守转为进攻，逐步收复失地，把德军赶出了苏联本土。

在北非和亚洲西部，英美联军逐步将德、意法西斯赶回欧洲后，又在西西里岛发起登陆作战，开辟了南欧战场。迫使意大利退出战争，墨索里尼政府垮台，德国被严重孤立。

唯独在中国战场，日军下达了一号作战令，河南蒋鼎文、汤恩伯，江西顾祝同，湖南薛岳，广西张发奎……党国上将军们皆一败涂地，大片国土沦丧，特别是汤恩伯，上半年丢河南，下半年又差一点丢了贵州。

国民党政权的威望随着贵州独山的意外陷落，开始一落千丈！中国人民开始对这个政权产生了更多的失望，史迪威将军甚至建议美国废黜蒋介石。

“别人都在收复失地，只有我们还在继续失地！”这不再是闻一多一个人的质疑!

几乎就在日军下达一号作战令的同时，国民党内某些人，开始策划废除五四青年节，改黄花岗烈士纪念日为中国的青年节。梅贻琦和熊庆来两位校长，均被口头通知校方不得组织和参与五四青年节的纪念活动。

这件事引发了西南联大师生的对抗情绪，因为五四曾经是西南联大永久的光荣，文化上的对峙一天比一天加剧了。

西南联大师生决定以最隆重的方式，来庆祝这个光荣的节日。

5 月 3 日，联大历史学会主办了“五四运动纪念座谈会”。联大各系 300 多名师生参加了当天的座谈会，许多名教授到会讲五四运动的历史意义。

5 月 4 日晚，联大师生原拟在南院 10 号举行五四青年节庆祝晚会，但由于参加的人数太多，室内根本坐不下，学校方面不得不变更晚会地点和时间。5 月 8 日晚，晚会在联大民主草坪正式举行，各界群众 3000 多人参加了当晚的晚会，闻一多、朱自清、罗常培、闻家驷、沈从文、卞之琳、冯至等著名教授、学者、艺术家发表了演讲。主持会议的闻一多说：“五四的任务没有完成，我们还要干！我们还要科学，我们还要民主，要打倒孔家店和封建势力，打倒帝国主义。”

西南联大当时有十几家壁报，刊出了五四纪念特刊，提出“要民主政治，要言论自由”的口号。

这次的五四纪念晚会，打破了皖南事变以来，联大校园内民主空气沉寂的局面，后被人称为走向民主运动高潮的大转折！

到了第二年的五四青年节，虽然中国的抗战还在艰苦之中，但苏联红军已经攻下了柏林，很多人都想借这个机会庆祝一下。当局也意识到今年的五四青年节会有很多人参加，于是向云南大学校长熊庆来施加压力，强迫他事先关闭了礼堂，不得给五四纪念活动提供场所。然后又向学生免费发送电影票，破坏五四纪念周。

这些蠢东西在日寇进攻独山的时候束手无策，现在又从阴暗的角落里跳出来，对抗五四新文化运动，师生的对抗情绪被更加激化。

1945 年的五四青年节，西南联大组织了规模更大的五四纪念周活动，相继召开了科学晚会、音乐晚会、五四以来青年运动总检讨会、诗歌朗诵会。特别是在科学晚会上，理工两个学院的教授、学生、科学家们，也走到了民主斗争的前列。华罗庚教授发表了《科学应建立在民主之上》的演说，号召科学家们用民主斗争的手段，捍卫科学的尊严。

当局更加害怕，多次向梅贻琦、查良钊施加压力，要他们务必阻止学生上街，走出校园。

5 月 4 日下午，五四纪念周的系列活动进入了高潮，一万多名群众集合在云南大学操场上，举行五四运动 26 周年纪念大会。

大会进行到一半的时候，天上突然下起了大雨，许多学生到大树、屋檐下躲雨，会场发生了混乱，会议主持人这时也束手无策。关键时刻，只见闻一多先生从容不迫地走到麦克风前，对同学们说：“同学们，两千多年以前，周武王兴师伐纣的那天，天上也下起了大雨，有人认为不吉利，建议武王改期出兵，可是管占卜的官员站出来说，这是天洗兵，洗掉兵身上的灰尘，作战更有力。今天，我们也碰上下雨，这也是天洗兵，不怯懦的回来，勇敢的人站过来！”

于是，会场重新秩序井然。所有同学冒雨参加五四纪念大会，直到结束。

当天大会通过了《昆明各大学学生自治会举办五四纪念大会通电》，呼吁废除一党专制。并经联大学生自治会理事会集体讨论，决议在《云南日报》广告版上以西南联大全体学生的名义，再次公开发表《对国是问题的宣言》。

在当天的大会上，与会的昆明市各大中学校学生，一致通过了成立昆明市学生联合会的决定。会议公推西南联大学生自治会等为常务理事单位，共产党人齐亮同志当选为第一届昆明市学生联合会主席。西南联大成为昆明民主学生运动的一面旗帜、一个榜样，也是整个国统区民主学生运动的旗帜和榜样。

为了团结广大进步青年，加强党对国统区学生运动的领导，也就在这一年，党领导下的青年外围组织民主青年同盟成立，并在西南联大建立了两个支部，在云南大学建立了一个支部。组织成员很快发展到 300 多人。

民主青年同盟很快成为国统区先进青年的全国性组织，组织机构遍及全国十几个省份，人数发展到几十万人，成为中国共产党在国统区最有力的助手和预备队。

新中国成立后，民青组织并入中国共产主义青年团，民青成员的团籍，由加入民青组织之日算起。

民族青年同盟在昆明的第四个支部，是大西门外的昆华工校，这个学校挨着西南联大，很多活动都在一起办，所以被人称作小联大。

蒋姑娘这时已经从西南联大物理系毕业，在昆华工校教中专物理课，民青昆华工校支部，就是她和几个思想进步的学生一起组织起来的。那些同学毕业以后，很多都想投考西南联大，所以在昆华工校，西南联大毕业的老师也特别受欢迎。除了教材规定的课程，蒋姑娘有时还给他们讲原子物理、量子物理和广义相对论，这可都是蒋姑娘在西南联大物理系最拿手的，然后又从原子物理和量子物理，讲到辩证唯物主义。那些同学其实比蒋姑娘也小不了几岁，所以特别崇拜蒋姑娘。其中有个曲靖来的男生叫张华昌，不仅学习成绩好，也很爱思考，喜欢运动，虽然家境一般，却收藏着一支很精致的垒球棒。民青支部成立后，张华昌成了蒋姑娘的得力助手。不久以后，蒋姑娘又介绍张华昌到地下党开办的工友夜校讲课。

蒋姑娘那时住在昆华工校的教工宿舍里，距离西南联大很近，所以她的党组织关系，还留在西南联大，由马识途负责和她单独联系。

蒋姑娘那时每个星期都要到西南联大背后的猪圈新村，给祥子带些吃的，帮他做饭。如果没有蒋姑娘，这个男人一定会把水煮老蚕豆吃到抗战胜利那一天。

蒋姑娘上学的时候，祥子给了她很多接济，如今蒋姑娘有了工作，要把这些钱还给他，他却执意不肯收。嘴里一直喃喃地拒绝："这算啥事儿呢？"

五四纪念周一过，祥子就开始收拾行李，准备回北平，这让蒋姑娘颇有几分吃惊："你疯了吗？这种时候到处都在打仗，而且越打越大，你怎么能回北平？"

祥子掏出母亲的来信递给蒋姑娘看："俺娘来信了，日本鬼子被赶走了，俺们村里来了八路军，共产党的队伍！”

“可是这一路上都在打仗，不光是共产党……天啊，你不能走，德国投降了，小日本也快了，无论如何你得再等几个月。”蒋姑娘非常担心祥子的安全。

“可是我已经快八年……没有见过俺娘了。”祥子急得什么似的。

“跟你说快了……我也有八年没有见到自己的亲人了。到时候我们一起走。”蒋姑娘使劲把祥子摁到床上，让他冷静。

“可我……真的等不及了！”不料祥子又从床上蹦了起来。

蒋姑娘咬了咬嘴唇，脸上露出几分狡黠，故意逗他：“祥子哥，你要是敢一个人走，我可就不理你了，到时候我在昆明自己嫁人，你可别后悔。”

“你要嫁谁？”祥子一愣，但旋即又装作若无其事。

“我们学校刚来的一个老师，一表人才，我看上他，他也看上我了！感觉我和他挺般配的。”蒋姑娘说。

“可是……我不走，你也不能一辈子不嫁人啊？”祥子脑子滴溜了半天，突然绕出这么一句话。

“我嫁了你怎么办？”蒋姑娘反问。

“我……大不了又吃水煮蚕豆呗。”祥子故意装作满不在乎的样子。

“妈的，你小子可真浑！”蒋姑娘突然打了祥子一耳光，而后泪水在眼眶里不停地打转，却不知如何是好。

“可你现在是大学生，我什么都不是……”祥子诺诺蠕蠕捂着被打红的脸颊。

“你再废话，小心把你打残！”蒋姑娘两只炯炯有神的大眼睛恶狠狠地瞪着祥子，举起巴掌。

第二十七回

枪声起怏怏战胜国

1945年8月14日日本天皇下投降诏书，宣布接受波茨坦公告，无条件投降!

当胜利的消息传到昆明城北的校园里时，几乎每一个历经过磨难的联大人，都流出了激动的泪水。不管他流泪的场合有多么的不同，在民主草坪、在操场、在教室、在阴湿的学生宿舍、在书桌前、在锅台边……也不管他们是放声大哭，还是躲在被子里偷哭。对于每一个历经磨难的联大来说，此时此刻，只有流泪才是真情的表露。

北方同学的秧歌队来了……

南方同学的狮龙队来了……

校文工队的大三弦、阿细跳月来了……

白族同学的霸王鞭来了……

更多的人不会秧歌和大三弦，他们随便从宿舍找一件敲了会响的东西：脸盆、饭盒、口缸、木板，甚至夜壶……一边敲、一边唱，一边喊着，走向街头，欢庆一场苦难的终结，一个民族的胜利。

西南联大沸腾了，整个昆明沸腾了！

有几个高年级同学，把箱子里仅有的几张钱全部拿出来，到街上买了一大纸包白糖，然后进行吃白糖比赛。鞭炮声一响，这些大男孩们便仰起脖子，把大包大包的白糖往嘴巴里倾倒，直到白糖堵塞了喉咙，喘不过气来……这是他们进入大学校园以来，最奢侈的一天！也许他们当中的许多人，已经有好几年没有尝过白糖的滋味了。

胜利的消息传到联大校园的那天，闻一多正好没课，他没有去研究院上班，所以没和大家一起参加狂欢。当时的闻一多先生仍然住在昆明东北郊的司家营，只要没有大课，闻一多一般都在家里做学问、写论文，他的几个研究生和助教也住在附近，学术上的事随时可以商量。

上午，有人来告诉他日本投降的事，闻一多还不大相信，前几个星期已经多次发生类似误传，结果让大家空欢喜一场，此时此刻的闻一多似乎决不愿意再上其当。

中午，在联大附中上学的儿子闻立鹤，满头大汗地从城里跑了回来，一进门就挥舞着手里的半张报纸："爸！妈！好消息，好消息……小日本投降了，小日本投降了！"

"什么？"闻一多摘下眼镜，上下打量着儿子，看着儿子满头大汗的样子，又是刚从城里回来，手里还攥着半张破报纸，始有些将信将疑，"立鹤，这些消息你是听谁说的？"

"爸爸，千真万确，这回是登在报纸上的消息，整个昆明城都疯了……"立鹤挥舞着手里的半张报纸，很认真地说。

闻一多一把抢过儿子手里的报纸，双手开始抖瑟。可惜，儿子手里的报纸只有半张，上面登着一个残缺不全的标题："日本宣布无条件投……"

闻一多大叫起来："立鹤！你手里的报纸为什么只有半张？"

“这半张报纸都是我好不容易才抢来的。”立鹤也大叫起来。

“快……快拿酒来……”闻一多指手画脚地对儿子说，说完之后这才想起，自己早已家贫如洗，屋子里哪里还有得起酒。

闻一多不由分说，操起一只大海碗，就奔村里的小酒店而去。这时，村子里的联大教师和农民们，已经得知日本投降的消息，纷纷聚在小酒店前头喝散酒。那年头的农民和教授一样，平时大多吃不起肉菜，遇到高兴的事，就到酒店前头打二两散扁担酒当开水喝。闻一多去的时候，酒缸里就剩一点缸底了，店家把缸底最后一点剩酒倒在闻一多碗里，闻一多哪肯尽兴，喝完了酒把碗一甩就向城里奔去。

城东北的龙头街，是闻一多每次进城的必经之地，闻一多穿过田埂路沟，踏进小镇的第一件事便是找理发馆，当他告诉理发师，他要把脸上的胡子全部剃掉的时候。理发师不由得替他惋惜：“先生，这么漂亮的胡子你要把它们全部剃了，岂不是太可惜了吗？”

“不可惜，不可惜。”闻一多摆手大笑起来，“当年抗战初期，我曾与人盟誓，蓄须明志，抗战不胜利，我不剃须。现在小日本已经投降了，我还留它作甚？”

“哦，如果是这样，我马上给您剃。”理发师听了闻一多的话立刻肃然起敬。

闻一多的这把胡子，在联大校园里是出了名的。当年在湘黔滇旅行团的时候，闻一多和李继侗相约蓄须明志。李继侗面相凶酷，留起胡子颇似土匪，而闻一多和冯友兰则得了美髯翁之名。在西南联大，有人把闻一多的胡子列入校园八大景观，还编了顺口溜：“朱自清的披毡、吴宓的烟斗、闻一多的胡子、曾昭抡的脑门儿、陈寅恪的长腿、刘文典的棍子……”

如今，西南联大八大景观去掉了一景！

也有人说，闻一多的胡须剃得太早了！

日本投降后，许多过去不通邮路的地方，开始畅通了起来，家信往来也不用再担心日伪的检查了。

大西门的小邮局开始一天比一天忙碌起来，加上邮局的人常常来得很晚，以至于邮局门口经常有人排队，有的人仅仅是为了买一张寄信用的邮票，一大早就等在邮局门口。导致排队越来越长，一直到中午还有人等在邮局外边。

蒋姑娘也在邮局门口排队等着寄信，她的前面是一个身材高大、体态丰满的大龄女孩，蒋姑娘经常在大西门附近看见她，觉得她很面熟，但又想不起在哪儿见过，只知道她是联大师范学院的学生。

插在蒋姑娘和那大个子女孩中间的，是一个戴眼镜的中年男子，看样子像是附近那个公司的职员。排队时间长了，这个中年男子显然很不耐烦，骂骂咧咧地走了。这样一来，蒋姑娘和那个大个子女孩就挨在了一起。

“一张小小的邮票，不知要排到什么时候？”大个子女孩明显也不耐烦了。

“是呀，我们一大早就等在这儿了，昆明这地方办事效率就是低！”蒋姑娘这时也变得牢骚满腹。

大个子女孩打量着身后的蒋姑娘：“哎，你是昆华工校的老师吧？我们好像在哪儿见过？”

“哦，是的，我也经常看见你在这条街上走。”蒋姑娘说，她任教的学校和西南联大师范学院就在两隔壁，所以两人相互都应该见过。

“不对，应该是在别处……”大个子女孩突然摇头。

“别处……”蒋姑娘回顾这些年去过的地方，才猛然想起一个人来：“你是不是当过兵？徐州会战那会儿？”

“哦，我想起来了，那个时候你负了伤，我们一起从黄泛区突围的？”对方突然眼前一亮，也想起当年的那些事儿。

“潘姐姐，是你？”蒋姑娘激动地与对方握手、拥抱，“没想到那么多年了……你也考上了西南联大？”

大个子女孩名叫潘琰，徐州会战的时候，她曾经和蒋姑娘同过一段路，后来蒋姑娘被留在老乡家疗伤，潘琰则去了第五战区干部训练团。

“太难得了！抗战胜利了，我们都活着，真的太不容易了！”潘琰也很激动。

“你是要给家里寄信吗？”蒋姑娘问。

“八年了，这八年，是终日终夜的等盼，终于等盼到了胜利的这一天。”潘琰的眼里闪烁着泪花，“八年前，家里不让我当兵，我和妹妹都是从家里逃出来的，八年了……哎，你呢？你怎么样，家里有消息吗？”

蒋姑娘茫然地摇头：“日军占领天津后，家里一直没消息……不知他们现在在哪儿？寄出去的信都退回来了……再后来是部队打散了，他们也同样不知道我的下落，哦，对了，我在北平还有个亲戚，这回想托他帮我找找。”

“你别着急，会有消息的，很多人都找到了……我们班就有一个，也是沦陷区来的……”潘琰安慰蒋姑娘。

随着抗战的胜利，悲欢离合代替了时装、美食和化妆品，成为女孩之间最热门的话题。那天排队的时候，潘琰跟蒋姑娘讲了许多同学家里发生的悲欢离合。

蒋姑娘中午请潘琰在凤翥街吃小锅米线，虽然论年龄潘琰比蒋姑娘还长两岁，但毕竟蒋姑娘毕业得早，这时已经当老师了。

和蒋姑娘的邂逅，让潘琰这天夜里久久不能平静，她想到了很多，想到了自己这整整八年的生活。

抗战爆发的时候，正在徐州读师范的潘琰和妹妹一起，瞒着家里上了前线。她打过台儿庄，然后是徐州会战，她和妹妹一起撤出黄泛区，去了湖北，在那里参加了第五战区青年干部训练团，成为一名正式的青年军官。部队解散后，潘琰从湖北一路流落到重庆。这期间，她参加过中国共产党，后来又因故与党组织失去联系，靠一个在重庆当警官的哥哥介绍，进了纺织训练班，指导当地妇女纺棉花支援前线。

艰苦而颠沛的生活，锻炼了潘琰坚强的品格，无论生活环境险恶到怎样的程度，潘琰都没有放弃自己的学业。终于在 28 岁这年，她以优异的成绩，被四川的一所预科学校，保送到西南联大师范学院文史专业学习。

在西南联大的第一年，除了每月 7 元的贷金，潘琰没有任何经济收入，为了把原本很少的一点伙食费留下来买书，潘琰中午打饭的时候经常迟到。因为迟到，膳团的师傅会把锅底最后一点锅巴免费赠给潘琰，那时的公米充满了沙粒、石子，甚至老鼠屎，同学们称之为八宝饭，至于八宝饭的锅巴那就更难以想象了。通常情况下没有人敢吃这个，潘琰把锅巴拿回宿舍，然后重新用开水淘洗后充饥，膳团的师傅后来被潘琰感动了，他们很感慨地告诉潘琰："姑娘，这样的锅巴喂猪都喂不出去，更何况你还是个大学生呢？"

潘琰想到了自己这颠沛的八年，想到了自己的故乡徐州，想到了爸爸妈妈，想到了在湖北分手的妹妹小茜，想到了家门口那棵老槐树，还有那个在老槐树下持剑当舞的小女孩——那是少女时候的潘琰自己。

朦朦胧胧地，潘琰进入了梦乡，梦见自己正在家门口的老槐树下，和一个男孩刀来剑去地厮杀——那个男孩好像是自己的堂兄，又好像不是……

突然，远处传来了密集的枪声！

五华山方向的枪声，把刚刚进入睡梦的潘琰和同学们惊醒了。

“怎么？又打仗了？”黑暗中，不知道谁这样说。

10 月 3 日晚，驻昆明的第五集团军司令杜聿明，率部夺取了昆明老城的各个制高点，缴械了守城的部队，而后直奔云南省政府所在地五华山而来，与五华山守军发生了激烈冲突！

这场突如其来的军事政变，让昆明城里的老百姓感到极其意外！自 1928 年龙云与胡若愚的战争结束之后，昆明城有整整 17 年没有发生过巷战，这和日军空袭完全不一样，大街上军警部队来回穿梭，坦克车隆隆穿过昆明市最宽阔的正义路大街，流弹到处乱飞，被打死的人一直躺在地上，直到天亮都没有人收尸。

杜聿明和龙云之间究竟有多大的仇恨？竟然要用这种方式刀兵相见？

第一个把电话打到杜聿明办公室质问的不是别人，正是驻昆明的中国陆军副总司令卫立煌上将！卫立煌那时和新婚妻子韩权华刚刚从外地旅行结婚回来，住在郑庄附近龙云给他准备的豪华别墅里，郑庄外面的交三桥就是交战地点，手榴弹把卫立煌的窗玻璃都震碎了，这位陆军副总司令极为震怒。

杜聿明接到卫立煌的电话，吓出一身冷汗，支支吾吾地推说自己是执行蒋介石的一道密令，和龙云守城部队发生了误会所致，其余只有待杜聿明亲自登门谢罪时再当面解释。

第二天天亮后，杜聿明的女儿杜致礼，也从西南联大附中打电话给父亲，女儿一接通父亲的电话就号啕大哭起来："爸！好可怕，快来救救我！"

军事政变发生后，龙云本人抄院子背后的小路迅速上了五华山，封锁了通往五华山的一切道路，杜聿明不敢强攻，双方就在五华山上下僵持了数日。

这时杜聿明才告诉卫立煌将军事变真相，蒋介石拟调龙云到重庆担任军事参议院院长，龙云采取抵制态度，这才酿成了这场兵变。

卫立煌以事先不知情为借口，拒绝为蒋介石与龙云之间充当调停人，并以人身安全得不到保障为由，带着新婚妻子回安徽老家去了。其他住在昆明的党国要员，也同样一一拒绝上五华山充当调停人。

杜聿明无奈，又请资深望重的云南省前省主席胡瑛上五华山，劝说龙云服从中央。其实龙云本人在胡瑛上山之前，对于军事政变发生的原因同样一无所知，他被困在五华山的这几天，不断发电报给越南河内的卢汉和西康的刘文辉，让他们来"救驾"，可是杜聿明早就控制了电报局和五华山上的电话通信，龙云的电报一个字也发不出去，成了一条彻头彻尾的困龙！龙云最后看到胡瑛带来的蒋介石谕令，不由得仰天长叹："蒋某人也实在太看得起我龙志舟了！"

真相大白，这场军事政变的总指挥正是蒋介石本人！

杜聿明包围五华山的时候，蒋介石正在西昌的邛海遥控指挥这场军事政变，平时与龙云交情甚笃的西康省主席刘文辉，早就被蒋介石牢牢控制。至于越南河内的卢汉，原本是受盟军中国战区委派，到河内主持越北日军投降仪式，昆明出事儿时，卢汉的副司令关麟征，早已布置中央军封锁了卢汉回国的道路。

抗日战争胜利前夕，龙云滇军几乎被悉数编入卢汉的中国陆军第一方面军，受降之前，曾经有人劝说龙云放弃，守好昆明，免生枝节。可是龙云在此之前，曾因越南受降问题，与广西的张发奎发生过竞争。龙云认为这是云南滇军扬威世界的举动，也可以借受降之际壮大滇军实力，舍不得放弃。另一个陆军副总司令卫立煌则信誓旦旦地表示，卢汉是参加国际军事，一切举动皆是国际影响，不会发生意外。

卢汉率部开赴越南后，龙云在昆明的防守突然陷入空虚，给了他人可乘之机。所以等龙云听到五华山方向的枪声时，一切都晚了。

蒋介石为了这次政变，从西昌到河内，一千多公里的战携线上，准备了三个集团军的兵力、一千辆坦克、数百架飞机，抗日战争中国军队所谓 22 次会战，很多都没有这么大的规模，目的只为了欢迎龙云升迁！

政变发生的头一天，蒋介石派空军副总司令王叔铭携密令到昆，要杜聿明解决云南问题，必要时可以选择武力解决。王叔铭离开昆明的时候，在飞机场与美国十四航空队昆明指挥官文森特相遇，文森特见王叔铭来去匆匆，又是单独驾机，感到很意外。王叔铭为了避免国际纠纷，暗示文森特机场戒严，任何人不要离开营地，紧接着，机场守备部队就包围了巫家坝飞机场，不许人员出入。

梅贻琦的女儿梅祖彤当时正在文森特手下当翻译，她当晚就把这个消息告诉了梅贻琦，梅贻琦和龙云通电话的时候，龙云只是对美军突然关闭机场感到困惑，但对于军事政变仍然将信将疑。

梅贻琦又接通妹夫卫立煌的电话询问，卫立煌推说所有这一切他都不知情，美军封锁巫家坝机场，有可能和前几天呈贡发现霍乱有关，美国人对这种事儿格外敏感，像精神病一样。

卫立煌的猜测和误导，使龙云消除了疑心，龙云当晚吃完夜宵后，就沐浴更衣，上床睡了。直到半夜枪声把他从睡梦中惊醒，他才突然想起白天有人跟他说过的军事政变，匆匆抄小路往五华山而去。

经过五天五夜的对峙，何应钦和宋子文相继到了昆明，再三担保龙云个人的生命安全，龙云这才悻悻然下了五华山，骂骂咧咧地与宋子文同机离开昆明，到重庆高升去了。

这是抗日战争胜利后的第 49 天！

饱受战争之苦的西南联大人，在战争结束后的第 49 天，再一次听到了枪声、看到了血腥，闻到了战争的火药味儿。每一个西南联大人，无论他们持何种政治立场、抱何种政治态度，此时此刻他们最不愿意看到的就是战争，他们最担心的就是和平的短暂与易碎！

龙云离开昆明的第二天，国共双方的和谈代表，在重庆签订《国共双方代表会谈纪要》，这个纪要，就是人们后来常说的《双十协定》。历时 43 天的重庆谈判就此告一个段落。很多人都以为，盼望已久的和平就此到来了。

然而西南联大人没有忘记五华山的枪声！

11 月 5 日，毛泽东以中共发言人的身份发表《国民党进攻真相》，呼吁“全国人民动员起来，用一切方法制止内战！”

11 月中旬，重庆各界成立“反内战联合会”。成都二十多个学术团体联名发表《反内战宣言》……

饱受战争之苦的西南联人人无法再沉默了！

11月25日晚，西南联大、云南大学、中法大学、英语专科学校四大高校学生自治会，决定共同组办一次反内战时事晚会。

这次的时事晚会，本来也许只是西南联大校史上若干次时事晚会中的一次。

然而，这天晚上以及后来所发生的震动中外的事件，使这次在许多人看来习以为常的时事晚会，变得不再寻常了。11月25日的反内战时事晚会，载入了后来的许多历史典籍。

以代理省主席李宗黄为首的云南地方当局和警备司令部，百般阻挠这次晚会的召开。

11月25日晚7点30分，反内战时事晚会在西南联大民主草坪如期举行，主持人宣布晚会开始后，钱端升、伍启元、费孝通、潘大逵四位教授、学者相继发表演说，呼吁制止内战，建立联合政府。

第一位演讲人钱端升先生的发言尚未结束，校园围墙外面东北方向突然枪声大作，暗红色的弹道划破夜空，会场出现短暂的骚动，但在主持人和进步师生的维持下，很快又恢复了平静。8时左右，会场的电源又被特务切断，幸好晚会组织者事先有所准备，停电以后很快点燃事件准备好的汽灯，晚会继续进行。

枪声和断电，没能恐吓爱好和平、自由的广大进步师生。面对枪声，面对人为的黑暗，费孝通在激愤中走上讲台，十分坦然地扫视着在座的每一个人：“发言之前，我先要问在座的每一个人。为什么我们要黑夜坐在这里开会，因为，我们要呼吁和平……”

费孝通的话音未落，校园外面枪声又起，费孝通昂首振臂，他的声音充满悲壮：“我们要呼吁和平，在黑暗中，我们要呼吁和平！在枪声中，我们依然要呼吁和平！用我们的声音，去反抗枪声……”

当晚的反内战时事晚会结束后，大西门已经关闭，所有通往昆明城内的道路全部被封锁，军警在城墙缺口上架起了机关枪，不准参加晚会的师生进城，住在城内的外校师生站在凛冽的寒风里，困了整整两个小时，最后是西南联大校警李承华联系上云南大学的校警，双方经过协商，打开云南大学后门，住在城里的师生这才得以回家。

第二天，由云南地方出版发行的《中央日报·云南版》为了掩盖当局者用开枪的办法阻挠集会的真相，竟登出一篇掩耳盗铃的新闻稿《西郊匪警》：

> （中央社讯）本市西门外白泥坡附近，于昨晚七时许，发生匪警，当地驻军据报告，即赶往捉捕，匪徒竟一面鸣枪，一面向黑暗中逃窜而散。
> ……

如此歪曲事实真相的报道，引起了广大渴望和平的师生们愤怒。面对统治当局嚣张的气焰，25 日晚会结束之后，就有不少学生开始酝酿用罢课的手段，扩大反内战的宣传。

11 月 28 日，昆明市大中学生罢课联合委员会成立，正式发表《昆明市大中学校为反对内战及抗议武装干涉集会告全国同胞书》，当天，昆明市即有 31 所大中学校参加了全市总罢课。

12 月 1 日，昆明市全部大中学校都停了课。然而也就是在这一天，暴徒的手榴弹在西南联大的校园里拉响了！

第二十八回

为和平莘莘青春血

12 月 1 日这天中午，蒋姑娘带着学生到街头演讲刚刚回来，随便吃了几口饭，觉得有些疲倦，便回到宿舍休息。

刚刚躺下一会儿，只听隔壁联大师范学院校园里吵吵嚷嚷，而且声音越来越大，蒋姑娘觉得不对劲，刚从床上跳起来，只见隔壁教地理的王老师冲进来，说是有一伙来历不明的人冲击联大师范学院，殴打学生，发生了激烈的冲突。

蒋姑娘急忙披衣下楼，冲到学校北边的围墙底下。这时，有几个被打伤的西南联大学生越过两校之间的宿舍楼窗户，进入昆华工校，昆华工校的同学立刻接应他们撤到学生宿舍，替他们包扎伤口。

这时候，被围困在师范学院的女同学开始向院子里的暴徒反击，昆华工校的同学急忙越过窗户去支援她们，冲在最前头的是蒋姑娘的学生张华昌，只见他拎着一根垒球棒，第一个越过两校之间的宿舍隔窗，冲进了联大校园。

“华昌，小心！”蒋姑娘搞不清对方有多少人，见张华昌冒冒失失就冲过去了，不由得惊呼。

可是昆华工校这边，更多的同学没有听见蒋姑娘叫喊，很多人不顾一切地越过窗户，与隔壁校园里的暴徒搏斗。

蒋姑娘怕同学们吃亏，也跟着跳窗进入联大师范学院，她还没有完全搞清这是怎么回事儿，只听轰隆一声巨响，手榴弹在学校门口爆炸，冲到学校门口的同学立刻被炸得血肉模糊。蒋姑娘这才意识到事情的严重性。

学校大门被炸开后，外面更多的歹徒冲了进来，一个歹徒冲到校园一角的白玉兰树下，用削尖的钢管，对准一个倒在树下的女生腹部猛刺，女生满脸是血地从地上站起来，大喊："同学们！团结——！"

蒋姑娘这时不顾一切跳到空中，飞身把那个暴徒踢出一丈多远，然后抱住那个被刺中腹部的女生——是她当年的救命恩人潘琰！

手榴弹爆炸的时候，离爆炸点最近的是昆华工校的学生张华昌，他当时就被炸得血肉横飞。另一个重伤倒地的同学叫李鲁连，临终前，嘴里还喃喃地说了一句："国民党……确实完蛋了……"

12 月 1 日中午，西南联大学生潘琰、李鲁连，昆华工校学生张华昌倒在血泊中，师范学院学生谬祥烈被炸飞一条腿。其余轻重伤学生若干。

几乎就在师范学院这边手榴弹爆炸的同时，大西门外的西南联大校本部，也遭到暴徒的攻击，一群号称第二军官总队的待业军人，以外出旅游为名，手持棍棒围攻西南联大校门。打伤了地质系教授袁复礼等 10 余人。

西南联大校警李承华急令校警关上学校大门，双方隔着门板相互对峙，互扔石块、木棍。

这时，南青中学青年教师于再，挤到校门口，企图与暴徒争辩："弟兄们，我是中国远征军退伍中尉于再，和大家一样，抗日的时候，我们上过战场、流过血、玩过命，许多战友倒在了战场上，我们在战场上流血牺牲，为的是什么？不就是为了今天的和平吗！和平来之不易，我们要珍惜，军人切不可为前途、军饷破坏了今天的和平！”

“你是什么人？”

“你在替谁说话？”

“他是共产党，打共产党！”

于再的声音很快被暴徒们的歇斯底里湮没了，暴徒们对于再又推又搡，还有人用拳头猛击他的后脑勺。

推搡中，有个暴徒突然拉响了裤包里的手榴弹，准备往校门里投掷，于再大惊，急忙抓住那人的手腕：“不能……”

那小子见于再抓住他的手腕，索性把手榴弹往地上一扔，拔腿就跑，周围的暴徒见状也四散惊逃，手榴弹轰隆一声爆炸，把西南联大的大门炸了一个洞，于再倒在血泊中，倒在他战友们的手榴弹下！

12月1日中午，潘琰、于再、李鲁连、张华昌四位知识青年，为了和平献出了他们宝贵的生命。

12月1日中午，蒋志清亲眼看见自己的学生张华昌和久别重逢的战友潘琰倒在血泊中。事情发生后蒋姑娘才知道，张华昌的真名叫荀极中，年仅16岁，他使用别人的名字考入昆华工校的。蒋姑娘还记得潘琰对她说过，她在西南联大没有交过男朋友，因为这里的男生年龄大多比她小……

12月1日中午，听说暴徒要冲击西南联大，骆驼祥子带着板车到学校大门口支援，最后用桌椅板凳把学校大门封死了，然后他亲眼看见学校大门被手榴弹炸裂，自己的板车有一个轮胎被炸飞了，飞得老高……

也正是12月1日中午，新上任的云南省主席卢汉，乘飞机从越南河内飞抵昆明，他是来接替老主席龙云和代主席李宗黄的，卢汉还在飞机场的候机室里休息，等待行李，爆炸就发生了。下午，卢汉在五华山发表就职演说，随即听到了惨案发生的消息，当时的卢汉极为震怒！

自己上任第一天就发生这种事儿，卢汉其实已经猜到这起惨案的幕后策划人是谁了。卢汉下令限期破案，缉拿凶手，旋即发布《告各校同学书》："汉不幸，就职之日，即昆明学潮酿成惨案之时，消弭无由，防护无方……谁无父母，谁无子女？使我之子女为惨案中之牺牲者，痛心何如？"

惨案发生后的第三天，卢汉接到蒋介石的密函，要他出面解决云南的学潮问题。

卢汉的态度，又引起云南当局内部的矛盾与争吵！

首先是冲击云南大学和联大师范学院的这伙暴徒发生内讧，一部分被裹挟参加破坏学潮的三青团分子，与同去的中统人员互相推诿，以致从争吵发展到相互斗殴。部分三青团青年退出了事先的攻守同盟，把责任全部推给云南省代主席李宗黄。指出那天攻打云南大学和西南联大师范学院，不仅队伍是李宗黄下令组织的，而且李宗黄还亲自到市党部训话。气势汹汹地声称如果达不到压制学潮的目的，队员们当自杀以谢党国！

事情的真相开始逐渐水落石出，蒋介石在西昌指挥杜聿明兵变时，就授意代主席李宗黄上任后，要根除西南联大的民主运动，于是李宗黄充当了镇压学生民主运动的急先锋。

云南警备总司令关麟征当天并不知道军人上街打人，但驻四川第二军官总队首先推诿，当天并无军官在昆明集体旅游。那么，冲击西南联大大门的待业军官究竟是什么人？很有可能就是关麟征的部下。关麟征责问驻昆明第五军军长邱清泉，不料邱清泉竟然神情自若地回答：“惨案的发生，纯属军人盲目泄愤所致，查了又有什么用？”

关麟征这才发现，李宗黄竟然把黑手伸进了自己的部队，关麟征勃然大怒，指着李宗黄的鼻子大喊：“我不想当凶手，要当你去当吧！”

出了那么大的事儿，关麟征知道自己脱不了干系，就在他与李宗黄争吵的第二天，关麟征未与任何人商量，一个人自己去了西南联大，向死难者谢罪。

关麟征到达西南联大后，把车停在学校外面，带着几个卫兵，举着花圈径直往灵堂方向去了，学校里的人见关麟征亲自来了，都感到很意外。于是怒目而视，没有人搭理他，也没有人呼口号，唯有沉默的对抗。

关麟征走到死难者的灵堂门口，实枪荷弹的卫兵很专业地在灵堂门口排成两排，然后向后转，背对着灵堂的大门。关麟征和副官走进灵堂，在登记簿上写上自己的名字，焚香之后，关麟征很沉痛地向死难者三鞠躬，然后往捐款箱里投了一些钱币。

就在关麟征把钱塞进箱子的一刹那，门外突然有人喊道：“把钱拿走！我们不要刽子手的钱！”

关麟征的手微微颤抖了一下，手里的钱已经不由自主地落入了箱底。关麟征在灵堂工作人员陪同下，阅览了灵堂里的花圈、挽联和挽诗，最后走到一副挽联前头长久驻足，那副挽联的下联是：将军的刀切菜剁瓜咔嚓！

“将军，我们走吧。”副官看到那副对联很有些尴尬。

“就把我的花圈，放在这副挽联的下头吧……”关麟征指了指挽联旁边的空地对工作人员说。

关麟征迈着沉重的步子走出灵堂，由于卫兵的阻挡，外面的人没法靠近他，但关麟征听得清清楚楚，有人在说：“你们看，诸葛亮给周瑜哭丧来了。”

当天值校的西南联大常委傅斯年闻讯赶往灵堂时，关麟征已经离开了，两人在中大路的路口上相遇，相互都没有寒暄，只是微微点了个头。傅斯年一直把关麟征送到校门口，两人握手告别的时候，傅斯年忍不住落下了豆大的泪珠：“你知道吗？你杀我的学生，比杀了我的亲生儿女，更让我痛心！”

关麟征也同样极其无奈地仰天长叹：“孟真兄节哀……我关麟征已经是钉在历史耻辱柱上的人了，真没想到，一世英名，毁于宵小之手……”

关麟征有些蹒跚地登上他的军用吉普，消失在公路的尽头。

关麟征走后的第二天，报纸上登出了云南警备总司令关麟征请辞本兼各职的消息，原滇缅公路警备司令霍揆彰出任云南警备总司令。

1949 年 9 月，晋升陆军总司令仅一个多月的关麟征将军，辞职去了香港，从此退出国共内战。1980 年关麟征将军病逝于香港，徐向前元帅以黄埔同学的名义，唁电哀悼抗日将军关麟征！

从关麟征进入西南联大到他离开，有一个人从始至终陪同在他身边——校警队当天的领班李承华！

关麟征走后，李承华立刻迫不及待地跑回灵堂，让祥子替他在外面守一阵，然后打开灵堂隔壁教室的门，低声对屋里的人说：“关麟征走了，我们继续开会吧！”

于是，教室里那些伪装的工作人员迅速摘掉白纱、拉上窗帘，正式开始他们今天下午的会议！

省青委派来的蒋志清老师，把一面绣着镰刀、斧头的中国共产党党旗挂到墙壁上，然后从容转身：“老师们，同学们，同志们，我们现在开始宣誓！”

蒋姑娘握住自己的右拳，面对党旗为大家领誓：“我志愿加入中国共产党……坚持党的纪律，不怕困难，不怕牺牲，百折不回，永不叛党，为共产主义事业奋斗终身！”

吴征镒等七位新党员从火腿椅上站起来，面对党旗庄严宣誓。屋子里光线很暗，可鲜红的党旗依旧映红了他们每个人的脸颊。

宣誓之后，李承华迅速将党旗收了起来，藏在指定的地方，蒋姑娘作为今天的领誓人，代表党组织和新党员们一一握手。

“同志们，隔壁是烈士的灵堂，外面是白色的恐怖，今天大家能参加这个入党宣誓，我代表组织感谢大家！”蒋姑娘走到宣誓人吴征镒跟前，握住他的手，“吴征镒老师，从今天开始，您就是党的人了，欢迎您，吴征镒同志。”

吴征镒这时已经是西南联大生物系副教授了，也是这次入党人员中年纪最大的新党员，他抑制着内心的激动，用充满江苏口音的普通话很坚决地说：“我出身知识分子家庭，因为信仰科学救国，读清华时选择了生物学，西南联大的现实教育了我，从今以后，共产主义就是我终身的信仰，请你转告党组织，四烈士倒下了，今后还有我们！”

吴征镒，这位中国日后的植物学泰斗，一辈子没有违背他的入党誓言。无论日后他有多高的地位、多大的名气，党性始终占据着他人格的核心位置！

吴征镒晚年谢绝了一切大型活动、晚会和电视采访，建党 90 周年晚会时，云南省委组织部把邀请吴老参加建党晚会，作为一个特殊难题交给本书作者，不料我们刚一开口吴老立刻就答应了。他说：“我 90 多岁了，一切晚会和采访都不会再去参加，但党的晚会我一定要参加！因为这是党的晚会，是神圣的！”

——那是 2011 年 7 月 1 日，吴征镒最后一次出现在电视晚会现场！

西南联大校警领班李承华，一二·一烈士停灵期间加入中国共产党，几年后，他成长为党领导下人民解放军滇桂黔边区纵队主力团团长。新中国诞生的前一天，李承华率边纵主力团西进，在武定百花山战斗中牺牲！

华罗庚的女儿华顺入党的时候，还是西南联大附中的中学生，那一天，她的父亲正在去往美国普林斯顿的路上。从昆明牛圈里走出的华罗庚，成为那里的教授，为人类的数学科学培养了熊菲尔德这样一批新星。父女俩分别的时候曾经有个美丽的约定：“等新中国成立的那一天，别忘了给爸爸写信，爸爸还要回来，亲自为新的中国效力！”

惨案发生后，云南当局在省警备司令部军事法庭，匆匆搞了一次所谓庭审，卢汉担任审判长，李宗煌、关麟征陪审，邱清泉的军法处长任主审法官。

案犯到庭后，按照事先准备好的供词，声称手榴弹是一位名叫姜凯的共产党人提供的，目的是利用学潮，进一步制造混乱。

审判结束之后，两名案犯很快被枪决；攻击西南联大大门、炸死于再的案犯则因证据不足，被当庭释放，在军方保护下，很快失踪。

卢汉政府还在大街上张贴通缉令，通缉那个所谓共党爆炸犯姜凯。

这场国会大厦纵火案式的审判，这场凶手审凶手的闹剧，更加激起西南联大师生的公愤！

因此，罢课还在继续！

庭审的第二天，西南联大一百多名教师宣布罢教，直至学生复课之日止。昆明市大中学校三百多名教师也发布《罢课宣言》。

西南联大以法律系七位教授为骨干，组成法律委员会，收集大量证据，形成9000多字的《告诉状》，分别送交国民政府军事委员会和云南省政府，对一二·一惨案主凶李宗黄、关麟征、邱清泉提出起诉。

掩耳盗铃的假审判，反而使当局与学生之间的对立更进一步加剧。

傅斯年在西南联大的教授会上，向众人透露了蒋介石给卢汉政府“最后处置”的密令，即12月17日前解决西南联大学潮问题，如果交涉失败，可由卢汉政府行使最后处置权。这个所谓的最后处置权，很可能是以西南联大解散为结束。

傅斯年的话立刻在西南联大教授会上引起轩然大波。

“四个被害人的灵柩还放在学校里，我们怎么向家长，还有社会交代？这个问题不处理好，恐怕要说服学生很困难。”第一个责问的是清华元老叶企荪。

“不管有多大的问题，一切必须以复课作为前提，我说过，只要复了课，一切都好办。”傅斯年有些不耐烦了。

“作为训导长，我有责任让学生限期复课。可是，有人光天化日之下在堂堂高等学府屠杀学生，这绝不是用偶然和误会可以解释的，政府必须出来承担责任。”出人意料，此时拍案而起的不是别人，竟是一向对当局唯命是从的训导长查良钊。查家钊兼任师范学院主任导师，这次惨案受害最深的是他管辖的这一块。关键时刻，查良钊一反过去的唯唯诺诺，扯下了平日在学生面前那副可憎的卫道士面具。

“我们承诺复课的时间，为时过早。蔡元培先生说过，学校搞得对错好坏，老师都是有责任的，家长把孩子交给我们，现在死了人，而且是惨死，老师怎么能不闻不问？这不但不配做老师，而且也不配做人！”政治哲学系教授、老同盟会员张奚若敲着桌子说，他显然已经非常激动了。

“可是，蔡元培先生也说过，学校不搞政治，这次学生出现过火的行动，是不是受到了某些人的动机不良的诱导？学潮的背景很复杂，学校里出现了党派，而我们的很多教书先生，一味纵容学生的盲从和幼稚，影响是恶劣的，以至今日之后果！”傅斯年一激动，血压就开始上升，脸涨成了猪肝色，烟斗在桌子上乱敲。

闻一多手里此时拿着一个几乎和傅斯年一模一样的短烟斗，不过他没有用烟斗敲桌子，倒是很平静地划了一根火柴，吧嗒吧嗒地吸了几口烟，不紧不慢地开口了：“如果说，学生们是有背景的，那我就是孟真先生说的那个背景吧？如果说学生受人指使，那就是闻一多在指使！学生总要受老师的影响，他们对一些事情看不下去，就要受到镇压，还死了人……学生有什么不对？有什么过火？我要说，没有！我们当老师的，面对学生被人屠杀，岂能装聋作哑？”

“如果是这样，事情就很不好办了。”傅斯年的语气，明显带有威胁：“总之一句话，限期复课是势在必行。大家都是为人之师，谁也没有权力视学生的生命和前程如同儿戏，如果 17 日学生不能限期复课，我和月涵届时将辞去常委的职务。大家苦心奋斗八年之学校，届时也有可能……面临被解散…… 我希望在座诸位为学生、为学校的前途三思！”傅斯年说到这里，泪水不知不觉地流了下来，他摘下眼镜，用手绢不断地擦拭着。

“强盗杀了家里的老大，然后对老二说，再不把钱交出来，连你一起杀死……！请问这就是政府的逻辑吗？”张奚若怒不可遏。

“熙若，不要再说了！”梅贻琦几乎央求地望着张奚若，“现在不是感情用事的时候……”

“先生们——！”傅斯年突然用一种颤抖的声音喊起来，“我最后说一句，大家要对活着学生的生命负责！请布尔什维克从学校里滚出去！”

傅斯年这一声喊，几乎使所有的人都怔住了。许多人用一种陌生的目光，呆呆地看着这位曾经朝夕相处的傅斯年教授，这位26年以前的民主战士，学生领袖——傅斯年终于彻底撕下了民主斗士的面具！

12月17日这天，数千名视死如归的西南联大师生，在校园里坦然面对当局的最后处置，有的同学已经写好了遗书，准备与学校共存亡！好在卢汉不是李宗黄，他没有贸然行使这个最后处置权。

12月20日，当局行使最后处置权的第二个期限又过去了，由于梅贻琦在进步师生说服下，不受当局鼓动，坚持不辞职，当局仍旧未敢动西南联大……

云南大学的熊庆来亦同时声明，前几天登在报纸上的辞职报告，未经他本人同意发表，系意外丢失，引起社会哗然。

蒋姑娘作为外校的教师，这时已经不能再走进联大校园了，她找人把祥子约了出来，两人在大西门的豆花米线馆午餐，由于四烈士的牺牲，两人都不约而同地选择了吃素，并决定坚持到出殡那一天。

这次两人的谈话显得很匆忙，吃得也很匆忙。

“祥子哥，这些年你供我上大学，吃了很多的苦，我也没有什么可以报答你的。”蒋姑娘说话的神态很平静。

“你说这些干啥呢？”祥子似乎有些不自在。

“我今天来是想和你商量个事儿……要不我给你生个娃吧，你想要吗？”蒋姑娘很坦然地望着祥子，尽可能让语气平缓。

“什么？”祥子不由得一惊，嘴里的米线差一点喷了出来，“嘿……嘿……你不是……在逗我玩吧？”

“不！今天是12月20日，当局的第二个最后期限，许多同学都写好了遗书，他们比我更年轻……这些年，我们没有卿卿我我，但是相依为命，我们好不容易熬到了抗战胜利，可只有今天，我才感觉到和平是多么的短暂和易碎！也许明天又要上战场去厮杀，也许会流血牺牲……你知道吗？我这时多么想要个娃？”蒋姑娘说到最后，声音变得低沉而又颤抖。

“可是……可是这太突然了……搞不好会把我吓疯的。”祥子茫然不知所措。

“想要娃就快当一点，将来你看见他，就像是看见了我！”蒋姑娘瞪着一双炯炯有神的猫眼睛，原本想对祥子严厉些，可是说到最后一句，豆大的泪珠忍不住从眼眶里滚落下来，她急忙使劲捂住嘴。生怕自己哭出声来。

“不！我要你和我一起把这娃儿养大！”祥子突然紧紧地抓住蒋姑娘的手，那一天，祥子不由得鼻子一酸，眼泪扑簌而下！

又四天过去了，惨案主凶李宗黄灰溜溜地离开了云南，躲到重庆养病去了。同一天，西南联大常委梅贻琦、云南大学校长熊庆来召开新闻发布会，向新闻界公布了法律委员会的调查结果，明确惨案的发生，政府有不可推卸的责任。此次事件应负责之当局，应受应有之处分。

这时，向中共南方局汇报惨案经过的西南联大党员学生王汉斌等，也回到了昆明，南方局通过王汉斌，向罢联转达了中共方面的意见：强调不能搞无期限的罢课斗争，要团结大多数同学，团结教授，团结中间力量，争取罢课斗争的胜利。

1945 年 12 月 27 日，罢联发布复课启事，宣布停灵复课！

1946 年 3 月 17 日，经过停灵复课后反反复复长达两个月的复杂斗争，昆明一二・一惨案四烈士正式出殡！

上午 11 时，殡葬队伍正式起灵，走出联大校门，从大西门入城。身穿袈裟的和尚，手持法器的尼姑，走在烈士灵柩前边，哀乐声和鞭炮声动人心魄。昆明市各界三万多人的送葬队伍浩浩荡荡，走过老城，昆明城中那天万人空巷。

当天的出殡仪式，没有歌声，没有口号，没有号啕大哭，除了法师们祈祷烈士往生天国的咒符，便只有三万正义群众沉默的愤怒。在距离烈士的灵柩最近的地方，学生们举着一幅十分醒目的横标：“党国所赐！”

走在前面的哥哥姐姐呀，
我们高贵的人，
愚昧的，凶恶的专政者，
他，匪徒们，把你们杀害了，
你们千万个弟弟妹妹，
一齐为你们哀号，
为自由，为正义，你们死了，
为国家，为大众，你们死了，
这不是生命的毁灭，

这是你们人间最高生命的再造！
你们洒了的年青的血液，
已经流入年青的、更年青的血管，
高贵的人啊，
我看见你们在相视微笑！

——彭允中《送一二一烈士出殡》

一二·一惨案中的四烈士，被安葬在西南联大校园东北角的烈士墓地，教授们为自己死难的学生题写了“民主种子”四个大字。

吴晗教授满怀深情地指着这四个大字说：“将来民主的、幸福的新中国来临的时候，我们绝不该忘记，在西南的角落上，有一块民主的圣地……”

第二十九回

闻一多贡院拍案颂

1946 年 5 月 4 日，国立西南联大举行历史上的最后一次毕业典礼。从这一天开始，西南联大完成了它的历史使命，正式复员北上，90 多名同学当天结业典礼后，乘卡车北去。

又是一个 5 月 4 日，又是一个庄严的日子！

使命彻，神京复！

同一天，由冯友兰执笔的“国立西南联合大学纪念碑”举行揭碑仪式。整个碑文短短 1500 字，概括了八年以来联大人的苦、联大人的泪、联大人的血、联大人的欢、联大人的悲、联大人的不屈、联大人的颠沛、联大人的嫉俗、联大人的自豪和联大人“便下襄阳向洛阳”的那份喜悦。实大师手笔加大师血泪！

这块纪念碑至今仍竖立在云南师范大学的西南联大纪念馆内，见证了云南教育大半个世纪的风风雨雨。

大师们开始找来成串的绳子，把家里的藏书捆成一摞一摞的，准备装车。运气好的，可以在郊外或空军基地，找到废弃的汽油箱。八年抗战，大师们能变卖的家当几乎都卖光了，搬家倒也轻松，就剩下几本教书糊口用的资料书籍了。有生意头脑的，充其量托人到越南去弄上一箱红糖，准备去北平倒卖。

与西南联大的复员北上同步。这时的国民党军队，也在频繁地调动、集结，准备进攻北方的解放区，内战一触即发，由于军队的调动，北上复员的师生在半路上常常受阻，并不比当初来昆明的时候更轻松。

6 月间，郑州绥靖公署刘峙集结 30 万重兵，向李先念、王树声领导的中原解放区大肆进攻，内战正式爆发！

新上任的国防部参谋总长陈诚公开扬言，三个月内消灭共军主力，三年内肃清其残余，气焰十分嚣张。

国民党军队前总参谋长、战略大师杨杰上将，针对陈诚“三个月肃清共军主力”的狂言，在接受《重庆日报》记者采访时公开预言内战结局：“对于陈辞修总长的谈话，我实在没有多少见解，但我个人认为，共产党有广大的群众基础，要三个月打垮共军主力，三年内肃清是办不到的。我认为，共产党十年打不垮，百年肃不清！”

杨杰常有一语惊天下的壮举，此言一出，似乎给那些反对内战的人增添了自信，因此国统区反对内战的斗争一天都没有停止。6 月 25 日，昆明市各界发动了呼吁和平万人签名活动，再次轰动全国。

祥子也代表昆明市曲艺界，参加了当天的签名活动。

可是蒋姑娘——现在应该叫蒋志清老师，看到杨杰在《重庆日报》的发言后，不由得担忧：“这个杨大炮一言既出，搞不好昆明又要出事儿！？”

“可那么多人都签了名，他们能跟谁兴师问罪呢？”祥子满不在乎地说。

“不能大意，现在南京那个和我同名同姓的人，已经是王八吃秤砣铁了心要发动内战，斗争性质和以前不一样了，我们不能做无谓的牺牲！”蒋志清慢慢按摩着日益隆起的腹部，低声警告自己的丈夫，“以后你在茶馆说书也要格外小心，不要涉及时事，借古讽今的那些话，也要少而又少，我现在不能没有你。”

杨杰曾经在昆明组织了一个双周聚餐会，参加的都是云南上层人士，他们以双周聚餐的形式，研讨时局，批判现实，在昆明市影响很大。李公朴和甘介侯，又是这个双周聚餐会上最活跃的人物。

杨杰的发言在报纸上登出后，唐继尧的儿子唐筱蓂就以身不由己为托词，退出了双周聚餐会，此人既是民主党派在云南的要员，又是国民政府安排在云南的高级情报官，具有多重身份。唐筱蓂走的时候，婉转暗示杨杰，他现在的处境很危险，最好离开昆明，到大理老家避避风头，但杨杰没太把唐筱蓂的话当回事儿。

7 月 11 日中午，最后一批复员北上的西南联大学生乘车离开昆明，当天晚上，著名记者、昆明北门书屋经理李公朴携夫人看电影回来，在青云街街口突然遭到枪击，倒在血泊中！凶手逃之夭夭！

李公朴遇刺后，他的夫人大声疾呼，几位过路的西南联大学生急忙将李公朴先生送往医院抢救，李公朴先生终因伤势过重，于次日凌晨溘然长逝。

为了掩盖杀人真相，李公朴先生甚至尚未咽气时，昆明街头便出现了一系列署名为云南反共大同盟的标语：“李公朴是被共产党杀死的！”“李公朴被暗杀是艾思奇指使的！”

……

李公朴遇刺的当天，闻一多正在家收拾行李，准备离开昆明。之前，西南联大曾经为闻一多送来两张去重庆的机票，可是那几天正好赶上民盟的《民主周刊》校对、出刊，闻一多一时半会儿走不了，他便让两个儿子坐着飞机先走。父子约定半个月后在重庆见面，然后一起回湖北老家探望亲人，完了再去北平。

除了睡觉的被子，闻一多已经把家里能捆的行李都打了捆，那些坛坛罐罐带不走的，该送人都送了人，闻一多这些年在昆明结交了不少朋友，还有一些留滇的学生，一人送几件也就送得差不多了。

闻师母清扫了家里的垃圾，从那天开始，连买菜都不敢买多了，生怕飞机票一到，剩菜吃不完浪费了。

这天晚上，闻一多刚要入睡，门外突然传来一阵急促的敲门声，闻师母闻声开门，两个联大的同学急匆匆闯进屋里："闻先生，不好了！李公朴先生刚才在回家的路上被人刺杀，已经送往医院！"

"卑鄙！"闻一多像是已经明白刺杀李公朴的凶手是谁，愤怒地拍案而起！

闻一多跟着学生匆匆出了小西门，直奔云大医院的外科病房。

闻一多走进病房的时候，李公朴两眼直勾勾地望着天花板，喃喃地问："天快要亮了吧？"

"是的，什如，天就要亮了……"夫人张曼筠拉开窗帘，告诉李公朴。

李公朴听到这句话，慢慢地合上了眼睛。张曼筠惊呆了，使劲摇撼着李公朴，似乎想把丈夫从死亡线的那一边拽回来："什如，什如……你醒醒……"

闻一多眼眶里噙着泪水，使劲把张曼筠和李公朴分开："公朴没有死……公朴也不会死！公朴……天就要亮了……！"

就在李公朴遇刺的前几天，一位打入中统内部的中共地下党员，发现了云南警备司令部拟定的一份暗杀黑名单，黑名单上第一个名字就是李公朴，第二个是闻一多，后面还有吴晗、费孝通、潘光旦等知名人士。可这份黑名单没有落款，不知道是什么人拟的，所以李公朴以及后来闻一多的遇害，就成了千古之谜。

无独有偶的是，西南联大一位女生回家之后，从当特务的哥哥那里，也发现了相同的暗杀黑名单，这个女生很快把情况告诉了联大负责人查良钊和潘光旦。

李公朴遇害后，梅贻琦、傅斯年分别从北平和重庆，急电在昆的西南联大负责人查良钊、黄钰生，立即对闻一多、吴晗、潘光旦等人实施保护。查良钊紧急通知总务处，将闻一多家的机票换成7月13日中午，让他尽快离开昆明，潘光旦、吴晗、费孝通等人，能走的尽快走，走不了的可以到美国领事馆暂避。

可是闻一多听说昆明各界15日要举行李公朴先生追悼会，谢绝了总务处给他的机票，决定要等开完李公朴追悼会再走。梅贻琦和傅斯年听说闻一多要参加李公朴的追悼会，再次急电黄钰生和查良钊，务必阻止闻一多。查良钊即派闻一多的研究生到家中力劝，可是依旧没能够动摇闻一多的决心。

一二·一惨案后，西南联大的中共党员已经分批复员或疏散，留在昆明的党员全部转入地下，不再公开活动。为了阻止闻一多参加追悼会，这天晚上，中共云南省青委委员袁永熙，决定不顾个人安危，以西南联大毕业生的身份，亲自到闻一多家中，劝说闻一多放弃参加李公朴的追悼会。

“……闻先生，据我们从敌人内部获得的情报，你已经上了他们的黑名单，而且名字就排在李公朴先生的后边，您现在的处境很危险，同志们都希望您不要参加后天李公朴先生的追悼会。”袁永熙进屋的时候，甚至来不摘掉低压在脑门上的鸭舌帽。

“谢谢同志们的好意，李公朴先生的追悼会，别人可以不参加，但我不能不去，公朴是我的战友，这个时候如果我缺席，别人就会以为我们胆怯了、退让了，反动派的气焰就会更加嚣张。”闻一多很平静地摇头，谢绝了袁永熙的好意。

师生俩谈了很长时间，袁永熙始终没有能够说服闻一多：“先生，反动派什么卑鄙手段都使得出来，您不能去，反内战需要您，建设新中国需要您，我们大家都需要您……刚才在来的路上，我看到巷子附近有几个形迹可疑的人，您的行踪可能已经被他们盯上了。”

闻一多长长地叹了口气，用大手拍着袁永熙的肩膀：“如果真是这样，关键时刻也就顾不了那么许多了……永熙，你们共产党人参加革命的时候，不是都做好了抛头颅、洒热血的准备吗？如果反动派真是逼到了家门口，这次就当是轮到我了吧，你们都比我年轻，多保重！”

为了不引起特务的怀疑，闻一多从容地把袁永熙送到院子对面周炳琳教授家，让袁永熙在自己老师家里多坐一会儿，然后再由周炳琳家人送袁永熙离开。袁永熙又把闻一多现在的处境和周炳琳讲了，请周炳琳继续做闻一多的工作。

第二天一大早，华罗庚的女儿华顺刚刚起床，就发现院子门口有几个形迹可疑的男子，用糖果逗引西仓坡大院里的小孩，让他们描绘闻一多长什么模样，留没留胡子，戴没戴眼镜之类。华顺觉得不对劲，急忙迎了过去，称如果想见闻一多现在就带他们进去，那几个男子大眼瞪小眼互相看了看，一溜烟就跑了。

华顺急忙把刚才这个情况告诉了闻一多夫妇，让他们多加小心。

上午 10 时，邮递员给闻一多送来一封信，里面沉甸甸的像是有个金属物品，不用打开闻一多其实已经猜到——是子弹！闻一多没有把子弹拿给妻子看，看看屋里没人，就把子弹和信封塞到了抽屉的角落里。

到了下午，院子里又来了一个疯女人，自称算命测字很灵。疯女人径直奔到闻一多家的厨房，对闻夫人说："闻一多的多字，是两个夕字摞在一起，夕是太阳就要落山了，闻一多再不忏悔，性命就危在旦夕了。"

隔壁的潘光旦夫人听到闻一多家厨房里有动静，急忙跑了过来，和闻夫人一起把这个疯女人赶走了。

原来，潘光旦夫人早就被丈夫叮嘱，要她注意闻一多家的安全，并做好闻夫人的工作，让她劝说丈夫不要参加明天的追悼会。

地下党、民盟、西南联大以及社会各个方面，此时都无法阻止闻一多参加李公朴追悼会的决心。最后一天晚上，民盟云南支部负责人楚图南亲自来到闻家，阻止闻一多，双方争得面红耳赤，几乎翻脸。楚图南最终没能说服闻一多，最后两人只好约定，闻一多参加李公朴的追悼会，但不准发言，会后由指定的同志陪同他离开会场。

闻一多只好答应了楚图南这个条件。

由于有了和楚图南的约定，其他人也不好再劝闻一多什么。闻一多和家人度过了最后一个夜晚，闻一多让人去大西门买了好大一锅豆花米线，桌子上摆满学生送来的蒙自石榴，破例和家人一起吃宵夜。闻一多是湖北人，到了昆明以后，别的美食吃不起，只有昆明的豆花米线便宜而且鲜辣，闻一多全家很快爱上了昆明这种最便宜的美食。闻立鹤一个人可以吃八碗，平时闻一多不许孩子们这样吃，经济不允许，可今晚他一定要让孩子们吃个够："就要离开昆明了，以后这种东西你们就吃不着啦……"

闻一多那天晚上还为孩子们朗诵了自己的旧作："……太阳啊，神速的金乌，让我骑着你每日绕行地球一遍，便能天天望见故乡一次！"

闻一多一直和孩子们闹腾到深夜方才睡去。

下半夜的时候，闻立鹤起夜，刚刚打开房门，突然被一个东西绊了个趔趄，定睛一看，一个黑乎乎的大毛人手持大棒，坐在闻一多家门口的台阶上，把闻立鹤吓得几乎惊叫："谁？"

"嘘——！孩子，是我。"大毛人急忙制止闻立鹤惊叫。

闻立鹤这才看清，这个坐在台阶上大毛人，是西南联大的美籍教授温德："温德伯伯，是您？你怎么坐在这儿？"

温德扬了扬手里的大棒："我在替你的父亲站岗……有人想要害他，中国人不答应，我这个美国人也不答应！"

"温德伯伯，您这是何必呢，您都这么大年纪了，这样坐着怎么吃得消？"闻立鹤心里很感动。

"我年纪不大，甘地 90 岁了，我才 50 岁，谁要害我的老朋友我不答应，我手里的棍棒也不答应！"温德非常坦然地一笑。

从 20 年代末开始，温德经闻一多介绍到中国工作，迄今十多年。这十多年间，温德和中国人民同呼吸、共命运。抗战爆发时，他和中国教授一样，不惧艰险从北平辗转到昆明，他和中国教授一样，度过了那段清贫艰辛的联大岁月；一二·一运动，温德和另一个外籍教授白英，勇敢地走进戒备森严的云南警备司令部，向当局表达强烈的抗议，并向美国政府如实反映了惨案的真相和中国人民反内战的决心。如今又是这个温德，在西仓坡大院里为老朋友闻一多值夜。

和北洋前总理女婿白英不同的是，温德一生未婚，在西南联大的时候，每天下课后自己回屋里烤面包吃，再不就烧一锅面疙瘩汤充饥——厨房的活计他永远只会这两样。新中国成立后，温德选择留在中国，留在老朋友闻一多生活过的土地上。为此，他的美国国籍意外丢失，中美建交后，温德曾经与美国大使馆交涉、查询，对方没有答复，温德也懒得再问！因为他早就认同自己是一个中国人，50 年代苏联专家吃香，有人怂恿温德也去争取一个外籍教授待遇，温德坚决不干，他说："我和你们一样，和他们不一样，我是中国教授！"

1987 年，101 岁的温德教授长眠于中国土地上！

7 月 15 日上午，李公朴先生追悼会在云南大学至公堂如期举行。

闻一多起床后，洗漱，更衣，然后提着一个不大不小的公文包，径直往云南大学走去，公文包里还装着几份《民主周刊》的稿件，准备今天找时间处理。临出门之前，妻子再三叮嘱闻一多，务必按昨晚与楚图南先生的约定，只参会，不发言。

"冬天来了，春天还会远吗？"闻一多为妻子捋了捋头发，留下雪莱的一句诗，然后扬长而去。

云南大学至公堂，坐落在圆通山西侧的坡顶，前方是云南大学标志性建筑会泽院，清代以前，这里是云南省的最高学府贡院，也是省级科举最后一道鬼门关。

闻一多赶到会场时，追悼会正要开始，由于有头天晚上的约定，闻一多走进会场后，和几个熟人简单点头寒暄，然后坐到会场后排一个极不起眼的角落。

主持人宣布追悼会开始，并简单介绍了李公朴生平之后，由李公朴夫人张曼筠首先发言。张曼筠这时脸色惨白，据说她已经很多天水米未进，身体非常虚弱，眼角明显挂着泪痕，张曼筠在女友的搀扶下走上讲台，声音很微弱：

“……我只想说，对于死，李先生生前就准备好了……他常说，我们参加民主运动，就要做好死的准备。那次在重庆较场口被打以后，他说挨打算什么？连马寅初这样的老家伙都在家里备好了棺材，我们这些年轻人还怕个什么……？他出街时对我说，我今天跨出这道门不知是否还能跨回来……！有一次什如问我，如果所死了，你怎么办？……今天我要说，他死了，我一定跟在他的后面，追随他的精神去做，他的精神不死……！”

说到这里，张曼筠再也说不下去了，泣不成声，台下许多人也流下了感动的泪水。然而，也有少数受特务指使的人在会场下面捣乱，起哄，说怪话、打呼哨，会场秩序顿时乱了。

此时此刻的闻一多，已经按捺不住心中的怒火，他完全忘记了事先对人的承诺，未经主持人同意，便纵身跳上了讲台，一气呵成了他那篇人生绝唱《最后一次演讲》：“这几天，大家知道，在昆明出现了历史上最卑鄙、最无耻的事情！李先生究竟犯了什么罪？竟遭此毒手？他只不过用笔写写文章，用嘴说说话，而他所写的、所说的，无非是一个没有丧失良心的中国人的话，大家都有一支笔、一张嘴，有什么话不可以拿出来说啊，为什么要打要杀，而且又不是光明正大地来打来杀，而是偷偷摸摸地暗杀！？”

闻一多的演讲进行到一半，会场后面那几个捣乱、吹口哨的家伙找不到市场，于是故意划拳、互殴来搅扰会场的秩序，闻一多环顾会场，目光犀利地对那几个家伙说：“今天，这里有没有特务？有没有？是好汉你就站出来，站出来！你出来讲，凭什么杀死李先生？杀死了人又不敢承认，说什么桃色事件，说什么共产党杀共产党，无耻啊，无耻！这是某集团的无耻，恰是李先生的光荣，李先生在昆明被暗杀，这是李先生留给昆明的光荣，也是昆明人的光荣！”

闻一多的演讲一次又一次引起台下热烈鼓掌。

“……历史上，没有一个反人民的势力不被人民毁灭的，希特勒、墨索里尼不都在人民面前倒下去了吗？翻开历史看看，你还站得住几天？你完了，快完了！我们的光明就要出现。大家看，光明就在我们的眼前，而现在正是黎明之前最黑暗的时候，我们有力量打破这个黑暗，争取光明，我们的光明，就是反动派的末日！……我们不怕死，我们有牺牲的精神，我们准备随时像李先生一样，前脚跨出大门，后腿就不再回去了！”

闻一多演讲结束后，是长时间的热烈鼓掌，那几个刚才在会场上捣乱的家伙，已经被维持会场秩序的人驱逐，躲得无踪无影！

李公朴追悼会结束后，闻一多在参会者护送和簇拥下离开会场，去了文林街上的《民主周刊》编辑部，在那里午餐，处理剩下的稿件。

下午，民盟云南支部在《民主周刊》杂志社召开记者招待会，进一步向新闻界揭露李公朴被害真相。

记者招待会结束后，有人发现，文林街上布满了警察，三步一岗，五步一哨，府甬道路口已经被警察封锁，路口上停着许多警用摩托车。

闻一多沉着地安排工作人员和记者分批撤离，自己和楚图南最后再走。好在离开杂志社的记者和工作人员，并未受到警察干涉。若干年后人们才得知，这些警察是卢汉政府派来保护民主人士和闻一多本人的。

夕阳西下，闻一多和楚图南谈完了工作，闻一多执意让楚图南先走。待楚图南消失在文林街尽头之后，闻一多这才关上办公室的窗户，锁上编辑部大门，和儿子闻立鹤向家中走去，为了防止特务跟踪，闻立鹤的一个同学跟在他们身后 50 米远的地方，为他们断后。

闻一多居住的西仓坡大院，距离《民主周刊》编辑部的直线距离只有 200 多米，闻一多离开的时候，文林街上很安静，并没有发现可疑人等在跟踪，那些警察以为编辑部人都走光了，就撤退了。于是父子俩才放下心来，穿过府甬道的缓坡，走进西仓坡的窄巷。

然而就在父子俩走到西仓坡教授大院门口时，突然从巷子对面冲出几个人来，看清闻一多父子后掏枪就打，闻一多訇然倒地！闻立鹤见状急忙扑到父亲身上。那几个家伙往闻立鹤身上打了数枪之后，喊了一声："小杂种，留你一条命，给你爹报仇！"然后便逃之夭夭。

正在西仓坡大院收衣服的华罗庚女儿华顺听到枪声便冲出来，闻一多父子已经倒在了血泊中。跟在闻一多父子后面的那位同学也闻声跑来，两人一起呼救，人们出来，急忙把闻一多父子抬起来，送往云大医院。

留在附近执勤的警察听到枪声后冲进巷子，四处张望："怎么回事儿，出了什么事儿？"

"别问了，是国民党杀人！"闻师母冲着那些警察大声喊道。

闻一多的小女儿那时才九岁，大人们走后，她不知所措，突然，她发现了地上的血迹，于是这个小女孩把渗透父兄鲜血的泥土使劲抠出来，一直捧到医院，交给了医生，这抔血土后来被博物馆收藏。

李公朴、闻一多惨案发生后，迫于全国人民和国际社会的舆论压力，国民政府警察总署派著名神探程慈航负责破这两起案件。程慈航经过缜密调查，认定杀人凶手系云南警备司令部的职业军人，云南警备总司令霍揆彰直接主使了这两起杀人案。

宪兵总司令张镇再次对案情进行缜密复查，维持警察总署程慈航的调查结论。

于是蒋介石派陆军总司令顾祝同到昆明，处理李、闻惨案。云南警备总司令霍揆彰被革职，所遗云南警备总司令一职，由何应钦养子何绍周接替。

霍揆彰与他的两位前任：杜聿明、关麟征及他的继任何绍周一样，四个人同为黄埔军校第一期学生。不同的是，霍揆彰系陈诚起家部队十八军的老军长，半年前，利用一二·一学生运动，陈诚帮助霍揆彰撵走了何应钦系的得意门生关麟征，使霍揆彰从一条国际公路的警备司令，变成了省警备总司令，掌握了云南的军事大权。如今，顾祝同又赶走了陈诚系的霍揆彰，直接让何应钦的养子当了警备总司令。云南这四个黄埔一期生的起起落落，都和他们的背景有关，而第五个黄埔一期生、宪兵总司令张镇，也早就被何应钦、顾祝同打了招呼。

1955 年，霍揆彰在台湾家中郁郁而终，和李、闻惨案相关的核心机密，也被他永远带走了……

霍揆彰是李、闻惨案的幕后主使人，那么霍揆彰的幕后主使又是谁呢？难道是霍揆彰这个赳赳武夫犯傻吗？后人研究李、闻惨案，几乎不约而同地把目光聚焦于李公朴遇害前那次呼吁和平万人大签名，那次大签名的发起者是国民党军前参谋总长杨杰，而李公朴正是杨杰那个双周聚餐会上最活跃的人物！

7月24日，闻一多追悼会在西南联大昆北院操场庄严举行，当天下午，云南当局派出一个连的兵力，六挺机关枪，对会场进行所谓的保护。这是昆明城里警卫规格最高的一次追悼会，警卫级别超过了唐继尧的追悼会。

从北平赶回昆明的梅贻琦和查良钊、黄钰生、雷海宗、汤用彤等人，依次从容步入会场。

面对六挺黑洞洞的机关枪枪口，文学院新任院长雷海宗致悼词，雷海宗发言从容坦然，务尽其详地回顾了闻一多先生的生平和思想轨迹。

闻一多被害后，杀害他的那颗子弹，一直深藏在雷海宗的上衣口袋里，直到新中国成立，交给了人民政府。

北平和平解放时，胡适派飞机接雷海宗去国外，当时很多人都说，雷海宗作为战国策派思想家，与中共笔战多年，今后在中共政权下将会作为反动文人无疑。然而雷海宗、陈铨、林同济不约而同都选择了留下，成为共和国的建设者！

因为在这些尼采信徒的心目中，蒋介石政权不再代表民族的强者！

1946年7月31日，西南联大举行结束纪念大会，同一天昆明师范学院成立！

第三十回

尽世纪回眸太平洋

话说这年深秋，蒋志清在北平一所妇产医院里，生下了她和祥子的第一个孩子，是个儿子。

那时反内战、争和平的斗争还在继续，北大地下党组织遭到意外破坏，进步师生的举动受到了特务严密的监视。因此，蒋姑娘的产房，就成了这次学潮的秘密指挥中心！

同学们推说祥子没有文化，不会照顾产妇，争相来医院守候蒋姑娘，反将祥子使到大街上去买这样、买那样，祥子一走，党组织的秘密会议就在产房里召开了。

妇产医院的院长严仁英对于病区的管理格外严格，陌生男子一律不准随意进入病区，给特务们的监视带来诸多不便。当然，蒋志清那时不会知道，这个医院正好是严仁英夫妇设立的北平地下党联络点，他们夫妇每个月都要把大批药品秘密运往解放区，这是后话。

学生运动结束时，蒋姑娘的孩子正好呱呱坠地。为了纪念这次反内战学潮，蒋志清给孩子取名叫和平。

孩子满月后，蒋志清继续在北大研究生院攻读现代物理专业，师从王竹溪和郑华炽。

1947 年秋，北大党组织再次遭到敌人破坏，经王竹溪介绍，蒋志清转往南京中央研究院学习，因学习成绩优异，经著名物理学家萨本栋推荐，到美国普林斯顿大学深造，专攻原子核物理。但是到了美国以后才得知，美国当局禁止中国学生进入这个专业，张文裕老师帮她打了个擦边球，让她专攻近代物理。

1950 年，蒋志清获普林斯顿大学物理学博士学位，这时朝鲜战争已经爆发，蒋志清与赵忠尧、邓稼先等著名科学家，冲破美国当局的重重阻挠，回到祖国。

“梁园虽好，非久居之地，归去来兮……为了真理，我们应当回去；为了国家民族我们应当回去；为了人民，我们应当回去；就是为了个人出路，我们也应当回去。”华罗庚的一封《致全体中国留美学生公开信》，在那时的海外知识青年中引起强烈反响，大洋彼岸掀起知识分子回国的浪潮！

在美国学习期间，赵忠尧受中央研究院委托，参观了美国比基尼核爆。此后，赵忠尧得知美国在核物理领域，禁止中国科学家进入。因此，他谢绝了美国方面高薪给予的教授待遇，以一个普通实习技师的身份，参与加速器的制造和研究。

1949 年，经萨本栋先生竭力争取，赵忠尧获得中央研究院少量的学习经费，用于购买加速器零件。赵忠尧回国时，台湾当局也想得到这批加速器零件。然而赵忠尧投奔新中国的决心已定，他不愿意再把这批加速器零件交给台湾国民党当局。因此台湾当局企图通过美国政府，竭力阻挠赵忠尧回国。

赵忠尧经与邓稼先、蒋志清商量，决定由蒋志清经欧洲中立国，把这批加速器零件带回国内，然后赵忠尧和邓稼先随大队人马走海路，乘船回国。

就在这时，中国科学家钱学森突然被扣，钱学森委托赵忠尧把他的行李带回国内，这批被称为钱学森行李的物件，被美方疑为加速器零件，一路上多次遭到美方的检查。

船到日本横滨的时候，赵忠尧突然被扣留，理由是他随身携带的钱学森行李，有可能是加速器零件。赵忠尧从容离船，继续与美方周旋。

美方经过严密检查，发现那些所谓的钱学森行李，多半是一些无线电元器件和半导体器材，并非加速器零件。只好悻悻然释放赵忠尧。

几天后，台湾当局派人到日本成田机场迎接赵忠尧，并亲手把去台北的机票递到赵忠尧手中。赵忠尧得知自己将被送往台湾，立刻提起自己的行李，对送他到机场的美国军官说："请你送我回巢鸭监狱！"

赵忠尧说完，登上了停在机场外的美军吉普！

就在赵忠尧被扣留于日本这段时间，蒋志清已经将赵忠尧购买的加速器零件通过欧洲中立国家运抵苏联，然后通过苏联安全回国。

赵忠尧在监狱中与美国当局进行了长达两个月的不懈斗争，美国当局查不出所谓的加速器零件，加上国际上的舆论压力，只好释放了赵忠尧。

1950 年 11 月 20 日，赵忠尧跨过香港罗湖桥头，终于踏上祖国的土地。

同年，中国科学家钱三强到巴黎参加世界和平大会，利用人民解放军解放南京时缴获的 20 万旧法郎，为共和国购买了第二批加速器器材，钱三强的导师约里奥·居里对钱三强说："请你转告中国的毛泽东，中国要反对原子弹，自己的手里必须有原子弹。"

这是一位和平老人的忠告，中国必须有自己的核工业！

在钱三强、赵忠尧、张文裕等物理大家们的指导下，1956

年，中国第一台静电质子加速器诞生！

1959年，中国第一台回旋粒子加速器问世！

同一时期，曾参加美国曼哈顿工程的中国科学家张文裕，到苏联莫斯科州北端的杜布纳科技城，在这里参加了杜布纳国际原子能合作。中国科学家张文裕、周光召等在伏尔加河畔的科技城，亲手参与了地球103号至106号元素的合成：锘（NO）、𬬻（Rf）、𨧀（db）、𬭳（Sg）……为这些地球新成员的诞生，贡献了中国科学家的智慧！年仅20多岁的周光召，依据大功率加速器实验，在国际上发表了30多篇论文，在世界上最早提出相对性粒子螺旋态理论，为后来的周光召核心理论：鹰矢量流的部分守恒定理奠定了基础，被苏联同行誉为威震杜布纳的中国年轻人！

而赵忠尧本人，由于和苏联专家意见不一致，被迫离开国家核物理研究的核心班子，调往新成立的中国科技大学任近代物理系主任，另起炉灶，继续为国家的核物理培养后备人才。

蒋志清回国的时候，骆驼祥子带着老母又去了昆明，因为昆明的听众更喜欢听祥子说书。祥子在昆明茶馆里受欢迎的程度，远远超过了他在北京，老昆明的观众只要精彩的故事，并不在乎祥子的传承和门第。所以孩子出生后，祥子为了养家糊口，索性把老母一起带到了昆明，在四季如春的昆明，帮老母治好了多年的哮喘病。

后来为了照顾夫妻关系，祥子被调回北京，在一家工厂从事工会工作，晚上兼做评书演员，后来又办起了工人夜校，祥子和蒋志清在北京度过八年愉快的时光。那时很多人都不明白，蒋志清这么个普林斯顿女博士，为什么要找祥子做丈夫。于是蒋志清经常接到男同志的求爱信，但蒋志清一概不理。几年后又为祥子生了一个女儿。

就在蒋志清回国后的第八年，她突然接到国家的调令，到新疆从事一项高度机密的工作，从此隐姓埋名20年，杳无音讯。这个时候蒋志清才明白，幸亏她的丈夫是祥子，如果换成别人，也许早就离婚了。

1964年，中国第一颗原子弹爆炸成功，蒋志清终于获准第一次回北京探亲。这时的儿子和平已经长大成人，他以优异的成绩，考入中国科技大学近代物理系，成为赵忠尧的学生。因为这个评书演员的儿子，从小崇拜的不是三国里那些英雄，而是妈妈的老师——赵忠尧爷爷。爸爸跟他讲过很多赵忠尧爷爷的故事，国家最困难的那几年，孩子正在长身体的时候，家里经常断粮，是赵忠尧爷爷资助了他们家。蒋志清听说儿子学了和自己一样的专业，几乎惊呆了！

又十多年过去，蒋志清调回北京工作。这时国家已进入改革开放的年代，邓和平考入中国科学院新成立的高能物理研究所，成为张文裕、赵忠尧在“文革”后的第一批研究生。女儿这时也考入了大学。

1988年，中国第一台大功率正负电子对撞机问世，这是中国高能物理走向世界科学前列的标志性工程，邓和平作为业务骨干参加了这次的高能物理大会战，并在赵忠尧的指导下，负责工程的理论设计工作。

这个时候，别人问祥子的儿子在干什么，祥子总是回答：“你问我儿子？我儿子的营生是造加速器，比他老妈厉害。他老妈只会造原子弹，如今是用加速器指挥原子弹的时代，这叫高科技时代，你们不懂！”

有人见他吹得神乎其神，故意问他：“你说你见过加速器，那加速器有多大？”

“嗨，那还用问，加速器有故宫紫禁城那么大——那是小的，最大的可以把京二环绕下来！”祥子说话的时候，总是喜欢跷着大拇指在空中乱舞。

无论有关系没关系，祥子那张评书演员的嘴，总能把中国高能物理与核工业的巨大成就，和当初赵忠尧拎到长沙的那支黑铅筒联系在一起，而且说得有鼻子有眼——因为除了赵忠尧，只有他是当事人！

至于赵忠尧从国外归来的那段经历，蒋志清对丈夫一直守口如瓶二十多年，后来他还是从其他人写的书里才得知妻子还有这么一段经历。

2001 年，邓和平当选中国科学院物理学院士，两年后又被增选为坐落在意大利的第三世界科学院院士，成为中国高能物理新一代领军人物！

西南联大复员北上后，蒋志清一直没有找到自己的父母和家人！

家里的房子还在，住进去很多逃难的难民，他们没有任何关于房主人的信息，最老的住户也是在四年前搬进来的，是汉奸政府的安置。现在汉奸政府没了，房子就成了他们自己的，他们对于蒋姑娘非常戒备，生怕蒋姑娘把他们的房子收回去，或者收他们的房租。

蒋志清收走了房子里的一幅西洋油画，画的是伏尔加河畔的风景，这是父母留在屋里的唯一物品。后来这幅油画挂在祥子家的破屋里，和他们的农家格局极不相称，但祥子妈说那风景不错，还有大片大片的麦地，吉利！后来号召向苏联老大哥学习，祥子妈逢人就说："看看人家老大哥那才叫社会主义，那麦子长得多壮啊？"

蒋志清通过各种途径多方寻找，仍然没有关于父母的任何音讯。蒋志清带着这个无限的遗憾，走完了她的青年时代。也许战乱之中，像她这样的中国家庭还有很多，蒋志清在工作、出差、调动的过程中，也常常会听到和自己经历相似的故事……

1971 年，杨振宁回国探亲，这是"文化大革命"以来美国华裔科学家第一次回国。杨振宁返回美国后，立刻投入保钓运动，在杨振宁的带动下，美籍华人以翔实的史料向美国国会证明了钓鱼岛自古属于中国。保钓期间，杨振宁通过各种不同的平台与场合，举办了 100 多场演讲会，讲述他亲历的社会主义祖国。

杨振宁的演讲在海外华人中引起强烈反响，继杨振宁回国访问之后，陈省身、李政道、吴健雄、袁家骝、丁肇中、牛满江……许多世界著名科学家相继回国访问，掀起海外专家回国热。

在众多回国访问的专家名单里，最为艰难曲折的，莫过于任之恭先生组织的海外专家访问团。

还记得任之恭是谁吗？就是本书开头充当新郎官的那一位。

西南联大复员后，任之恭、陶葆柽夫妇去了美国，先后在美国哈佛大学和约翰·霍普金斯大学学习、任教。由于在此之前，任之恭投入美国的反越战争，成为美国华人反对越战的领袖人物，任之恭的行为，也影响了包括杨振宁在内的许多美国华裔科学家。任之恭因此受到美国当局的监视，他的实验室一度被查封，实验经费被冻结，学校当局亦束手无策，后经过杨振宁等著名科学家与美国当局交涉，任之恭才恢复了正常工作。像任之恭这样的人，在美国属于敏感人物，美国当局非常害怕他回国。

1972 年《中美联合公报》发表后，任之恭、林家翘等著名科学家，拟组织华裔专家访问团回国访问，这也是海外专家第一次集体组团访问中国，此举受到美国当局的重重阻挠。许多访问团成员启程之前，接到了匿名的恐吓信，当局企图用这种手段肢解任之恭的访问团。

经过漫长的斗争，任之恭的访问团终于启程，回到了自己的祖国。

访问团的回国，受到党和国家的高度重视，在半个月的日程中，政府专门为他们安排了与亲人团聚的时间，只有建筑学家蒋泗请先生，没有提供家人的联系方式，别人与家人团聚时，蒋泗请先生一直泡在故宫博物院，研究中国古代的宫廷绘画和建筑。

“蒋先生，您在国内还有亲人吗？”国务院科技秘书周培源有一次问蒋泗请。

“14 岁的时候抗战爆发，天津沦陷，我随父母去了加拿大，以后就一直定居在那儿，37 年了……很多亲人都失去了联系。如今父母亡故，联系就彻底中断了。”蒋泗请很遗憾地望着周培源。

“走的时候，家里没有什么人留在国内吗？”周培源随口问道。

“有！有一个姐姐，当兵去了，徐州会战之后，可能是部队打散了，就再也没联系上……”蒋泗请显得很茫然。

“知道她叫什么名字吗？”周培源问。

“她……哦，对了，她叫蒋志清，好像蒋介石以前也用过这个名字。”蒋泗请仰头望着天花板，想了想才说。

“哦……”听到这里，周培源心中微微一怔，但旋即改口，“哦，是的，这个名字很容易记住，有空我们再帮你找一找。”

访问团半个月的日程很快就结束了，邓颖超同志亲自到北京机场为访问团送行，临上飞机前，邓颖超拉着梅贻琦夫人韩咏华的手说：“下次回国来个电报，我还在这里迎接你。”

韩咏华平静地回答：“不必了，下次回来我就不走了……”

飞机起飞了，蒋泗请先生告别祖国的时候，似乎总有些莫名的惆怅。

访问团走后，周培源立刻把蒋泗请的情况向聂荣臻副总理做了汇报。可是那个时候，蒋志清的信息对外是高度保密的，蒋志清和蒋泗请是否真的是亲姐弟，也无从查起，此事遂搁置下来。

1982 年，蒋泗请先生再次回国，蒋志清这时已经调回北京工作，姐弟俩得以团聚！这时的蒋志清父母，都已葬身异国他乡，此时距卢沟桥事变已整整 45 年！八年抗战，40 年悲欢，但也许还有人比他们姐弟相见更漫长……

蒋泗请随父母出国避难后，就读于加拿大的华人学校。1948 年，蒋泗请考入美国哥伦比亚大学研究生院攻读建筑学专业。那时，蒋志清受中央研究院萨本栋先生委派，到美国学习核物理，受到美国当局阻挠，被迫转往哥伦比亚大学继续进修近代物理，并为普林斯顿的博士研究生考试做准备。那时，姐弟俩在同一所大学的同一个研究生院学习，上课的教室就在楼上楼下，竟然没能相认。

蒋泗请后来从家中的老照片里，找到一张哥伦比亚大学研究生集会时的合影，惊讶地发现，姐姐当时就站在他的身后！

而在蒋志清的记忆里，那次研究生集会不到一个月，她就去了普林斯顿。两年后蒋志清在普林斯顿拿到博士学位后回归祖国……

“如果那次集会是在普林斯顿，也许我们姐弟就相认了。”

蒋志清内心充满遗憾，因为哥伦比亚大学太大，人太多，谁是谁根本分不清；而普林斯顿人很少，能够进去的人都是凤毛麟角，一不小心就遇到了爱因斯坦。

其实和地球相比，甚至和中国的战乱相比，哥伦比亚大学也很小！

时光荏苒，转眼大半个世纪过去了，大师们渐渐地都已作古，学生们也开始逾越古稀，步入耄耋之年。

这时的人们，已经很难理解大师们曾经经历的那些岁月，大师们当年居住过的农村，逐渐被扩张的城市席卷了，成为等待拆迁的城中村，这里居住着来自全国各地的农民工，他们作为这座城市的低收入人群，居住条件早已超过了当年的大师们。他们不用躲避空袭警报，不用再为上班每天步行十几里地，不用再像华罗庚那样，一个鸡蛋分作四瓣吃。然而这里的人没有再写出《堆垒素数论》，更没有人创立矩阵几何学……

大学生们住进了六人一间带卫生间的宿舍楼，电脑已经接近人手一台，学校附近的网吧逐渐开始冷清，然而哥德巴赫猜想已经陌生，俄罗斯方程正在成为新的热词。

就在这时，一部名叫《精神的雕像》的纪实文学，由于作者像精神病患者一样，把现代人逐渐忘记的那段岁月，重新拿出来颠簸，引起社会的关注。这本书出版后，有些老同志把自己的回忆录手稿托付给作者，希望作者写一本更好的作品。把他们这代人的故事继续讲给后人听。

其中有一份手稿很独特，是用评书演员那种说唱体写成的，文本内容很丰富，拉拉杂杂说了很多事儿，而且错别字连篇，不太像西南联大师生的手稿，手稿署名骆驼祥子，作者地址不详，邮戳北京，颇多神秘。回忆了半天，也想不起来，西南联大什么时候培养过评书演员？？

老人在信中对我说：西南联大的故事，比他讲过的许多评书更精彩！

翻开手稿细读，这老兄的角度确实和其他人不一样，虽然拉杂凌乱，仍引以为奇，遂为本书雏形，经过吃柳条拉鸡笼式的艺术编织，以及必要的考证、走访、加工、润色，遂成此书。

小说耳！饰小说以干县令，可娱乐读者，但又不甘心做单纯娱乐品。是否还有其他意义，仁者见仁智者见智。

有歌为证：

万里长征，
辞却了五朝宫阙。
暂住足衡山湘水。
又成离别。
绝缴移栽桢干质，
九州遍洒黎元血。
尽笳吹弦颂在春城，情弥切！
千秋耻，终当雪，
中兴业、须人杰，
便一成三户壮怀难折，
多难殷忧新国运，
动心忍性希前哲，
待驱逐仇寇复神京，
还燕碣。